TRAITÉ COMPLET

D'ARITHMÉTIQUE

CONTENANT

L'ARITHMÉTIQUE ÉLÉMENTAIRE;

LES OPÉRATIONS USUELLES;

MOYENS D'ABRÉGER LES CALCULS.

Par A. BONNET

AUTEUR DU MANUEL DE L'EMPLOYÉ DE L'OCTROI

PARIS

A. BONNET, LIBRAIRIE ADMINISTRATIVE

4, RUE CARDINAL-LEMOINE, 4

PARIS
ÉDOUARD BLOT ET FILS AÎNÉ, IMPRIMEURS
7, RUE BLEUE, 7

TRAITÉ COMPLET

D'ARITHMÉTIQUE

PARIS. ÉDOUARD BLOT ET FILS AÎNÉ, IMPRIMEURS, RUE BLEUE, 7.

TRAITÉ COMPLET

D'ARITHMÉTIQUE

CONTENANT

L'ARITHMÉTIQUE ÉLÉMENTAIRE;

LES OPÉRATIONS USUELLES:

MOYENS D'ABRÉGER LES CALCULS.

Par A. BONNET

AUTEUR DU MANUEL DE L'EMPLOYÉ DE L'OCTROI

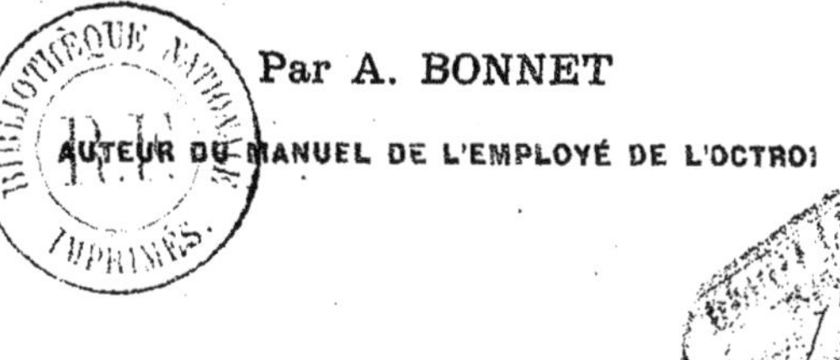

PARIS

A. BONNET, LIBRAIRIE ADMINISTRATIVE

4, RUE CARDINAL-LEMOINE, 4

ARITHMÉTIQUE

PREMIÈRE PARTIE

NOTIONS ÉLÉMENTAIRES

L'arithmétique est la science des nombres et du calcul ; son but est de donner les moyens de composer et de décomposer les nombres.

On appelle nombre, l'expression d'une grandeur ou d'une quantité quelconque comparée à l'unité.

C'est donc une collection d'unités ; et l'unité étant une chose que l'on a en vue pour servir de comparaison aux autres, on peut ainsi se rendre compte combien il y a d'unités semblables dans une quantité.

On appelle quantité en général, tout ce qui est susceptible d'augmentation ou de diminution, comme :

Les nombres,
La monnaie,
Le temps,
Les poids, etc., etc.

EXEMPLE :

Deux personnes. } Deux, trois, sont les nombres.
Trois maisons. } Personnes, maisons, sont l'unité.

En arithmétique, il y a des nombres autant que l'imagination peut en forger ; mais ils reçoivent une qualification qu'il est utile de connaître, telle que :

Abstraits,   Sous-multiples,
Concrets,   Entiers,
Simples ou incomplexes,   Fractionnaires,
Composés ou complexes,   Nombres premiers.
Multiples,

Le nombre *abstrait* est celui qui ne désigne aucune espèce de chose déterminée, comme 2, 4, 7, 9 fois etc., qui n'expriment ni francs, ni mètres, mais simplement 2, 4, 7, 9 fois la quantité.

Le nombre *concret* désigne une ou plusieurs choses déterminées, comme 2 francs, 4 mètres, 7 jours, 9 heures.

Le nombre *simple* ou *incomplexe* ne contient qu'une seule espèce de quantité, comme 2 francs, 4 mètres, 7 jours, 9 heures.

Le nombre *composé* ou *complexe* contient plusieurs espèces de quantités de même nature, comme 2 fr. 75, 4 mètres 50, 7 jours 1/2, 9 heures 1/4.

Les nombres *multiples* sont ceux qui en contiennent d'autres plusieurs fois exactement et qui peuvent être divisés sans qu'il en reste : 12 est un multiple de 3 et de 4, parce que 3 fois 4 font 12 et que 4 fois 3 font 12.

Les nombres *sous-multiples* sont ceux qui sont contenus exactement dans les multiples. Ainsi, 3 et 4 (dont nous venons de parler aux nombres multiples) sont les sous-multiples de 12, comme 10, 5, 4, 2 sont les sous-multiples de 20.

Les nombres *entiers* sont ceux qui contiennent l'unité une ou plusieurs fois exactement, comme 1, 3, 9, 341, 1000, 7143, etc.

Les nombres *premiers* ne sont divisibles sans reste que par eux-mêmes ou par l'unité. Ainsi, 2, 3, 5, 7, 9, 11, 17, 19, 23, 29, 31, 47, 53, etc.

Les nombres *fractionnaires* sont ceux qui renferment une ou plusieurs parties de l'unité, comme une demie, (que l'on indique ainsi : 1/2,) (un quart) 1/4, (trois quarts) 3/4, (neuf onzièmes) 9/11. Exemple : lorsqu'on dit qu'une horloge vient de sonner quatre heures trois quarts, quatre est le nombre entier, trois quarts est le nombre fractionnaire.

On appelle calculer, l'art de composer et de décomposer les nombres.

Des nombres et de la numération.

Neuf espèces de caractères appelés chiffres, suffisent pour représenter tous les nombres possibles, attendu la convention établie de reconnaître aux chiffres suivants, 1, 2, 3, 4, 5, 6, 7, 8, 9, *dits* ARABES (1), deux valeurs, la valeur absolue, la valeur relative.

La valeur absolue est celle que le chiffre représente par lui-même.

La valeur relative est celle que lui donne le rang qu'il occupe avec d'autres.

Ainsi, 1, 2, 3, 4, 5, 6, 7, 8, 9, rangés et écrits sur une même ligne à la suite les uns des autres, croissent en raison décuple (c'est-à-dire dix fois plus grande) en allant de droite à gauche, et par sens inverse, cette valeur décroît au contraire toujours en raison décuple (dix fois moins grande) en allant de gauche à droite.

On se sert encore d'un caractère appelé *zéro* (pour la numération). Nous ne l'avons pas joint dans la série ci-dessus, parce qu'il n'a pas de valeur absolue par lui-même et que même, placé à gauche d'un autre chiffre, il n'en a aucune; mais lorsqu'il se trouve à droite, il lui donne la valeur décuple du nombre que ce chiffre représente. Ainsi :

Un zéro placé à la droite de 1, lui donne 10 fois sa valeur et vaut 10.

—   —   de 5, il l'augmente de 5 fois 10 et vaut 50.

—   —   de 9, il l'augmente de 9 fois 10 et vaut 90.

Cette valeur augmente dans la même proportion en rapport à la quantité de zéros ajoutés à chaque chiffre. Ainsi, 2 zéros, 3 zéros, 4 zéros placés à la droite de 1, expriment aussitôt la valeur de 100, de 1,000 de 10,000, etc., etc.

Cette valeur décuple accordée au zéro est continuée dans la même proportion à tous les autres chiffres. Ainsi :

1 placé à côté d'un seul 1 exprime 11 (onze)

1 placé à côté de deux 11 vaut 111 (cent onze).

On remarque dans ces exemples que pour 10 $\begin{cases} \text{1 est la valeur absolue du chiffre 1.} \\ \text{10 est la valeur relative, parce qu'il} \\ \text{y a 10 fois 1.} \end{cases}$

Et ainsi de tous les autres chiffres, en suivant cette progression par dizaine et quel que soit en général le nombre de chiffres.

---

(1) L'usage de cette convention et de ce système de numération attribué à tort aux Arabes et qui remonte à la fin du dixième siècle, ne se généralisat en France que vers l'an 1500, et ne fut arrêté définitivement que vers le milieu du seizième.

Nous croyons utile d'indiquer ici d'autres chiffres appelés ROMAINS qui précédèrent les chiffres ARABES.

Ils ont été abandonnés par le Commerce, cependant quelques-uns de leurs signes sont encore appliqués. Il est donc nécessaire de les reproduire ici, et de faire remarquer la convention adoptée dans ce système.

I ou J représente l'unité et vaut 1	C vaut 100 fois l'unité.
V vaut 5 fois l'unité.	D vaut 500 »
X vaut 10 »	M vaut 1000 »
L vaut 50 »	

Chaque chiffre placé immédiatement à LA GAUCHE *ou à la* DROITE *d'un autre de plus grande valeur absolue* DIMINUE *ou* AUGMENTE *de sa propre valeur celle de cet autre chiffre.*

D'après cela les nombres depuis 1 jusqu'à 9 sont exprimés comme il suit :

I	II	III	IV	V	VI	VII	VIII	IX
1	2	3	4	5	6	7	8	9

Les dizaines se représentent ainsi :

X	XX	XXX	XL	L	LX	LXX	LXXX	XC
10	20	30	40	50	60	70	80	90

Les centaines comme ci-dessous :

C	CC	CCC	CD	D	DC	DCC	DCCC	CM
100	200	300	400	500	600	700	800	900

Ainsi pour exprimer en *chiffres romains* le nombre 1872, on écrirait : MDCCCLXII.

A. B.

Lorsque plusieurs chiffres sont groupés à côté l'un de l'autre,
Le premier chiffre à droite représente les unités.

Le deuxième	—	les dizaines.
Le troisième	—	les centaines.
Le quatrième	—	les mille.
Le cinquième	—	les dizaines de mille.
Le sixième	—	les centaines de mille.
Le septième	—	les millions.
Le huitième	—	les dizaines de million.
Le neuvième	—	les centaines de millions.
Le dixième	—	les milliards ou billions (1).

Et ainsi de suite jusqu'à l'infini, en observant la progression croissante décuple par chaque chiffre mis immédiatement après le dernier à gauche.

Il est important de remarquer que dans cette numération chaque genre forme un groupe de trois chiffres qu'il faut toujours séparer par une virgule ; ces séparations s'appellent *tranches*, et la dernière à gauche jouit de la faculté de n'avoir qu'un, deux ou trois chiffres ; mais tous les groupes à droite doivent être de trois chiffres.

EXEMPLE :

$$72, \quad 654, \quad 321, \quad 690, \quad 786, \quad 754, \quad 324, \quad 328, \quad 976, \quad 857$$

72,	654,	321,	690,	786,	754,	324,	328,	976,	857
dizaine d' unité d' } octillions.	centaine de dizaine de unité de } septillions.	centaine de dizaine de unité de } sextillions.	centaine de dizaine de unité de } quintillions	centaine de dizaine de unité de } quatillons.	centaine de dizaine de unité de } trillions.	centaine de dizaine de unité de } billions.	centaine de dizaine de unité de } millions.	centaine de dizaine de unité de } mille.	centaine dizaine. unité.

$$72, \quad 654, \quad 321, \quad 690, \quad 786, \quad 754, \quad 324, \quad 328, \quad 976, \quad 857$$

DES QUATRE RÈGLES FONDAMENTALES

La science de l'arithmétique repose sur QUATRE RÈGLES qui sont la base de toutes les opérations que l'on pourrait proposer sur les nombres,

SAVOIR :

L'*addition*,
La *soustraction*,
La *multiplication*
La *division*.

On ne saurait donc les rendre trop familières, puisque la pratique de ces quatre règles produit tous les résultats que l'on peut désirer.

Mais avant de passer aux opérations, nous allons exposer les signes abréviatifs qui sont en usage en arithmétique. Ces signes sont :

1° Pour l'addition,	+	plus.
2° Pour la soustraction,	—	moins.
3° Pour la multiplication,	×	multiplié par.
4° Pour la division,	÷	ou ÷ divisé par.

---

(1) En terme de finances, on dit milliard au lieu de billion. Et comme les valeurs politiques, soit de tout le numéraire en circulation en Europe, soit de telle ou telle estimation de produit territorial du plus grand État, ne dépassent pas le troisième chiffre de cette quatrième tranche, les autres parties de la numération sont fort peu en usage.   A. B.

On se sert encore des abréviations suivantes :

=   veut dire égal à.

∶   —   est à, raison géométrique.

∷   —   comme, proposition géométrique.

∸   —   répéter, progression arithmétique,

∺   —   répéter, progression géométrique.

x —   l'inconnu (c'est le quatrième terme d'une proposition).

$>.$ marque   que le nombre placé à gauche est plus grand que celui placé à droite et se prononce *plus grand que.*

$<.$ —   que le nombre placé à gauche est plus petit que celui placé à droite et se prononce *plus petit que.*

$\overline{10}^{2}$ —   le carré.

$\overline{10}^{3}$ —   le cube.

$\overset{2}{\vee}$ —   l'extraction de la racine carrée.

$\underset{\vee}{3}$ —   l'extraction de la racine cubique.

DE L'ADDITION

De plusieurs nombres ou sommes, ne faire qu'un seul et même nombre ou somme, c'est ce que l'on appelle *additionner.*

Pour arriver à ce résultat, le principe est d'écrire les nombres très régulièrement les uns sous les autres, de manière que les unités se trouvent sous les unités, les dizaines sous les dizaines, les centaines sous les centaines, les mille sous les mille, etc.

Avant de pousser plus loin notre observation, nous ferons remarquer que l'addition se subdivise en trois genres :

> *L'addition des nombres simples,*
> *L'addition des nombres complexes.*
> *Enfin l'addition des fractions.*

De l'addition des nombres simples.

Les chiffres étant exactement placés les uns sous les autres, on tire un trait sous la dernière somme et la règle se trouve ainsi posée :

$$\begin{array}{r} 345 \\ 612 \\ 949 \\ 2412 \\ 97397 \\ \hline 101715 \end{array}$$

Pour faire l'*addition* ci-dessus, il faut commencer par faire dans sa pensée un seul nombre des unités et procéder ainsi : 5 et 2 font 7 et 9 font 16 et 2 font 18 et 7 font 25. En 25 je pose 5 au-dessous de son rang, et comme il y a deux dizaines, je les retiens dans ma pensée pour les ajouter à la colonne des dizaines.

Je continue et dis : 2 de retenus et 4 font 6 et 1 font 7 et 4 font 11 et 1 font 12 et 9 font 21. Je pose au-dessous de son rang 1, et comme il me reste encore deux dizaines (qui alors sont des dizaines de dizaines), je les retiens pour lés ajouter à la troisième colonne, qui est celle des centaines.

A celle-ci je dis : 2 de retenus et 3 font 5 et 6 font 11 et 9 font 20 et 4 font 24 et 3 font 27. En 27 je pose 7 sous le rang des centaines, et je retiens 2, qui sont des unités de mille et que je transporte à leur colonne, qui est la quatrième.

Je compte alors 2 et 2 font 4 et 7 font 11. Je pose 1 et garde ma retenue pour la colonne des dizaines de mille.

A cette dernière je dis : 1 de retenu et 9 font 10, et comme il n'y a plus de chiffre devant, je pose la totalité de 10 au bas.

En récapitulant tous les chiffres portés sous la barre et qui sont le produit de mon addition, je trouve qu'elle se monte à. . . . . 101,715.

Ce produit s'appelle *total.*

Tel est l'unique principe de l'*addition*, quel que soit le nombre de chiffres dont on veuille connaître la somme totale.

Preuve de l'addition.

Afin de se convaincre qu'il n'y a pas d'erreur dans son *addition*, on en fait la preuve.

On peut y procéder de plusieurs manières : la plus simple est de retrancher la première somme d'en haut, de refaire une autre addition de ces colonnes tronquées, et d'ajouter ensemble à ce nouveau produit la somme que l'on avait enlevée.

Une seconde preuve est de poser dans son entier le montant de chaque colonne, en reculant un seul chiffre à chaque somme.

Exemple :

La première colonne produit	25	que je pose :		25
La seconde	—	19	—	19
La troisième	—	25	—	25
La quatrième	—	9	—	9
Enfin la dernière	—	9	—	9

Je retrouve le même total. . . .   101715

De l'addition des nombres complexes.

8 heures 30 minutes.
24 — 45 —

1 journée 9 heures 15 minutes.

Dans cette addition, on trouve des unités différentes servant de fractions aux autres. Il faut additionner les colonnes des minutes et si le produit contient des heures, il faut les porter à la colonne des heures et poser le restant des minutes à celle des minutes.

Ainsi 0 et 5 font 5, je pose 5, unités de minutes.

3 et 4 font 7 dizaines auxquelles je joins les 5 unités de minutes, ce qui donne 75 minutes dans lesquelles il entre une heure pour 60 minutes ; il reste 15 que je pose aux minutes en retenant mon heure que je porte aux unités des heures, en disant 1 de retenu et 8 font 9 et 4 font 13. Je pose 3 et retiens 1 que j'ajoute à 2 qui me font 3, ce qui produit 33 heures ; je les convertis en une journée de 24 heures, plus 9 heures.

Le résultat de mon addition est donc de :

1 journée 9 heures 15 minutes.

De l'addition des fractions.

Avant d'aborder cette règle, nous avons à faire connaître que l'on entend par *fraction* une ou plusieurs parties d'un entier divisé en un nombre quelconque de parties égales.

La fraction s'exprime par les termes :
Numérateur, qui se place ainsi :   2/3 } séparés par une barre.
Dénominateur, qui se met dessous :

Cette fraction représente les deux tiers d'un entier. Le Numérateur est donc le chiffre supérieur ; il indique combien la fraction renferme de parties.

Le Dénominateur marque de son côté en combien de parties l'entier est partagé. Or, en 2/3 il est évident que l'entier est partagé en trois parties égales et que la fraction vaut deux de ces trois parties.

Le chiffre élevé d'une fraction dépend donc du nombre des parties du Dénominateur comparées aux unités du Numérateur.

Plus le Numérateur est petit (le Dénominateur restant le même), moins la fraction a de valeur, et, par une proportion contraire, plus le Dénominateur est petit (le Numérateur restant le même), plus la fraction a de valeur.

Il faut observer que :

1° Lorsque le Numérateur égale le Dénominateur, la fraction égale une unité, soit 4/4;

2° Lorsque le Numérateur est plus petit que le Dénominateur, la fraction est plus petite que l'unité, soit 2/3;

3° Lorsque le Numérateur est plus grand que le Dénominateur, la fraction est plus grande que l'unité, soit 5/4 ou 1 entier 1/4.

Deux fractions exprimées par des termes différents peuvent avoir la même valeur, pourvu que le rapport soit le même entre le numérateur et le dénominateur de chaque fraction. Ainsi 2/4 équivalent à 3/6, car le rapport de 2 à 4 est le même que celui de 3 à 6; c'est-à-dire que 2 est la moitié de 4 comme 3 est la moitié de 6. Chacune de ces fractions exprime donc la moitié de l'entier et pourrait s'écrire 1/2.

Dans la pratique, il est toléré que le Numérateur et le Dénominateur soient sur la même ligne horizontale, séparés seulement par une barre oblique; nous le faisons dans cette démonstration pour qu'on s'habitue à ne pas confondre leur valeur.

Addition de fractions ayant le même dénominateur.

L'addition de plusieurs fractions ayant le même dénominateur est une opération très-simple.

EXEMPLE :

$$\frac{2}{9}$$
$$\frac{5}{9}$$
$$\frac{8}{9}$$

Il s'agit, on le voit aisément, d'additionner seulement tous les numérateurs et et de donner à la quantité produite le dénominateur commun de ces fractions, en extrayant du total des numérateurs les entiers qu'il peut contenir.

Ainsi, 2 et 5 font 8 et 8 font 15. En quinze neuvièmes il y a un entier pour 9/9 et il reste 6/9.

On posera donc pour résultat... 1 6/9

Addition de fractions ayant un dénominateur différent.

L'addition des fractions qui n'ont pas le même dénominateur nécessitant une opération compliquée, nous réserverons sa démonstration après la quatrième règle fondamentale.

DE LA SOUSTRACTION.

La *soustraction* a pour but de retrancher une somme d'une autre pour connaître de combien le plus grand nombre surpasse le plus petit. Le résultat se nomme *reste* ou *différence*.

Ainsi, l'opération par laquelle on arrive à connaître de combien 5 surpasse 2 est une *soustraction de nombres simples*; car pour obtenir ce résultat, il faut retrancher 2 de 5.

Il y a plusieurs autres soustractions :

Celle des nombres composés,
Celle des fractions.

Soustraction des nombres composés.

Pour faire la *soustraction des nombres composés*, on écrit d'abord le plus petit nombre sous le plus grand et on souligne le tout.

On retranche ensuite, en commençant toujours par les unités (soit de droite à gauche), chaque nombre inférieur de celui qui est au-dessus de lui et on met le reste au-dessous de la colonne.

Si le chiffre inférieur est égal à son correspondant, on met un 0.

Si le chiffre inférieur est plus grand que le supérieur, on augmente par la pensée celui-ci de dix unités, en les empruntant au premier chiffre de gauche, que l'on diminue par ce fait de cette dizaine que l'on comptera en moins lorsqu'on arrivera à lui.

EXEMPLE :

Du nombre   7,634 si l'on veut soustraire
               2,764
       il faut procéder ainsi :

Qui de 4 ôte 4, reste rien, je pose 0.
Qui de 3 ôte 6, cela ne se peut, j'emprunte une dizaine au chiffre de gauche et je dis alors :
Qui de 13 *paye* 6 reste 7.
Comme le chiffre supérieur 6 ne vaut plus que 5, je dis : Qui de 5 *paye* 7, cela ne se peut, j'emprunte une dizaine sur le 7 et je compte : Qui de 15 ôte 7, reste 8.
Le dernier chiffre ne valant plus que 6, je retranche le 2 qui est dessous et il me reste 4, que je pose.
Le produit de ma *soustraction* est donc. . . . . 4,870.
Il faut remarquer que s'il fallait emprunter sur un premier chiffre à gauche, qui serait un 0, l'emprunt se ferait sur le second chiffre et, à son défaut, sur le troisième, etc., etc. Tous les 0 sur lesquels on aurait emprunté n'auraient plus que la valeur du 9, par le motif que, du moment où on aurait été obligé de passer des chiffres pour emprunter, on aurait décuplé l'emprunt par une dizaine, ou une centaine, ou un millier, etc., etc.

Exemple :

De 4,000 francs
retrancher 2,255
il restera 1,145

Preuve de la soustraction.

La preuve de la soustraction se fait en ajoutant la plus petite quantité à la différence. Si la somme égale la grande quantité, l'opération est juste.

Ainsi :

Dans la première opération   Dans la seconde opération
        2,764   2,855
   et   4,870   et   1,145
égalent 7,634   égalent 4,000

Soustraction des fractions.

La soustraction de plusieurs fractions ayant le même dénominateur est une opération très-simple lorsque le numérateur que l'on veut soustraire est plus faible et qu'il n'y a pas de nombre entier devant.
Ainsi, pour retrancher 5/8 de 7/8, il suffit de dire : Qui de 7 ôte 5, reste 2, soit 2/8 ou 1/4.
Mais s'il y a des nombres entiers devant, tels que 2 5/8 à retrancher de 3 1/8, il faut procéder ainsi :
Comme 1/8 ne peut payer 5/8, on emprunte un entier qui vaut 8/8, et alors on dit : Qui de 9/8 ôte 5/8, reste 4/8. pr
Donc le résultat de la soustraction de 3 1/8 dont on a retiré 2 5/8
Est un reliquat de 4/8 ou 1/4.
La soustraction des fractions qui n'ont pas le même dénominateur sera traitée un peu plus loin.

DE LA MULTIPLICATION.

Multiplier un nombre par un autre, c'est répéter le premier autant de fois qu'il y a d'unités dans le second, la *multiplication des nombres simples* n'étant, à bien considérer, qu'une addition abrégée.
En effet, si l'on veut savoir ce que produit le nombre 7 répété neuf fois, on peut écrire neuf fois le nombre 7 l'un sous l'autre, et l'addition produira 63.

Mais comme cette manière de procéder serait beaucoup trop longue pour les nombres composés, on a eu recours à la règle appelée *multiplication*.

Le nombre qu'on multiplie se nomme *multiplicande*.

Celui par lequel on multiplie s'appelle *multiplicateur*.

Et le résultat de la *multiplication* se nomme *produit*.

On définit aussi le multiplicande et le multiplicateur par le mot de *facteurs*. Ainsi, 7 multiplié par 6 sont les facteurs de 42.

Le *multiplicateur* est un nombre abstrait, puisqu'il marque uniquement combien de fois on doit répéter le multiplicande.

Il est indifférent, pour obtenir le produit d'une *multiplication*, que le multiplicateur soit pris pour le multiplicande ou le multiplicande pour le multiplicateur ; car 12 fois 8 font 96 et 8 fois 12 font aussi 96.

La *multiplication des nombres simples* ou d'un chiffre par un autre, depuis 1, jusqu'à 9, n'a pas besoin de règle ; il suffit de retenir ces produits dans la mémoire, tels qu'ils sont présentés dans la table appelée *Table de Pythagore* (1).

Nous avons doublé son étendue, parce que les usages du commerce obligent souvent à exprimer de suite des produits considérables.

1	2	3	4	5	6	7	8	9	10	11	12	13	14	15	16	17	18	19	20
2	4	6	8	10	12	14	16	18	20	22	24	26	28	30	32	34	36	38	40
3	6	9	12	15	18	21	24	27	30	33	36	39	42	45	48	51	54	57	60
4	8	12	16	20	24	28	32	36	40	44	48	52	56	60	64	68	72	76	80
5	10	15	20	25	30	35	40	45	50	55	60	65	70	75	80	85	90	95	100
6	12	18	24	30	36	42	48	54	60	66	72	78	84	90	96	102	108	114	120
7	14	21	28	35	42	49	56	63	70	77	84	91	98	105	112	119	126	133	140
8	16	24	32	40	48	56	64	72	80	88	96	104	112	120	128	136	144	152	160
9	18	27	36	45	54	63	72	81	90	99	108	117	126	135	144	153	162	171	180
10	20	30	40	50	60	70	80	90	100	110	120	130	140	150	160	170	180	190	200
11	22	33	44	55	66	77	88	99	110	121	132	143	154	165	176	187	198	209	220
12	24	36	48	60	72	84	96	108	120	132	144	156	168	180	192	204	216	228	240
13	26	39	52	65	78	91	104	117	130	143	156	169	182	195	208	221	234	247	260
14	28	42	56	70	84	98	112	126	140	154	168	182	196	210	224	238	252	266	280
15	30	45	60	75	90	105	120	135	150	165	180	195	210	225	240	255	270	285	300
16	32	48	64	80	96	112	128	144	160	176	192	208	224	240	256	272	288	304	320
17	34	51	68	85	102	119	136	153	170	187	204	221	238	255	272	289	306	323	340
18	36	54	72	90	108	126	144	162	180	198	216	234	252	270	288	306	324	342	360
19	38	57	76	95	114	133	152	171	190	209	228	247	266	285	304	323	342	361	380
20	40	60	80	100	120	140	160	180	200	220	240	260	280	300	320	340	360	280	400

Pour l'usage de cette table, il suffit de prendre dans la 1re colonne de gauche le chiffre dont il plaît de connaître le rapport et d'aller trouver le correspondant que l'on désire dans la colonne horizontale où est représenté son équivalent, puis

---

(1) **Pythagore**, né à Samos (Grèce), dans la 53ᵉ olympiade, vers l'an 533 avant J.-C., Philosophe, chef de la nombreuse secte dite *Italique*. On a de lui des maximes nommées les *Vers dorés* ; il fut aussi célèbre mathématicien, il composa la *Table* qui porte son nom, et qui depuis est devenue indispensable en arithmétique.

On lui doit la découverte de la fameuse proportion relative au carré de l'*hypothénuse*, et surtout l'honneur d'avoir enseigné aux Occidentaux le système de numération décimale que l'on attribue faussement aux Arabes.

La *Mensa Pythagorica* était, au moyen âge, le tableau à colonnes nommé aussi *Abacus*, sur lequel se faisaient les opérations de l'arithmétique, suivant notre système décimal actuel.

A. B.

on descend perpendiculairement le doigt de la main droite jusqu'au niveau du doigt de la main gauche, et dans la case on trouve le produit.

Les personnes dont la mémoire est rebelle et qui n'auraient pas cette table à leur disposition, pourront y remédier par le moyen suivant :

Tout nombre composé dépassant 10 sera ramené à cette proportion avant de chercher l'excédant.

EXEMPLES :

Je veux savoir combien valent 17 fois 17.

Je commence par penser que 10 fois 17 font. 170

Il ne me reste qu'à chercher dans ma mémoire que 7 fois 17 égalent 119

Le total est donc. 289

Je veux connaître le montant de 15 fois 19.

Je dis : 10 fois 19 font. 190

puis 5 fois 19 font. 95

Total. 285

Multiplication des nombres composés.

Après avoir placé le multiplicateur sous le multiplicande on fait un trait horizontal dessous, on multiplie successivement chaque chiffre du multiplicande par le multiplicateur en commençant par les unités.

Si le produit partiel est moindre que 10 on l'écrit au-dessous du trait et perpendiculairement sous les chiffres du multiplicateur.

S'il est égal à une ou plusieurs dizaines on écrit zéro et on retient la dizaine pour la reporter au chiffre qui suit.

Si le produit dépasse une dizaine et laisse des unités, on pose l'unité en retenant la dizaine comme il vient d'être dit.

EXEMPLE :

Multiplicande   245
Multiplicateur   45

1225 1ᵉʳ produit.
980 2ᵉ produit.
11025 produit total.

On procède ainsi :

Cinq fois 5 font 25, je pose 5 et retiens deux dizaines ;

Cinq fois 4 font 20 et 2 de retenus font 22 ; je pose 2 et retiens 2 ;

Cinq fois 2 font 10 et 2 de retenus font 12, je pose 2 et comme je n'ai plus rien au multiplicande, j'avance 1.

Je prends le second multiplicateur et continue de la même manière que précédemment, en ayant toujours le soin de reculer d'un chiffre mon produit afin de commencer perpendiculairement sous le multiplicateur dont je m'occupe.

Je tire une barre horizontale sous ces deux produits et je les additionne pour avoir mon total.

Si le multiplicateur contenait un ou plusieurs zéros, on commencerait la ligne de ce produit par un ou plusieurs zéros, et comme ils tiennent la place des multiplicateurs, il faudrait reculer d'autant de chiffres la pose du produit suivant.

Preuve de la multiplication.

Rien n'est plus simple : il s'agit de renverser l'ordre de position de la règle en faisant du multiplicateur le multiplicande ; ainsi la preuve de la règle ci-contre s'obtient en multipliant 45 par 245.

DE LA DIVISION.

Faire une division c'est chercher combien de fois un nombre est contenu dans un autre.

On distingue trois parties dans cette règle.

Le *dividende* ou nombre à diviser.

Le *diviseur* nombre par lequel on divise.

Le *quotient* qui est le produit de cette opération.

Diviser un nombre par un autre, c'est chercher un troisième nombre qui marque combien de fois le plus petit est contenu dans le plus grand. On reconnaît donc que la solution d'un problème exige une *division* lorsque la valeur de plusieurs unités ou de quelques parties d'unité étant donnée, on cherche celle d'une seule.

Pour diviser un nombre composé par un nombre simple, après avoir écrit le diviseur à la suite du dividende dont on le sépare par un trait vertical, on divise par ce nombre donné le premier chiffre à gauche du dividende et successivement tous les autres, en ayant soin de procéder suivant l'élévation du dividende par les milliers, puis les centaines, puis les dizaines et enfin les unités, comme si chaque dividende partiel exprimait des unités simples, et l'on écrit sous le diviseur chaque quotient partiel dans la classe de son dividende en séparant ces quotients par un trait horizontal.

Si quelqu'un de ces dividendes partiels est un multiple du diviseur ou autrement dit, le contient exactement, on le divise à l'ordinaire, on met le quotient dans son rang. S'il n'est pas multiple du diviseur on tire le plus grand multiple qu'on divise aussi à l'ordinaire et on joint le reste aux unités de l'ordre suivant ou en cas que le dividende soit épuisé on met le reste en fraction sur le diviseur, ce qui se fait en l'écrivant au quotient à la suite des chiffres positifs et mettant le diviseur au-dessous en séparant les fractions par un trait, fractions qui ne sont qu'une division impossible à faire en nombres entiers.

Si le dividende partiel est plus petit que le diviseur, après avoir écrit zéro au quotient, on l'unit aux unités de l'ordre suivant ou on le met en fraction, comme il vient d'être dit, si le dividende n'a pas d'autre chiffre, l'opération est terminée par l'épuisement des chiffres du dividende.

1ᵉʳ EXEMPLE :

Dividende   963 |3   diviseur.
        9   321 quotient.
      06
       6
      03
       3
       0

On prend d'abord le premier chiffre 9 du dividende et l'on dit :

En 9 combien de fois 3, il y a 3 fois que l'on écrit sous le diviseur, on multiplie ensuite le diviseur 3 par le quotient partiel 3 et on met le produit 9 sous le chiffre 9 du dividende; duquel chiffre on soustrait le produit partiel, reste zéro; cela fait, on abaisse à côté du reste le second chiffre 6 du dividende.

On dit ensuite; en 6 combien de fois 3, deux fois que l'on écrit à la suite du premier quotient partiel trouvé, on fait la multiplication du second quotient par le diviseur et on en soustrait le produit du nombre 6 du dividende, cela fait, on abaisse à côté du second reste 0 le chiffre 3, qui est le dernier du dividende.

On dit enfin; en 3 combien de fois 3, 1 fois que l'on place de même à côté du dernier quotient 2, on multiplie de même le quotient partiel 1 par le diviseur et on soustrait le produit du dernier nombre partiel 3 à diviser.

Cette soustraction étant faite exactement et sans reste, le résultat de l'opération est que le nombre 963 divisé par 3 donne 321 au quotient.

EXEMPLES :

Nº 2.   Nº 3.
18108 |9   186 |5
18   2012   15   37 1/5ᵉ
0010   36
  9   35
 18   1
 18
 00

Opération du n° 2.

Prenons le chiffre 1 du dividende, nous voyons qu'il n'est pas divisible par 9 ; alors on prend les deux premiers, et l'on dit : en 18 combien de fois 9, 2 fois, dont le produit par le diviseur soustrait de ce dividende partiel donne 0, pour reste ; à côté de ce reste on abaisse le chiffre suivant du dividende et l'on dit en 1 combien de fois 9, point ou 0 qu'on pose au quotient, et à côté du chiffre 1 on abaisse l'autre chiffre 0 du dividende et l'on dit en 10 combien de fois 9, 1 fois, et nous trouvons 1 pour reste, à côté duquel nous abaissons le dernier chiffre du dividende, et nous disons enfin en 18 combien de fois 9, 2 fois et 0 pour reste.

Opération du n° 3.

Après avoir opéré dans cette *division* de la manière que nous avons indiqué ci-dessus, nous trouvons à la fin 1 pour dernier reste ; mais comme la division de 1 par 5 ne se peut, 1 étant plus petit que 5 et par conséquent ne pouvant être divisé qu'en partie ou fractions de nature du diviseur, nous portons au quotient ce reste 1, sous lequel on met le diviseur lui-même en les séparant par un trait horizontal ou incliné ⅕ ou 1/5 pour indiquer que le nombre 186 *dividende* contient le nombre 5 *diviseur* 37 fois et 1/5 *quotient*.

Il n'est pas nécessaire ici de démontrer que les fractions sont variables selon que le diviseur se trouverait être 3, 8, 8. Il en sera parlé plus explicitement, lors du calcul décimal.

Pour diviser un nombre composé par un nombre composé, on dispose ces deux nombres comme dans la *division par nombre simple*.

On prend sur la gauche du dividende autant de chiffres qu'il y en a dans le diviseur et un de plus si les premiers font une somme plus petite que le diviseur ; on regarde ce premier dividende partiel comme n'étant suivi d'aucun autre chiffre et on divise le premier ou les deux premiers chiffres du dividende par le diviseur ; on éprouve le nombre qui résulte de cette opération et s'il est trop grand on le diminue d'une unité jusqu'à ce que le produit par le diviseur n'excède pas le dividende partiel ; on soustrait ce produit du dividende partiel, et le reste réuni au chiffre suivant du dividende, forme le second membre de la division. On fait sur ce membre et sur les suivants les mêmes opérations que sur les premiers, et après chaque division partielle on met un chiffre au quotient.

Il peut arriver dans le cours de l'opération qu'après avoir abaissé à côté du reste un chiffre du dividende, un membre de la division *soit encore plus petit que le diviseur* ; alors on met 0 au quotient, et l'on abaisse un autre chiffre de dividende. Si, après avoir abaissé ce chiffre, le membre de division se trouvait encore être plus petit, on mettrait un autre 0 au quotient, et, en abaissant toujours un chiffre, on continuerait ainsi jusqu'à ce que la division pût avoir lieu.

Si à la fin de la division il y avait un reste, on le mettrait en fraction sur le diviseur, comme il a déjà été dit à la *division d'un nombre composé par un nombre simple*.

EXEMPLES :

	N° 4.			N° 5.	
Dividende :	48852	|36 diviseur.		13487605	|938
	36	1357 quotient.		938	14379 $\frac{103}{938}$
	128			4107	
	108			3752	
	205			3556	
	180			2814	
	252			7420	
	252			6566	
	000			8545	
				8442	
				103	

Opération du n° 4.

On dit : en 48 combien de fois 36, 1 fois ; déduisant de 48 le produit de 36 par 1, reste 12, à côté duquel on abaisse le chiffre 8 du dividende.

On dit ensuite : en 128 combien de fois 36 (ou seulement en prenant les deux premiers chiffres du dividende et le premier du diviseur, en 12 combien de fois 3, il y serait 4 fois; mais comme nous voyons que le produit de 36 par 4 serait plus fort que le nombre 128 de la division, nous diminuons d'une unité le quotient 4 éprouvé, et nous portons seulement 3). Déduisant de même de 128 le produit 108 de 36 par 3, reste 20, à côté duquel on abaisse 5, chiffre du dividende.

On dit ensuite : en 20 combien de fois 3, il y serait 6 fois (mais 6 éprouvé sur 205 par la multiplication de 36 serait trop fort, on ne porte donc que 5 au quotient). A côté du reste 25 de cette dernière division partielle, on abaisse 2, dernier chiffre du dividende, et nous disons :

En 25 combien de fois 3 (7 fois seulement au lieu de 8); après épreuve faite, nous déduisons 252, produit de 7 par 36, du reste 252, et nous avons 0 pour dernier reste. Le quotient exact est 1,357.

Telle est la manière d'opérer dans la *division des nombres composés*. Il sera facile maintenant de suivre seul les opérations écrites que nous avons multipliées, afin de pouvoir s'exercer sur tous les points importants.

Passons aux exemples de cas où un ou plusieurs membres de division se trouvant plus petits que le diviseur, il faut mettre des zéros au quotient.

EXEMPLES :

N° 6.		N° 7.		N° 8.	
7632504	|72	3600	|12	55000	|2500
72	106,007	36	300	50	22
432		00		50	
432				50	
0504				00	
504					
000					

Opération du n° 6.

On dit : en 76 combien de fois 72, 1 fois; déduisant de 76 le produit 72 par 1, reste 4, à côté duquel nous abaissons le chiffre 3 du dividende.

On dit ensuite : en 43 combien de fois 72, zéro au quotient, et l'on abaisse le chiffre 2 du dividende ; en disant : en 432 il y a 6 fois 72; déduisant le produit de 72 par 6, reste 0, à côté duquel nous abaissons le chiffre 5 du dividende, et on continue :

En 5 combien de fois 72, zéro au quotient, et nous abaissons le chiffre 0 du dividende; nous disons alors : en 50 combien de fois 72, encore zéro au quotient; nous abaissons le dernier chiffre 4 du dividende; nous continuons : en 504 combien de fois 72, il y est 7, que nous portons au quotient, lequel est exactement 106,007, la division ayant été faite sans aucun reste.

Opération du n° 7.

Si le dividende est terminé par des zéros, après avoir opéré la division des seuls nombres positifs, et que la division se trouve être parfaitement exacte et sans reste, on ajoute à la suite du quotient autant de zéros qu'il y en a à la fin du dividende.

Si le diviseur est terminé par des zéros, après avoir séparé sur la droite du dividende autant de chiffres qu'il y a de zéros à la fin du diviseur, on se contente, pour abréger, de diviser le nombre positif.

Opération du n° 8.

Si le dividende et le diviseur sont terminés par des zéros, on peut également en ôter à l'un et à l'autre autant qu'il y en a à celui qui en a le moins, et diviser le reste à l'ordinaire.

Comme la méthode que nous venons d'indiquer est un peu longue, on peut en employer une plus simple et plus expéditive, en se dispensant d'écrire au-dessous des dividendes (comme nous l'avons fait pour rendre les exemples plus sensibles)

les produits successifs de la multiplication du diviseur par les quotients partiels ;
il ne s'agit pour cela que de faire les soustractions sur chaque chiffre du dividende
à mesure qu'on a obtenu le produit de chaque chiffre du diviseur par le quotient
partiel.

Faisons l'application de cette méthode abrégée à la division d'un nombre composé par un autre nombre composé, dont nous avons déjà donné l'exemple page 21 (*Opération n° 4*), et comme il y a deux manières d'opérer les soustractions successives des produits partiels du quotient, servons-nous de l'une et de l'autre manière.

EXEMPLE

Sur l'opération n° 4.

```
Dividende : 48852 |36    diviseur.
             128   ————
             205   1357  quotient.
             252
             000
```

On dira : en 48 combien de fois 36, 1 fois ; multipliant et soustrayant en même temps, on dira : 1 fois 6 de 8 reste 2 que nous écrivons sous ce 8, puis 3 de 4 reste 1 que nous écrivons de même sous ce 4. Abaissant ensuite le chiffre 8 à côté du reste 12, on dit :

En 128 combien de fois 36, 3 fois, puis 3 fois 6 font 18, dont 8 ôté de 8 reste 0 qu'on écrit sous le 8, et on retient 1 ; puis encore 3 fois 3 font 9 et 1 de retenu 10, de 12 reste 2 qu'il faut écrire sous le 2. A côté du reste 20, on abaisse le chiffre 5 et l'on dit :

En 205 combien de fois 36, 5 fois, qu'on écrit au quotient, puis 5 fois 6 font 30, zéro ôté de 5 reste 5, l'écrire et retenir 3 ; puis 5 fois 3 font 15 et 3 de retenus 18, ôté de 20 reste 2, l'écrire sous le zéro.

Enfin, à côté du reste 25, on abaisse le chiffre 2 et l'on dit : en 25 combien de fois 3 (à éprouver), ou en 252 combien de fois 36, 7 fois ; puis 7 fois 6 font 42, 2 ôtés de 2 reste 0 que nous écrivons, et nous retenons 4 ; puis ensuite 7 fois 3 font 21 et 4 de retenus 25, de 25 reste 0 que nous écrivons également sous le 25.

Ainsi, dans le principe (exemple n° 4), pour arriver au même résultat, nous avons posé 23 chiffres, non compris ceux du quotient, et dans cet exemple-ci, 12 ont suffi.

Preuve de la Division.

Pour faire la preuve de la *division*, on multiplie le diviseur par le quotient ou le quotient par le diviseur ; au produit de cette multiplication on ajoute le reste de la division (s'il y en a) : le produit doit être égal au dividende si l'opération a été bien faite.

En effet, le quotient n'indiquant autre chose, sinon combien de fois le diviseur est contenu dans le dividende, il s'ensuit qu'en les multipliant l'un par l'autre, on doit trouver le dividende.

EXEMPLES :

Sur cette même opération n° 4.

Du nombre 48852 par 36, dont le quotient est de 1357 juste.

```
Quotient. . . . .   1357  pris pour multiplicande.
Diviseur. . . . .     36  pris pour multiplicateur.
                    ————
                    8142
                    4071
                    ——————
Dividende. . . .   48852  égal au produit de la multiplication.
```

Sur l'opération du n° 5.

Du nombre 13487605 par 938, dont le quotient est de 14379 avec 103 de reste.

Diviseur. . . . .   938 pris pour multiplicande.
Quotient. . . . . 14379 pris pour multiplicateur.

$$
\begin{array}{r}
8442 \\
6566 \\
2814 \\
3752 \\
938 \\
\hline
\end{array}
$$

103 reste.

13487605 dividende égal au produit de la multiplication.

Nous nous sommes un peu étendu sur cette RÈGLE, parce qu'elle offre beaucoup
plus de difficultés que les trois premières.

RAPPORT ET PROPORTIONS GÉOMÉTRIQUES DES NOMBRES

Une proportion est l'égalité de deux *rapports*, et un *rapport* est le résultat de la
comparaison de deux *nombres*.

Il y a deux sortes de rapports :

Les rapports par différence ou par soustraction, que l'on appelle *raison* ou *proportion par différence ou équidifférence*.

Et les rapports par division ou par quotient, que l'on appelle *raison* ou *rapport
par quotient*.

Donc si l'on compare deux *nombres* et que l'on considère le quotient du grand
sur le plus petit, on obtient un *rapport* ou une *raison* qu'on appelle *géométrique*.

Ainsi, 4 comparé à 8 sont deux *nombres* dont le plus grand contient deux fois le
plus petit, ou dont le second est deux fois plus grand que le premier.

De même que 8 comparé à 4 sont deux *nombres* dont le plus grand contient deux
fois le plus petit, mais dont le second est deux fois plus petit que le premier.

La *raison* est donc croissante et décroissante selon que le premier *nombre* comparé est plus petit ou plus grand que le second.

Le premier des nombres que l'on compare s'appelle *antécédent* et le second *conséquent*. On appelle *exposant* le quotient qui marque la valeur du rapport.

Deux raisons sont égales lorsqu'elles ont le même exposant et qu'elles sont
toutes les deux aussi ou croissantes ou décroissantes; 4 à 8 et 5 à 10 sont deux
raisons croissantes égales, ayant 2 pour *exposant* commun.

8 à 4 et 10 à 5 sont aussi deux *raisons décroissantes* égales, ayant 2 pour *exposant*
commun.

De même que si l'on compare deux *nombres* pour obtenir une *raison géométrique*,
on compare deux *raisons* égales d'où résulte une *proportion géométrique*.

Chaque *rapport* ou *raison* ayant nécessairement deux termes, une *proportion* en
a quatre; le premier et le dernier sont appelés les *extrêmes*, naturellement le
second et le troisième les *moyens*.

EXEMPLE D'UNE PROPORTION GÉOMÉTRIQUE :

4 est à 8 comme 5 est à 10, qu'on écrit à la suite : 4 : 8 :: 5 : 10.
4 et 10 sont les *extrêmes*, 8 et 5 les *moyens*.

Ainsi, pour que deux *raisons* comparées soient égales, il faut nécessairement
que l'un des termes de chacune contienne l'autre un même nombre de fois, ou,
ce qui est la même chose, il faut que les deux *raisons* aient le même *exposant*.

Il est clair que dans une *proportion* laquelle n'est absolument que la comparaison
de deux raisons égales,

Le premier et le troisième terme (ou le premier *extrême* et le deuxième *moyen*)
ne peuvent être égaux qu'autant que le second et le quatrième terme (ou le premier *moyen* et le dernier *extrême*) sont aussi égaux de leur côté.

Soit, par exemple, 10 pour premier terme et 10 aussi pour troisième *terme* d'une
proportion résultant de la comparaison de deux *raisons* dont le premier terme de
chacune est 10.

Si le deuxième terme de l'une des deux *raisons* est 20, double du premier, ou, ce qui revient au même, le contient deux fois, le deuxième terme de l'autre *raison* sera forcément 20 aussi, sans quoi les deux raisons ne seraient plus égales, et, par conséquent, 20 sera aussi le deuxième terme, comme il sera de même le quatrième terme de la *proportion*, puisqu'elle ne peut résulter que de deux *raisons* égales.

Nous aurons donc dans cette hypothèse la proportion suivante :

$$10 : 20 :: 10 : 20.$$

Il est clair maintenant que dans cette *proportion*, prise comme exemple de démonstration sensible, le produit des *extrêmes*, ou de 10 par 20, est égal au produit des *moyens* ou de 20 par 10.

Il en sera de même de toute *proportion géométrique* quelconque, d'où il suit que chaque *moyen* est égal au produit des *extrêmes* divisé par l'autre *moyen*.

En effet, 10 multiplié par 20, ou 200 (*produit des extrêmes*) divisé par 20 (*premier moyen*) égale 10 (*deuxième moyen*).

De même que 20 multiplié par 10, ou 200 (*produit des moyens*) divisé par 10 (*premier extrême*) égale 20 (*dernier extrême*) et divisé par 20 (*dernier extrême*) égale 10 (*premier extrême*).

D'où il suit encore qu'étant donné trois termes d'une *proportion géométrique*, on doit nécessairement trouver le quatrième, soit en multipliant les *moyens* connus et divisant par l'*extrême* connu, soit en multipliant les *extrêmes* connus et divisant par le *moyen* connu, selon qu'il s'agira de trouver un *extrême* inconnu ou un *moyen* inconnu.

Propriétés des proportions.

La propriété principale des *proportions* par *différence* ou équidifférence est que *la somme des extrêmes est égale à celle des moyens*.

Les propriétés principales des *proportions* par *quotient* sont les suivantes :

1. *Le produit des moyens est égal au produit des extrêmes*.

2. Si l'on ajoute chaque *conséquent* à son *antécédent* ou si on l'en retranche, la *proportion* est encore existante.

3. La somme des *antécédents* est à la somme des *conséquents* comme un *antécédent* est à son *conséquent*.

4. Si l'on multiplie ou si l'on divise l'un des *rapports* ou tous les deux par un même *nombre*, la *raison* entre les termes de chaque *rapport* sera toujours la même, et, par conséquent, on n'aura rien changé à la *proportion*.

5. Si l'on multiplie ou si l'on divise les deux *antécédents* ou les deux *conséquents* par un même *nombre*, la *proportion* ne sera pas troublée.

6. Quand on multiplie terme à terme deux *proportions*, les produits résultant de ces opérations forment encore une *proportion*.

Ces propriétés des proportions géométriques ont donné lieu à plusieurs règles auxquelles les arithméticiens ont donné différents noms; c'est ce qui nous obligera de parler du mot *géométrie* avant d'être arrivé à la démonstration de cette partie. Nous ne nous occuperons ici que de la seule règle de trois.

DE LA RÈGLE DE TROIS.

Cette règle, d'une grande utilité, n'est autre chose à résoudre qu'une *proportion géométrique* dont on connaît trois termes, lesquels servent à trouver le quatrième; elle se nomme aussi *règle de proportion*.

Elle peut être :

    Directe simple.
    Inverse simple.
    Directe double.
    Inverse double.
    Composée, c'est-à-dire en partie directe et en partie inverse.

EXEMPLE DE LA RÈGLE DE TROIS SIMPLE ET DIRECTE, DONT LE RÉSULTAT DOIT ÊTRE *plus*.

Un homme a dépensé 18 francs en 5 jours, combien dépenserait-il dans un an ou 365 jours?

La proportion à poser se présente naturellement ainsi :

5 jours : 18 francs :: 365 jours : *x*, *terme inconnu.*

Mais il vaut mieux, puisque c'est absolument la même chose, comparer ensemble les objets homogènes ou de même espèce et dire :

5 jours : 365 jours :: 18 francs : *x*.

```
        18
      ─────
      2920
       365
      ─────
      6570  |5 jours.
        15   ─────────────────
        07    1314 quotient ou raison.
        20
        00
```

La *proportion* posée, il ne s'agit plus que de trouver le dernier terme (*x*) ou le dernier *extrême*, ce que l'on fait en multipliant les moyens connus (365 par 18) et divisant par le premier extrême connu (5), et on trouve 1314 francs.

EXEMPLE DE LA RÈGLE DE TROIS SIMPLE ET INVERSE DONT LE RÉSULTAT DOIT ÊTRE *moins.*

6 ouvriers ont fait un ouvrage en 20 jours. En combien de jours 15 ouvriers feront-ils le même ouvrage.

On fera donc la proportion suivante :

6 ouvriers : 15 ouvriers :: *x* jours cherchés : 20.

```
      20 jours.
         6
      ─────  ┌ 15
      120    │ ────
      000    └  8 résultat.
```

Pour trouver le terme *moyen* cherché, on multiplie les deux *extrêmes* (6 par 20) et on divise par le *moyen* connu (15).

Le résultat de la *proportion* fait connaître que les 15 ouvriers, que l'on suppose travailler également, n'emploieront que 8 jours pour faire le même ouvrage.

RÈGLE DE TROIS COMPOSÉE ET DIRECTE DONT LE RÉSULTAT DOIT ÊTRE *plus.*

Vingt ouvriers ont fait 99 mètres d'ouvrage en 15 jours, combien en feront 60 ouvriers en 25 jours ?

On observera que la quantité d'ouvrage doit être directe ou croître comme le nombre des ouvriers et comme le nombre de jours de travail.

C'est donc comme s'il y avait seulement d'une part (en *multipliant 15 jours par 20 ouvriers*) 300 ouvriers ou 300 jours ou journées indifféremment, et de l'autre (en *multipliant 25 jours par 60 ouvriers*) 1500 ouvriers ou 1500 jours. On dira :

300 ouvriers : 1500 ouvriers :: 99 mètres : *x* = 495.

```
    ×        99
          ─────
          13500
           135
          ──────
          148500  |300
             28     ──────
             15      495 mètres.
              0
```

Ici, comme dans l'exemple ci-dessus (de la *règle de trois simple et directe*), on multiplie les moyens l'un par l'autre, et l'on divise par l'extrême connu, le résultat 495 est le nombre de mètres d'ouvrage qui doit être fait en 25 jours par ces ouvriers.

RÈGLE DE TROIS COMPOSÉE ET DIRECTE DONT LE RÉSULTAT CHERCHÉ DOIT ÊTRE *moins.*

Soixante ouvriers ont fait 495 mètres d'ouvrage en 25 jours, combien en feront 20 ouvriers en 15 jours ?

On observera que la quantité d'ouvrage doit être indirecte ou décroître comme le nombre des ouvriers et comme le nombre de jours de travail; c'est le résultat inverse de la règle précédente.

On dira donc (*multipliant le nombre des ouvriers par celui des jours*) :

300 ouvriers : 1500 ouvriers :: x mètres cherchés : 495

$$\begin{array}{r} 300 \\ \hline 148500 \\ 135 \\ \hline 000 \end{array} \quad \begin{array}{|l} 1500 \\ \hline 99 \text{ mètres.} \end{array}$$

Ici, comme dans l'exemple ci-dessus de la règle de trois simple et inverse, on multiplie les extrêmes l'un par l'autre et l'on divise par le moyen connu. On trouve 99 mètres d'ouvrage devant être fait par 20 ouvriers en 15 jours.

RÈGLE DE TROIS INVERSE DONT LE RÉSULTAT EST UNE répartition intégrale.

Trois marchands ont acquis 3600 stéres de charpente à raison de 80 francs le stére :
Le premier est pour la moitié ;
Le second pour le tiers ;
Le troisième pour le quart.

La totalité de la somme à payer est 288,000 francs, quoique s'élevant par les proportions : moitié à 144,000 francs, tiers à 96,000 francs, et quart à 72,000 francs. Total 312,000 francs.

```
Le 1/2 3900 st. : 1800 :: 3600 : x = 1664 st. 538 18/39 | 312000 : 144000 :: 288000 : x = 132923f.07c.6m.288/312
Le 1/3 3900 st. : 1200 :: 3600 : x = 1107 st. 692 12/39 | 312000 :  96000 :: 288000 : x =  88615f 38c.4m.192/312
Le 1/4 3900 st. :  900 :: 3600 : x =  830 st. 769  9/39 | 312000 :  72000 :: 288000 : x =  66461f.53c 8m.144/312
          Stères.  .  .  .  3600    000  0/0            |     Francs.  .  .  .  288880f.0c.0m.  0/312
```

Cette règle représente deux sortes d'opérations ; l'une pour chercher le nombre de stères appartenant à chaque proportion, et l'autre la somme à payer ; on multiplie les moyens l'un par l'autre, et l'on divise le produit par l'extrême, composé des trois proportions, moitié, tiers et quart réunis ; le résultat ou le quatrième terme donne le nombre cherché ou la part intégrale de chaque proportion ; car il faut considérer que la moitié, le tiers et le quart font plus d'un entier, et que la répartition doit être faite proportionnellement à la mise de fonds.

RÈGLE DE TROIS DITE DE fausse position.

La règle de fausse position est une opération par laquelle on prépare la solution d'un problème en opérant sur un nombre proposé.

EXEMPLE :

On présente à l'introduction 694 hectos d'avoine contenus dans 409 sacs, dont une partie est à 185 litres et l'autre à 150 ; on demande combien il y en a de chaque espéce de sacs.

Si tous les sacs contenaient 185 litres, le total serait 756 hectos 65 litres ; d'où il résulte une différence de 62 hectos 65 litres. Comme la différence de contenance des sacs 150 à 185 litres est de 35 litres, ce dernier nombre doit servir de diviseur aux 62 hectos 65 litres. Le résultat sera le nombre de sacs à 150 litres.

EXEMPLE :

```
409 sacs à 185 litres = 756 h. 65 lit.  )  185 litres.
   Quantité déclarée    694              )  150 litres.
                        ───────          )
   Différence à diviser  62 h. 65 lit.   )  35 différence d'un sac à l'autre.
                        276              (  ───────────────────────────────
                        315                179 sacs à 150 lit. = 268,50
                        000                230  —  à 185  —      425,50
                                          ───────────────────────────────
                                          409 sacs.           = 694,00
```

Ainsi la règle de trois, ou pour mieux dire la règle de proportion, n'a pas de bornes dans ses divers usages ; on peut dire (quels que soient d'ailleurs la nature des calculs et les noms donnés aux différentes règles, selon les résultats cherchés) que les règles de compagnie, de fausse position, d'alliage, d'intérêt, d'escompte, de change ou autres ne sont, à proprement parler, que des proportions géométriques appliquées à des spécialités ; car toutes les opérations qu'elles demandent peuvent être ramenées à la règle de trois et résolues par elle.

DU CALCUL DÉCIMAL

Le système du *Calcul décimal* n'est autre chose que la numération étendue de gauche à droite, à partir de l'unité, dans une échelle décroissante décuple, semblable.

Si donc, à la suite d'un nombre quelconque dont le dernier chiffre marque constamment des unités simples, on écrit d'autres chiffres séparés du premier par une virgule ou un point, le premier chiffre à droite, après celui des unités, marque des quantités dix fois plus petites que les unités ou des dixièmes ; le second marquera des quantités dix fois plus petites que les dixièmes ou des centièmes, etc.

Ces dixièmes, ces centièmes, ces millièmes, etc., sont ce qu'on appelle simplement des décimales, et qui ne sont que des nombres qui ont pour diviseur sous-entendu, l'unité suivie d'autant de zéros qu'il y a de chiffres décimaux.

EXEMPLE : 345,675.

Ainsi, on dira 345 unités 675 millièmes, parce qu'il y a trois chiffres décimaux et que leur diviseur sous-entendu est 1000.

On peut, sans changer la valeur d'un nombre suivi de décimales, écrire à la suite des décimales autant de zéros qu'on voudra.

En effet, les décimales représentent le dividende d'une division indiquée dont le diviseur sous-entendu est l'unité suivie d'autant de zéros qu'il y a de décimales, lorsqu'on ajoute un ou plusieurs zéros au dividende ou aux décimales proprement dites, ils sont forcément censés ajoutés aussi au diviseur sous-entendu et, alors, c'est comme si on multipliait le dividende et le diviseur par 10, par 100, par 1000, etc. ; ce qui ne change pas la valeur du quotient : 345,675.

Si donc, un nombre exprimant des unités simples et des décimales, on recule vers la droite ou on avance vers la gauche la virgule qui sépare les unités des décimales, on rend la valeur 10 fois, 100 fois, 1000 fois, etc., plus grande ou plus petite, selon que la transposition se fait d'une, de deux, de trois places, etc.,

Parce qu'alors on aura véritablement multiplié ou divisé le même nombre par 10, par 100, par 1000, etc.

EXEMPLE SUR CES MÊMES CHIFFRES 345,675 :

3456,75 est dix fois plus grand que 345,675 et 34,5675 est dix fois plus petit que ce même nombre 345,675.

On fait sur les nombres suivis de décimales les mêmes opérations que sur les nombres entiers.

EXEMPLE :

Pour énoncer la valeur successive des fractions composées d'autant de chiffres qu'on voudra :

$$0,\ 4\ 5\ 8,\ 3\ 0\ 9,\ \text{etc.}$$

(0 unités, 4 dixièmes, 5 centièmes, 8 millièmes, 3 dix millièmes, 0 cent millièmes, 9 millionièmes.)

Réduction de fractions.

Les réductions des fractions sont divers changements qu'on leur fait subir sans que, pour cela, elles changent de valeur.

Il y a plusieurs manières, dont les deux premières portent le nom de transformations.

    1. Réduire des entiers, ou des entiers et des fractions en une seule fraction.

    2. Réduire des fractions en entiers lorsqu'elles en contiennent.

3. Réduire les fractions à leur plus simple expression.
4. Réduire les fractions au même dénominateur.

1. On réduit des entiers en fractions en les multipliant par le dénominateur donné et, lorsqu'il y a une fraction jointe aux entiers, on ajoute le numérateur au produit.

EXEMPLE :

Combien y a-t-il de cinquièmes dans quatre entiers et 1/5.
Un entier contenant cinq cinquièmes, les quatre entiers produiront donc 20/5 plus 1/5, total 21/5.

2. Pour réduire des fractions en entiers, lorsqu'elles en contiennent, il faut diviser le numérateur par le dénominateur, le quotient donnera les unités et le reste (s'il y en a un) sera le numérateur d'une fraction qui aura pour dénominateur celui de la fraction primitive.

EXEMPLE :

Combien y a-t-il d'entiers dans 5/3.
Trois tiers formant l'entier, il reste 2/3; donc 5/3 = 1, 2/3.

3. Réduire une fraction à sa plus simple expression.
Pour cette opération, il faut diviser le numérateur et le dénominateur par un même nombre et répéter cette opération sur les deux termes de la fraction résultante, jusqu'à ce qu'on ait obtenu une fraction irréductible.

Un nombre est divisible
Par 2, lorsque son dernier chiffre est pair ou zéro.
Par 3, lorsque les chiffres, considérés comme des unités simples, égalent trois ou un multiple de trois.
Par 4, lorsque le nombre formé par les deux derniers chiffres est divisible par quatre.
Par 5, lorsqu'il est terminé par cinq ou zéro.
Enfin par 8, 9, 10, 11, etc., etc., lorsque le nombre formé par les deux premiers chiffres est divisible par ceux-ci.

4. Réduire des fractions à un dénominateur commun, c'est ce qui s'appelle faire une addition de fractions.

Addition des fractions.

Si les fractions n'ont pas le même dénominateur, il faut multiplier les deux termes de la première, chacun par le dénominateur de la seconde, et les deux termes de la deuxième, chacun par le dénominateur de la première.

EXEMPLE :

Pour réduire à un même dénominateur les deux fractions

2/3
et 3/4

on multiplie 2 et 3, qui sont les deux termes de la première fraction, chacun par 4, dénominateur de la seconde; le produit 8/12 est de même valeur que 2/3.
On multiplie les deux termes 3 et 4 de la seconde fraction, chacun par 3, dénominateur de la première, ce qui donne 9/12, même valeur que 3/4; en sorte que les fractions 2/3 et 3/4 sont changées.

en 8/12
et 9/12

Pour réduire à un même dénominateur les quatre fractions suivantes :

2/3
3/4
4/5
5/7

on multiplie les deux termes 2 et 3 de la première par le produit des trois dénominateurs 4, 5 et 7 des autres fractions, produit qui se trouve en disant : 4 fois 5 font 20; puis 7 fois 20 font 140.

Multiplier ensuite 2 et 3 chacun par 140, et on aura 280/420, qui sont de même valeur que 2/3.

Multiplier pareillement les deux termes 3 et 4 de la seconde fraction par le produit de 3, 5, 7, produit qui se forme en disant : 3 fois 5 font 15, puis 7 fois 15 font 105.

Multiplier ensuite 3 et 4 chacun par 105, ce qui donne 315/420, fraction de même valeur que 3/4.

A la troisième fraction, on multiplie les deux termes 4 et 5 chacun par 84, produit des trois dénominateurs 3, 4 et 7, ce qui donne 336/420 au lieu de 4/5.

Pour la quatrième fraction, multiplier 5 et 7 par le produit 60 des dénominateurs 3, 4 et 5, le résultat sera 300/420 au lieu de 5/7 ; en sorte que les quatre fractions

$$
\begin{array}{ccc}
2/3 & & 280/420 \\
3/4 & \text{sont changés en} & 315/420 \\
4/5 & & 336/420 \\
5/7 & & 300/420
\end{array}
$$

De la Soustraction des fractions.

Nous avons traité de la soustraction des fractions ayant le même dénominateur. Il nous reste à dire que si les fractions n'ont pas le même dénominateur, on les y réduira comme il a été démontré ci-dessus ; ainsi, pour ôter 2/3 de 3/4, on exprime les 2/3 en 8/12 et les 3/4 en 9/12, il n'y a plus qu'à retrancher 8/12 de 9/12, il reste 1/12.

De la multiplication des fractions.

Pour multiplier une fraction par une autre, il faut multiplier le numérateur de l'une par le numérateur de l'autre, et le dénominateur de l'une par le dénominateur de l'autre.

EXEMPLE :

Multiplier 2/3 par 4/5, on multipliera 2 par 4, ce qui donnera 8 pour numérateur, multipliant pareillement 3 par 5, on aura 15 pour dénominateur et par conséquent 8/15 pour produit. Si l'on avait un entier à multiplier par une fraction, ou une fraction à multiplier par un entier, on mettrait l'entier sous la forme de fraction, en lui donnant l'unité pour dénominateur ; par exemple : si l'on a 9 à multiplier par 4/7, cela réduit à multiplier 9/1 par 4/7, ce qui, selon la règle ci-dessus, produit 36/7 qui se réduisent à 5 1/7.

S'il y avait des entiers joints aux fractions, il faudrait, avant de faire la multiplication, réduire les entiers chacun en fraction de même espèce que celle qui l'accompagne, par exemple :

Si l'on a 12 3/5 à multiplier par 9 3/4, on change le multiplicande en 63/5 et le multiplicateur en 39/4, et l'on multiplie 63/5 par 39/4, selon la règle ci-dessus, ce qui donne 2457/20 qui valent 122,17/20.

De la division des fractions.

Pour diviser une fraction par une autre, il faut renverser les deux termes de la fraction diviseur et multiplier la fraction dividende par cette fraction ainsi renversée.

EXEMPLE :

Pour diviser 4/5 par 2/3, on renverse la fraction 2/3, ce qui donne 3/2, en multipliant 4/5 par 3/2, selon les règles données, on aura 12/10 ou 1,2/10 pour quotient de 4/5 par 2/3.

Si l'on avait une fraction à diviser par un entier, ou un entier à diviser par une fraction, on commencerait par mettre l'entier sous la forme de fraction, en lui donnant l'unité pour dénominateur.

EXEMPLE :

On réduira l'opération : 12 à diviser par 5/7 en 12/1 par 5/7, ce qui, selon la règle qu'on vient de donner, se réduit à multiplier 12/1 par 7/5 et donne 84/5 ou 16, 4/5.

S'il y avait des entiers joints aux fractions, on réduirait ces entiers chacun en fraction de même espèce que celle qui l'accompagne.

EXEMPLE :

27, 3/5 à diviser par 12, 2/3, il faut changer le dividende en 138/5, le diviseur en 38/3, et l'opération sera réduite à diviser 138/5 par 38/3, c'est-à-dire à multiplier 138/5 par 3/38, ce qui donnera 414/190 ou 2, 34/190.

<h3 align="center">Conversion des fractions en décimales.</h3>

On peut encore transformer les fractions ordinaires en fractions décimales.

Pour cette opération, il faut écrire à la droite du numérateur autant de zéros qu'on veut avoir de chiffres décimaux, et le diviser par le dénominateur : on sépare du quotient autant de décimales qu'on a placé de zéros au numérateur, et on met au quotient, à la place des unités, un zéro suivi d'une virgule.

EXEMPLE :

Réduire 2/25 en fractions décimales.

J'écris deux zéros à la suite du 2 pour réduire le numérateur en centièmes et je divise par 25, mais comme le quotient ne doit pas renfermer d'unités, je place d'abord un zéro au quotient et continuant l'opération, je trouve 0,08.

<h3 align="center">TABLE DE CONVERSION DES FRACTIONS EN DÉCIMALES</h3>

FRACTIONS	DÉCIMALES	FRACTIONS	DÉCIMALES	FRACTIONS	DÉCIMALES
1/2	0, 5 » » »	1/10	0, 1 » » »	1/18	0, 0 5 5 5
1/3	0, 3 3 3 3	1/11	0, 9 0 9 »	1/19	0, 0 5 2 6
1/4	0, 2 5 » »	1/12	0, 0 8 3 3	1/20	0, 0 5 0 0
1/5	0, 2 » » »	1/13	0, 0 7 6 9	1/21	0, 0 4 7 6
1/6	0, 1 6 6 6	1/14	0, 0 7 1 4	1/22	0, 0 4 5 4
1/7	0, 1 4 2 8	1/15	0, 0 6 6 6	1/23	0, 0 4 3 4
1/8	0, 1 2 5 »	1/16	0, 0 6 2 5	1/24	0, 0 4 1 6
1/9	0, 1 1 1 1	1/17	0, 0 5 8 8	1/25	0, 0 4 » »

<h3 align="center">Progressions arithmétiques.</h3>

Les progressions par différence se nomment progressions arithmétiques : elles ont une suite de termes dont chacun surpasse celui qui le précède, ou en est surpassé de la même quantité.

EXEMPLE :

÷ 1. 4. 7. 10. 13. 16. 19. 22. 25. 28. etc. Cette suite est une progression arithmétique croissante, parce que chaque terme y surpasse celui qui le précède d'une même quantité qui est ici 3; si les chiffres étaient placés ainsi : ÷ 28. 25. 22. 19. 16. 13. 10. 7. 4. 1. la progression serait décroissante, par la raison inverse que l'on vient d'expliquer.

Les deux points séparés par une barre qu'on voit à la tête de la progression sont destinés à marquer qu'en énonçant cette progression, on doit répéter chaque terme, excepté le premier et le dernier, de cette manière : 1 est à 4, comme 4 est à 7, 7 est à 10, etc., etc. On place un point entre chaque terme de la progression.

<h3 align="center">Progression géométrique.</h3>

La progression géométrique est une suite de termes dont chacun contient celui qui le précède, ou est contenu en lui le même nombre de fois.

EXEMPLE :

÷ 3. 6. 12. 24. 48. 96. 192, etc., est une progression géométrique, parce que chaque terme contient celui qui le précède, le même nombre de fois, qui est ici *deux*; ce nombre est ce qu'on appelle la racine ou raison de la progression, le quotient d'un terme quelconque divisé par celui qui le précède étant appelé raison de la progression.

Les quatre points qui précèdent la progression ont la même signification que les deux points qui précèdent la progression arithmétique, mais on en met quatre pour avertir que la progression est géométrique.

Elle est croissante ou décroissante, selon que les termes vont en augmentant ou en diminuant.

DES LOGARITHMES.

Les logarithmes sont des nombres en progression arithmétique qui répondent, terme pour terme, à une pareille suite de nombres en progression géométrique.

Si l'on a, par exemple, la progression géométrique et la progression arithmétique suivantes :

$$\div\div 2.\ 4.\ 8.\ 16.\ 32.\ 64.\ 128.\ 256.\ 512.$$
$$\div\ 3.\ 5.\ 7.\ 9.\ 11.\ 13.\ 15.\ 17.\ 19.$$

Chaque terme de la suite inférieure est dit le logarithme du terme qui est à pareille place dans la suite supérieure.

On a choisi pour progression géométrique la progression double, et pour progression arithmétique, la suite naturelle des nombres; c'est-à-dire qu'on a choisi les deux progressions suivantes :

$$\div 1.\ 10.\ 100.\ 1,000.\ 10,000.\ 100.000.\ 1,000,000,\ \text{etc.}$$
$$\div\div 0.\ 1.\ 2.\ 3.\ 4.\ 5.\ 6.\ \text{etc.}$$

Ainsi il sera toujours aisé de connaître quel est le logarithme de l'unité suivi de tant de zéros qu'on voudra; il y a toujours autant d'unités qu'il y a de zéros à la suite de cette unité.

Addition des nombres décimaux.

Pour additionner des nombres suivis de fractions décimales, après les avoir disposés de manière que les unités se trouvent sous les unités, les dixièmes sous les dixièmes, en un mot, que les quantités de même nature se trouvent dans une même colonne verticale, on commence l'addition par les chiffres de la première colonne à droite, afin que dans les nombres entiers on puisse porter les dizaines qui proviennent de la colonne des unités à la colonne des dizaines, les centaines qui proviennent de la colonne des dizaines à la colonne des centaines, etc., etc.

Le résultat de cette opération sera composé de la somme des entiers et de celle des fractions décimales et, par conséquent, la somme demandée.

EXEMPLE :

Additionner les nombres ci-après :

$$
\begin{aligned}
345,&673 \\
1032,&1075 \\
24,&28 \\
6,&268 \\
\hline
\end{aligned}
$$

Somme totale. . . 1408,2285

Soustraction des nombres décimaux.

Pour soustraire un nombre suivi de fractions décimales d'un autre également suivi de décimales, après les avoir disposés comme dans l'addition, on ajoute au nombre supérieur, s'il a moins de décimales que l'inférieur, autant de zéros qu'il faut pour que le nombre de décimales soit le même dans l'un et dans l'autre, et l'on fait la soustraction comme à l'ordinaire.

EXEMPLES :

Soustraire du nombre	345,673	A soustraire du même nombre	345,6730
le nombre	79,595	le nombre	187,8175
	266,078		157,8555

Multiplication des nombres décimaux.

Pour multiplier l'un par l'autre deux nombres dont l'un ou même tous les deux sont suivis de décimales, on supprime la virgule et on opère comme si tous les chiffres exprimaient des entiers; mais dans le produit total, on sépare par une virgule autant de chiffres sur la droite qu'il y a de fractions décimales dans l'un et dans l'autre facteur.

La raison est qu'en supprimant la virgule dans le multiplicande contenant seulement une décimale, on a rendu la valeur de ce multiplicande dix fois plus grande, et que si l'on fait de même au multiplicateur, on le rendra aussi dix fois plus fort, et, comme nous l'avons déjà démontré, le produit croît directement comme chacun de ses facteurs; ce produit sera donc dix fois plus fort de même par l'augmentation du multiplicateur, c'est-à-dire qu'il sera cent fois plus fort, et, pour qu'il ne soit que ce qu'il doit être, on le divise par 100, ce qu'on peut faire en rétablissant la virgule pour séparer au produit deux chiffres de droite qui formeront des décimales.

EXEMPLES :

A multiplier par	345,6 1,7		A multiplier par	3456,73 4,25
	24192 3456			1728365 691346 1382692
Produit. . .	587,52		Produit. . .	14691,1025

Division des nombres décimaux.

Pour diviser un nombre suivi de décimales par un autre suivi pareillement de décimales, voici comment on opère :

Si le nombre des décimales n'est pas le même dans chaque facteur, on écrit, à la suite de celui qui en a le moins, autant de zéros qu'il en faut pour que le nombre soit le même dans l'un et dans l'autre des facteurs.

On fait l'opération comme à l'ordinaire, et il n'y a rien à changer au quotient jusqu'à ce que tous les chiffres du dividende soient épuisés et représentent des entiers; en effet, on sait qu'on n'augmente pas un nombre décimal par l'adjonction des zéros à la fin, et alors, en supprimant la virgule tant dans le dividende que dans le diviseur, c'est comme si on les multipliait l'un et l'autre par la même quantité, ce qui ne change rien à la valeur du quotient, ainsi qu'il a été démontré dans la division des nombres entiers.

EXEMPLE :

On veut diviser 1469,11025 par 345,673.

	146911025	|34567300
	138269200	4,25
Reste de la première opération	0086418250	
	69134600	
Reste de la deuxième opération	172836500	
	172836500	
	000000000	il ne reste rien de la troisième opération.

Après avoir fait la division comme à l'ordinaire, on trouve 4 unités au quotient et au reste 8641825. Au lieu de mettre ce reste en fractions sur le diviseur, comme il est dit dans la division des nombres entiers, nous allons en exprimer le quotient en fractions décimales, en rendant d'abord le reste 10 fois, 100 fois, etc., plus fort par l'adjonction d'un zéro, de deux zéros, etc., et alors les chiffres suivants du quotient qui résulteront de la division ainsi continuée seront ainsi 10 fois, 100 fois trop forts, et, pour les rendre 10 fois, 100 fois, etc., plus petits, comme ils doivent être en effet, on les mettra en décimales, en les séparant des unités du quotient par une virgule; car, en multipliant le reste d'une division par 10, par 100, on n'augmente pas la valeur des chiffres, on en change seulement l'expression ; au contraire, on la réduit en dixièmes, centièmes, etc., afin d'en obtenir le quotient.

En continuant ainsi l'opération, nous trouvons que le quotient exact cherché de la division qui sert d'exemple est de 4,25 ; on aurait continué d'ajouter un zéro au reste après la dernière opération, s'il y en avait eu, de même qu'un autre chiffre décimal au quotient, et ainsi de suite, en ne s'arrêtant qu'à la fraction décimale qu'on aurait voulu exprimer ; après quoi, s'il y a encore un reste, on le met alors en fraction sur le diviseur, fraction qui exprime celle du dernier chiffre décimal trouvé au quotient.

C'est de cette manière, et par le moyen des zéros successivement ajoutés, qu'on transforme aussi les fractions *ordinaires* en fractions *décimales*, en divisant, comme il a déjà été dit, le *numérateur* de la fraction qui représente ici le dividende ou reste de la division, par le *dénominateur* de la fraction qui représente le diviseur.

EXEMPLE :

Réduire la fraction 3/4 en fractions décimales.

$$\begin{array}{r|l} 3 & 4 \\ \hline 30 & 0,75 \\ 20 & \\ \hline 00 & \end{array}$$

3 ne pouvant être divisé par 4, on multiplie le 3 par 10, en y ajoutant simplement un 0, et on trouve que 3/4 = 0,75 (voir le *tableau des conversions en fractions décimales*).

Rien n'est plus facile, pour ceux qui n'ont qu'une faible idée des fractions, de les additionner, soustraire, multiplier et diviser d'après ces mêmes règles, une fois qu'ils auront converti les fractions ordinaires en fractions décimales.

La preuve des quatre règles avec fractions décimales se fait comme celle des nombres entiers.

APPLICATION DU CALCUL DÉCIMAL AU NOUVEAU SYSTÈME DES POIDS ET MESURES.

On a vu combien sont simples et faciles les opérations des nombres entiers suivis de fractions décimales et combien aussi toutes ces opérations, qui reposent sur le seul principe de la numération, sont satisfaisantes.

C'est cette simplicité et cette régularité que le législateur a voulu établir en France lorsqu'il a ordonné l'uniformité des poids et mesures basée sur le système décimal, en abolissant et faisant disparaître cette multitude de noms et de subdivisions que traînait anciennement chacun après soi ; les monnaies, les poids et les mesures, pour plus de complications encore, portaient souvent le même nom , quoique pour des usages différents, et, souvent encore, variaient de contenance ou de valeur d'une contrée à l'autre.

La suppression des anciens poids et mesures a donc été un bienfait public, et c'eût été encore un grand service rendu, quand elle n'aurait fait que de débarrasser les calculs des difficultés continuelles qui existaient lorsqu'il s'agissait d'additionner ou soustraire, de multiplier ou diviser ces différentes valeurs, dont la nomenclature à elle seule, sans parler de leurs différents rapports entre elles, demandait une longue et fatigante étude.

POIDS ET MESURES.

L'unité fondamentale des nouveaux poids et mesures est le *mètre*, dont la longueur est égale à la dix-millionième partie du quart du méridien terrestre.

C'est d'après cette unité de longueur, invariable de sa nature, qu'on a fixé celle des autres espèces de mesures auxquelles on a donné des noms particuliers, selon leur usage respectif, et qui, toutes dans leur gradation de valeur, suivent le principe unique et uniforme de la numération et du calcul décimal; aussi appellera-t-on indifféremment le nouveau système : SYSTÈME MÉTRIQUE OU SYSTÈME DÉCIMAL.

TABLEAU MÉTHODIQUE DE LA VALEUR RESPECTIVE DES NOUVEAUX POIDS ET MESURES
DANS LEUR PROGRESSION CROISSANTE OU DÉCROISSANTE.

NATURE de la progression	PROGRESSION CROISSANTE ET DÉCROISSANTE		UNITÉS DE MESURES				
	VALEUR DES MESURES en unités de même nature ou espèce	1re partie de l'unité dans son composé	DE LONGUEUR	AGRAIRES	DE CAPACITÉ	DE SOLIDITÉ.	DE PESANTEUR
Progression croissante	Dix mille 10,000 Mille 1,000 Cent 100 Dix 10	Myria . . Kilo . . . Hecto . . Déca . . .	Mètre ou dix millionième partie de la distance du pôle à l'équateur, ou du quart du méridien terrestre.	Are ou cent mètres carrés.	Litre ou un décimètre cube.	Stère ou un mètre cube.	Gramme ou poids d'un centimètre cube d'eau distillée.
Progression décroissante	Un 1 Un dixième 0,1 Un centième 0,01 Un millième 0,001	. . . . . . Déci . . . Centi . . . Milli . . .					
	Rapport des unités de mesures entre elles et avec la grandeur du méridien terrestre.						

NOTA. — Quelques composés, tels que les myrialitres, millilitres, kiloares, décaares, milliares, myriastères, kilostères, hectostères, ne sout point généralement en usage.

Observations sur le mètre.

Comme cette mesure est *linéaire*, de *superficie* et de *solidité*, suivant l'usage auquel on veut l'employer, il serait peut-être utile de la décomposer; c'est ce que nous allons faire.

Division linéaire.

1 mètre = 10 décimètres = 100 centimètres = 1000 millimètres.

Division de superficie.

1 mètre	× 1 mètre	= 1 mètre carré.	
10 décimètres	× 10 décimètres	= 100 décimètres	carrés ou 1 mètre carré.
100 centimètres	× 100 centimètres	= 10000 centimètres	carrés ou 1 mètre carré.
1000 millimètres	× 1000 millimètres	= 1000000 millimètres	carrés ou 1 mètre carré.

Division de solidité.

1 mètre   × 1 mètre   = 1 mètre de surface   × 1 mètre   = 1 mètre cube.

10 décimètres   × 10 décim.   = 100 décim.   surf. × 10 décim.   = 1000 décim. cubes ou 1 mètre cube.

100 centimètres   × 100 centim.   = 10000 centim.   surf. × 100 centim.   = 1000000 centim. cubes ou 1 mètre cube.

1000 millimètres × 1000 millim. = 1000000 millim. surf. × 1000 millim. = 1000000000 mill. cubes ou 1 mètre cube.

MESURES	NOMENCLATURE FIXÉE PAR LA LOI du 18 germinal an III	VALEUR DES MESURES relativement AU MÈTRE	EXPRESSION en CHIFFRES	VALEUR DES NOUVELLES MESURES COMPARÉES AUX ANCIENNES
LINÉAIRES ou de LONGUEUR	Myriamètre.	dix mille mètres.	10.000	2 lieues, ou 5,130 toises 74/100mes de toise.
	Kilomètre.	mille mètres.	1,000	1/5 de lieue, 513 — 074 —
	Hectomètre.	cent mètres.	100	équivaut à 51 — 3074 —
	Décamètre.	dix mètres.	10	— à 5 — 131 —
	MÈTRE.	UNITÉ FONDAMENTALE.	1	3 pieds 0 ponces 11 lignes 205mes de ligne.
	Décimètre.	un dixième de mètre.	0,1	0 — 3 — 8 — 33 —
	Centimètre.	un centième de mètre.	0,01	0 — 0 — 4 — 433 —
	Millimètre.	un millième de mètre.	0,0001	0 — 0 — 0 — 443 1 —
AGRAIRES ou de SUPERFICIE	Hectare.	100 ares ou 10,000 mètres carrés.	100	2 arpents de Paris, 9249 pieds. La perche de 18 pieds ou 2632 toises carrées.
	Are.	ou 100 —	1	2 perches 9249, ou 26 toises carrées 32/00.
	Centiare.	ou 1 —	0,01	9 pieds carrés 675, ou 0 toise 2632.
	MÈTRE CARRÉ.	Unité.	1	9 pieds carrés, ou 5 ponces 1 ligne 66.
	Décimètre carré.	un centième de mètre carré.	0,01	0 — 13 pouces carrés, 65.
	Centimètre carré.	un dix millième —	0,0001	0 — 0 — 10 lignes 65.
	Millimètre carré.	un millionième —	0,000,001	0 — 0 — 0 ligne 21.
de SOLIDITÉ	Décastère.	dix stères.	10 stères.	2 cordes 1/2 des Eaux-et-Forêts.
	Stère.	Unité du mètre cube.	1,	0 corde 1/4, au 0 voie 52.
	Décistère.	un dixième de stère.	0,1	0 solive 972 millièmes de solive.
	MÈTRE CUBE.	Unité des cubes.	1,	29 pieds cubes 1739.
	Décimètre cube.	un millième de mètre cube.	0,001	0 pied cube 30 ponces 4124.
	Centimètre cube.	un millionième de —	0,000,001	0 — 0 — 87 lignes cube 113.
	Millimètre cube.	un billionième de —	0,000,000,001	0 — 0 — 0 ligne 871.
DE CAPACITÉ ou de CONTENANCE	Kilolitre.	mille litres ou un mètre cube.	1,000 litres.	0 muids 525, ou 6 stiers 1/2 de 12 boisseaux,
	Hectolitre.	cent litres, ou 1/10 de —	100	107 piotes de Paris.
	Décalitre.	dix litres, ou 1/100 de —	10	1 velte 95 centièmes.
	LITRE.	Unité, 1/1000 de m. c. ou 1 déc. c.	1.	1 piote 1/14, ou 1 pinte 07,
	Décilitre.	un dixième de litre.	0,1	1/8 de pinte 0 poisson 862.
	Centilitre.	un centième de litre.	0,01	0 poisson 0 862.
	Millilitre.	un millième de litre.	0,001	0 poisson 0 0861.
de PESANTEUR ou POIDS	Millier.	1,000 k. poids du tonneau de mer.	1.000 kilog.	tonneau de mer, ou 2042 livres poids de marc.
	Quintal.	100 kilogrammes.	100	2 quintaux, ou 204 livres.
	Myriagramme.	10 kilogrammes.	10	20 livres 6 onces 6 gros 61 grains.
	Kilogramme.	1,000 grammes.	1 UNITÉ.	2 — 0 — 5 — 35 — 135 (1).
	Hectogramme.	100 —	100 gram.	0 — 3 — 2 — 11 —
	Décagramme.	10 —	10	0 — 0 — 2 — 44 —
	GRAMME.	Unité, 1/1000000 de m. c. d'eau dist.	1 UNITÉ.	0 — 0 — 0 — 19 —
	Décigramme.	dixième de gramme.	0,1	0 — 0 — 0 — 1 — 88.
	Centigramme.	centième de —	0,01	0 — 0 — 0 — 0 — 187.
	Milligramme.	millième de —	0,001	0 — 0 — 0 — 0 — 019.

(1) En multipliant le prix du kilogramme par 0,4895, on obtient celui de la livre.
En multipliant celui de la livre par . . . 2.0459, on obtient celui du kilogramme.

On voit, par les tableaux qui précèdent, que les poids et mesures prennent des formes et des noms différents, suivant l'espèce de grandeur à laquelle on les applique. On n'en distingue que quatre espèces principales, mais nous les porterons à cinq, savoir :

La mesure *Linéaire* ou de longueur,

Agraire ou de superficie,

De *Solidité* ou de volume,

De *Capacité* ou de contenance,

De *Pesanteur* ou de poids.

La mesure *Linéaire* est celle d'où naissent les longueurs, son unité est le MÈTRE.

La mesure *Agraire* ou de superficie est celle qui sert à donner ou à exprimer l'étendue de chaque corps; on la nomme aussi *aire* ou *surface*; son unité est l'ARE, mais pour les petites surfaces on prend le mètre carré pour unité en raison de ses sous-multiples.

La mesure de *Solidité* ou de volume est celle qui sert à comparer les corps, son unité est le STÈRE ou mètre cube.

Celle de *Capacité* est réservée pour les grains, les liquides, et même pour plusieurs matières sèches, son unité est le LITRE.

La mesure de *Pesanteur* sert aussi à la comparaison des corps, son unité est le GRAMME.

Pour avoir les multiples de ces mesures, afin d'en composer de plus grandes, on a emprunté des mots grecs, qui sont : *déca, hecto, kilo, myria.*

Déca veut dire dix.

Hecto, cent.

Kilo, mille.

Myria, dix mille.

Pour exprimer les multiples de ces mesures, on ajoute aux mots grecs ci-dessus leur unité. Par exemple : si l'on veut énoncer les multiples de la mesure linéaire, on aura *décamètre, hectomètre, kilomètre* et *myriamètre.*

Si c'est celle de pesanteur, on aura *décagramme, hectogramme, kilogramme* et *myriagramme,* ainsi des autres.

Le MÈTRE, qui est *basé sur le sphéroïde terrestre* (comme nous l'avons déjà expliqué), est une mesure linéaire ou de longueur équivalente à la dix-millionième partie de la distance du pôle à l'équateur, comptée sur le méridien qui passe à Paris.

L'*Are* est une mesure de superficie égale au décamètre carré, c'est-à-dire à un carré dont les côtés ont 10 mètres, ou à 100 mètres carrés.

L'are n'a qu'un multiple en usage, c'est l'hectare, qui vaut 100 ares, et un sous-multiple, le centiare, qui vaut 1 mètre carré.

Le *Stère* est un mètre cube qui suppose un corps ayant un mètre de long, un mètre de large et un mètre de hauteur.

On nomme aussi *Cube* un corps terminé par six faces carrées.

Le stère n'a qu'un multiple en usage, c'est le décastère, et deux sous-multiples, le décistère et le centistère.

Le *Litre* est une mesure de capacité; sa contenance équivaut à un décimètre cube, il a tous ses multiples et sous-multiples.

Le *Gramme* est un poids égal à celui d'un centimètre cube d'eau pure distillée, et ramenée à son maximum de densité par un refroidissement convenable; ses multiples et sous-multiples sont tous en usage.

Enfin, *l'unité des monnaies* est le *franc.* Il n'a aucun multiple. Ses sous-multiples sont le décime, le centime; leurs valeurs relatives sont également de dix en dix fois plus petites.

La pièce de 1 franc (*unité du nouveau poids*) pèse. . .   5 grammes.

Celle de 2 francs. . . . . — . . .   10 grammes.

Celle de 5 francs. . . . . — . . .   25 grammes.

40 pièces de 5 francs. . . . . pèsent . . 1000 grammes ou 1 kilogramme; et par conséquent, 200 pièces de 5 francs pèsent 5,000 grammes ou 5 kilogrammes.

On voit par là que les pièces de monnaie seules, ont encore, dans le nouveau système, l'avantage de pouvoir servir de poids dans la pratique, au besoin et à leur défaut.

Nous ne nous étendrons pas davantage sur cette partie, en raison de ce que la plupart des poids et mesures anciens sont ramenés au système décimal.

Ainsi : La *Toise* a été conservée dans le commerce pour unité de mesure ; elle équivaut à 1 mètre 94904 de longueur, et ses sous-multiples, pieds, pouces, lignes, sont également en usage.

La toise carrée a 3 mètres 7987 carrés.

La toise cube a 7 mètres 4039 cubes.

La *Voie* de bois, aussi en usage pour cette branche de commerce, a 1 stère 92 centistères.

La *Solive*, ou la pièce de charpente, a 1 décistère 028.

La *Velte*, conservée pour la vente de certains liquides, équivaut à 7 litres 615 millilitres.

Le *Setier*, pour les grains, est maintenant de 12 boisseaux de 12 litres et demi, ce qui le porte à 1 hecto 50 litres, au lieu de 156 litres qu'il contenait autrefois.

La *Livre* et ses sous-multiples pour les poids n'ont conservé que leurs anciens noms ; ils sont ramenés au nouveau système.

La livre est le demi-kilo ou 500 grammes, etc.

ARITHMÉTIQUE

Seconde Partie

THÉORIE SUPPLÉMENTAIRE

ET

OPÉRATIONS USUELLES

CHAPITRE PREMIER

ARITHMÉTIQUE

SECONDE PARTIE

NOTIONS PRÉLIMINAIRES

L'unité *est une quantité qui sert de terme de comparaison entre des quantités de même espéce.*

Quand je dis 5 *kilogrammes*, je prends le *kilogramme* pour terme de comparaison; j'aurais pu prendre l'hectogramme pour unité : 50 hectogrammes, ou le décagramme : 500 décagrammes, ou enfin le gramme : 5000 grammes; je me serais servi de quatre unités différentes pour exprimer exactement le même poids.

L'*unité* est le principe de tout calcul; sa position peut changer à chaque opération, il est donc important, surtout dans les fractions décimales, de ne pas la perdre de vue. Il faut avoir grand soin d'écrire les nombres de manière à facilement reconnaître, dans un résultat, la place que doit occuper la virgule indicative de l'unité, car la moindre inattention peut conduire à une erreur grave.

Le nombre *exprime de combien d'unités une quantité est composée.*

Le nombre est *entier* s'il ne renferme que des unités entières; il est *fractionnaire* s'il représente des unités et des parties d'unité. Une *fraction* est une quantité plus petite que l'unité.

Si un nombre est composé de plusieurs espèces d'unités, *toutes réductibles en une même espéce*, on l'appelle *nombre complexe*, et il est *incomplexe* quand il ne renferme qu'une seule espèce d'unité.

Il résulte donc de ce qui précède que

24 est un nombre entier,

24 $\frac{1}{2}$ un nombre fractionnaire,

$\frac{1}{2}$ une fraction.

24 toises est un nombre incomplexe,

24 toises 4 pieds, un nombre complexe, ainsi que

24 heures 40 minutes 30 secondes,

24 pieds 6 pouces 4 lignes.

J'insiste sur la définition des nombres complexes notamment, parce que dans la *première partie* on a dit que

2 francs 75 centimes, 4 mètres 50 centimètres, 7 jours $\frac{1}{4}$ et 9 heures $\frac{1}{2}$ étaient des nombres complexes; c'est une erreur :

2 fr. 75 c. et 4 m. 50 c. sont des nombres fractionnaires décimaux;

7 jours $\frac{1}{4}$ et 9 heures $\frac{1}{2}$ sont des nombres fractionnaires.

D'abord les fractions décimales, quoiqu'elles portent des noms différents dans leur progression décuple, appartiennent exclusivement au système décimal.

Les nombres complexes sont composés de *plusieurs espèces d'unités toutes réductibles en une même espéce* : donc, 7 jours $\frac{1}{4}$ est bien un nombre fractionnaire; il serait complexe, s'il était énoncé : 7 jours 12 heures (le jour étant de 24 heures); il en est de même de 9 heures $\frac{1}{2}$ qui est un nombre fractionnaire, et il serait complexe, s'il était exprimé par 9 heures 15 minutes.

DES FRACTIONS

Une fraction est une quantité plus petite que l'unité.

Il y a trois sortes de fractions :

1° *Les fractions absolues,*
2° *Les fractions vulgaires,*
3° *Les fractions décimales.*

Quand les parties d'unité représentées par la fraction n'ont d'autre nom que celui qu'elles empruntent de la division même de l'unité, la fraction s'appelle *absolue*.

EXEMPLE :

$$\frac{1}{3} \quad \frac{3}{4} \quad \frac{7}{8}$$

sont des *fractions absolues*.

Quand ces parties ont un nom qui leur est propre, la fraction s'appelle *vulgaire* ou *relative*.

EXEMPLE :

Le tiers de la toise $=$ 2 pieds,
Le huitième de la livre poids $=$ 2 onces,
Le vingtième de la livre ancienne monnaie $=$ 1 sou,

sont des *fractions vulgaires* ou *relatives*.

Quand ces parties de l'unité sont de 10 en 10 fois plus petites, la fraction s'appelle *décimale*.

EXEMPLE :

0,15 centièmes,
0,005 millièmes,

sont des *fractions décimales*.

Les fractions *vulgaires* font partie des nombres complexes; les fractions *décimales* ont été traitées dans un chapitre spécial.

DES FRACTIONS ABSOLUES.

La fraction *absolue* s'exprime par deux nombres placés l'un sur l'autre et séparés par un trait.

Ainsi, $\frac{2}{3}$ est une fraction qu'on énonce *deux tiers*.

Les nombres 2 et 3 sont appelés *termes de la fraction*; le chiffre supérieur 2 est nommé *numérateur*, il indique combien la fraction renferme de parties de l'unité; le chiffre inférieur 3 est nommé *dénominateur*, il indique combien il faut de ces parties pour faire l'unité.

La fraction peut encore être considérée comme le quotient d'une division qui n'a pu s'effectuer : le *numérateur* serait le *dividende*, et le *dénominateur*, le *diviseur*. On peut donc dire que le *dénominateur* indique en combien de parties l'unité est divisée, et le *numérateur*, combien l'on a de ces parties.

Les conséquences suivantes résultent des définitions qui précèdent :

1° *En multipliant ou divisant le numérateur par un nombre quelconque, la fraction est multipliée ou divisée par ce nombre;*

2° *En multipliant ou divisant le dénominateur par un nombre quelconque, la fraction est encore multipliée ou divisée par ce nombre;*

3° *En multipliant ou divisant les deux termes par le même nombre, on ne change pas la valeur de la fraction.*

C'est ce que nous allons essayer de prouver.

En effet, soit la fraction $\frac{8}{12}$ qui s'énonce *huit douzièmes*,

1° Si je multiplie son numérateur par 2, je rends la fraction deux fois plus grande;

EXEMPLE :

$$\frac{8 \times 2}{12} = \frac{16}{12}$$ J'avais 8 douzièmes, après l'opération j'ai 16 douzièmes : j'ai donc le double de ce que j'avais.

Si, au contraire, je divise le numérateur par 2, je rends la fraction deux fois plus petite ;

EXEMPLE :

$\frac{8:2}{12} = \frac{4}{12}$ J'avais 8 douzièmes, je n'en ai plus que 4 : je n'ai donc que la moitié de ce que j'avais.

2° Au contraire, si je multiplie le dénominateur par 2, je rends la fraction deux fois plus petite ;

EXEMPLE :

$\frac{8}{12 \times 2} = \frac{8}{24}$ J'avais 8 douzièmes, après l'opération j'ai 8 vingt-quatrièmes, c'est-à-dire que j'avais 8 parties de l'unité qui se composait de 12 parties ; j'ai toujours 8 parties, mais il en faut maintenant 24 pour faire l'unité : la valeur de la fraction est donc réduite de moitié.

Je pourrais prendre un autre exemple ; soit 8 *décimes* $= \frac{8}{10}$ si l'on me change mes pièces de 10 *centimes* en 5 *centimes* et que l'on m'en donne seulement 8, j'aurai toujours 8 pièces, mais la somme sera réduite de moitié, parce qu'au lieu de $\frac{8}{10}$ je n'aurai plus que $\frac{8}{20}$ (Ne faut-il pas 10 décimes pour faire 1 franc, tandis qu'il faut 20 pièces de 5 centimes pour faire la même valeur de 1 franc ?) Quelle est la différence qui existe entre $\frac{8}{10}$ et $\frac{8}{20}$? $\frac{8}{20}$ est exactement la moitié de $\frac{8}{10}$ Eh bien, cette différence est produite par la seule multiplication du dénominateur par 2.

Si, au contraire, je divise le dénominateur par 2, je rends la fraction deux fois plus grande ;

EXEMPLE :

$\frac{8}{12:2} = \frac{8}{6}$ Avant l'opération j'avais 8 douzièmes, après j'ai 8 sixièmes. J'ai donc 8 parties dont il ne faut plus que 6 pour faire l'unité au lieu de 12, donc j'ai le double de ce que j'avais. Si l'on change 8 petits sous en 8 gros sous, n'aura-t-on pas doublé la somme ?

3° Si je multiplie les deux termes de la fraction par le même nombre ;

EXEMPLE :

$$\frac{8 \times 2}{12 \times 2} = \frac{16}{24}$$

ou si je divise ces deux termes par le même nombre,

EXEMPLE :

$$\frac{8:2}{12:2} = \frac{4}{6}$$

je ne changerai pas la valeur de la fraction, qui représentera toujours, soit $\frac{16}{24}$ soit $\frac{4}{6}$ les $\frac{2}{3}$ de l'unité.

Prenons un autre exemple :

Vous achetez un $\frac{1}{2}$ mètre de drap ; après l'avoir coupé, le marchand vous le reprend en vous disant : Vous n'en auriez pas assez, je vais vous en donner $\frac{2}{4}$ Ne lui répondriez-vous pas : Vous ne me donneriez que la même mesure ?

$\frac{2}{4}$ n'est-ce pas la fraction $\frac{1}{2}$ dont les deux termes ont été multipliés par 2 ?

$$\frac{1}{2} = \frac{2}{4} \text{ comme } \frac{8}{12} = \frac{16}{24} \text{ comme } \frac{4}{6} = \frac{8}{12}$$

Ces conséquences sont d'une grande importance, parce qu'elles permettent d'effectuer sur les fractions toutes les opérations fondamentales de l'arithmétique.

Réduction des fractions à un même dénominateur.

L'addition et la soustraction ne peuvent s'opérer que sur des quantités de même espèce : de là l'obligation de réduire les fractions à un dénominateur commun.

Pour réduire deux fractions au même dénominateur, il faut multiplier les deux termes de chaque fraction par le dénominateur de l'autre.

EXEMPLE :

On veut réduire au même dénominateur $\frac{1}{3}$ et $\frac{2}{4}$

Je multiplie 1 et 3, termes de la première fraction, par 4, dénominateur de la seconde, puis je multiplie 2 et 4, termes de la seconde par 3, dénominateur de la première, et j'obtiens $\frac{4}{12}$ et $\frac{6}{12}$ Je n'ai pu changer la valeur de ces fractions, puisque les deux termes ont été multipliés par le même nombre, et les dénominateurs sont les mêmes parce que 3×4 donne 12, comme 4×3.

Quand on a plus de deux fractions, il faut multiplier les deux termes de chacune par le produit des dénominateurs des autres fractions.

EXEMPLE :

$$\frac{1}{2} \quad \frac{2}{3} \quad \frac{3}{5}$$

Je multiplierai 1 et 2 par $3 \times 5 = 15$, et j'aurai la fraction $\frac{15}{30}$

—   2 et 3 par $2 \times 5 = 10$ — $\frac{20}{30}$

—   3 et 5 par $2 \times 3 = 6$ — $\frac{18}{30}$

Ces trois fractions, $\frac{15}{30}$ $\frac{20}{30}$ et $\frac{18}{30}$ ont le même dénominateur, et elles ont la même valeur que les fractions primitives.

On peut quelquefois réduire des fractions au même dénominateur sans faire l'opération qui précède; il faut, pour cela, que le plus grand dénominateur soit exactement divisible par les autres.

EXEMPLE :

$$\frac{1}{2} \quad \frac{1}{4} \quad \frac{1}{8} \quad \frac{1}{24}$$

Comme 24 est exactement divisible par 2, 4 et 8, je multiplierai les deux termes 1 et 2 par 12 (2 étant contenu 12 fois dans 24), et j'ai $\frac{12}{24}$

—   1 et 4 par 6 (4 étant contenu 6 fois dans 24), et j'ai $\frac{6}{24}$

—   1 et 8 par 3 (8 étant contenu 3 fois dans 24), et j'ai $\frac{3}{24}$

J'ai donc quatre nouvelles fractions équivalentes, mais ayant toutes le même dénominateur.

$$\frac{12}{24} \quad \frac{6}{24} \quad \frac{3}{24} \text{ et } \frac{1}{24}$$

Et ma réduction est bien plus facile.

Réduction d'une fraction à sa plus simple expression.

Le calcul des fractions mène souvent à une fraction exprimée par des nombres composés de plusieurs chiffres; or, plus le numérateur et le dénominateur sont grands, plus il est difficile de se faire une idée exacte de la fraction.

Soit la fraction $\frac{96}{144}$ qu'il faut ramener à une plus simple expression.

Je vois d'abord que les deux termes sont divisibles par 2.

Soit $\frac{96:2}{144:2} = \frac{48}{72}$ dont les deux termes sont encore divisibles par 2,

Soit $\frac{48:2}{72:2} = \frac{24}{36}$ ces deux termes sont encore divisibles par 2,

Soit $\frac{24:2}{36:2} = \frac{12}{18}$ ces deux termes sont divisibles par 2,

Soit $\frac{12:2}{18:2} = \frac{6}{9}$ ces deux termes ne sont divisibles que par 3.

Soit $\frac{6:3}{9:3} = \frac{2}{3}$ dernier résultat et plus simple expression de $\frac{96}{144}$

Donc les deux termes de la fraction $\frac{96}{144}$ étant divisibles par $2 + 2 + 2 + 2 + 3$, on peut diviser ces deux termes par $2 \times 2 \times 2 \times 2 \times 3 = 48$.

En effet, $\frac{96:48}{144:48} = \frac{2}{3}$

Il aurait donc fallu trouver tout d'abord le diviseur commun 48, ce qu'on appelle *le plus grand commun diviseur.*

Avant de donner la manière de trouver ce diviseur commun, il est nécessaire d'établir quelques notions préliminaires :

Si un nombre contient plusieurs fois exactement un second nombre, le premier nombre est dit *multiple* du second, qui est appelé *sous-multiple; partie aliquote* ou *diviseur* du premier.

EXEMPLE :

48 est *multiple* de 24, 16, 12, 8, 6, 4, 3, 2, parce que tous ces nombres sont *diviseurs* exacts de 48, et par conséquent ses *sous-multiples* ou *parties aliquotes.*

L'*unité* est *diviseur* ou *partie aliquote* de tous les nombres entiers; mais tout nombre qui n'a pour *diviseur* que lui-même ou l'unité est appelé *nombre premier.*

Ainsi, 2, 3, 5, 7, 11, 13..... sont des *nombres premiers;* mais 4, 6, 8, 9, 10, 12..... ne sont pas des *nombres premiers,* parce qu'ils peuvent être divisés par 2, 3, etc.

On appelle *nombres premiers entre eux* ceux qui n'ont pas d'autre diviseur commun que l'unité.

EXEMPLE :

4 et 9, 7 et 12, 8 et 25 sont *des nombres premiers entre eux,* parce qu'ils n'ont pour diviseur commun que l'unité.

Tandis que 8 et 12, 15 et 25 ont pour diviseur commun, les deux premiers 4, les deux derniers 5.

On peut donc établir les principes qui suivent ;
    1° Tout nombre qui divise exactement un autre nombre divise aussi tous les multiples de ce second nombre.

EXEMPLE :

48 est divisible par 8; son quotient est 6.

$48 \times 5 = 240$, est encore divisible par 8; son quotient sera $6 \times 5 = 30.$

    2° Tout nombre décomposé en deux parties divisibles l'une et l'autre par un second nombre, est lui-même divisible par ce second nombre.

EXEMPLE :

144 décomposé en $\frac{48}{96}$ je dis que le nombre qui divisera 48 et 96 sera aussi diviseur de 144.

En effet, 24, 16, 12, 8, 6, 4, 3 et 2 étant diviseurs de 48 et de 96 seront par conséquent diviseurs de 144.

    3° Tout nombre qui divise SÉPARÉMENT *une somme décomposée en deux parties, et l'une des parties, divise aussi l'autre partie.*

EXEMPLE :

153 est divisible par 9; prenons de 153 une partie quelconque, soit 81, divisible par 9 : je dis que l'autre partie, 72, quelle qu'elle soit, aura 9 pour diviseur. En effet 72 est exactement divisible par 9.

C'est à l'aide de ces principes que nous trouverons le plus grand commun diviseur entre deux nombres, et, ce qui est la même opération, que nous parviendrons à réduire une fraction à sa plus simple expression.

Cherchons le plus grand commun diviseur entre 360 et 276.

Pour chercher ce diviseur commun, on dispose l'opération ainsi :

	1	3	3	2
360	276	84	24	12
84	24	12	0	

Le quotient se pose au-dessus du diviseur et les restes se reportent sur la ligne des diviseurs.

Comme 276 se divise par lui-même, s'il divisait exactement 360, il serait le plus grand diviseur cherché.

Je fais la division de 360 par 276, je trouve 1 pour quotient et 84 pour reste : donc, 276 n'est pas le plus grand commun diviseur.

En raisonnant sur 276 et le reste 84 comme nous avons raisonné sur 360 et 276, et divisant 276 par 84, nous trouvons 3 pour quotient et 24 pour reste : donc,

84 n'est pas le diviseur cherché; le même raisonnement nous amène à diviser encore le premier reste 84 par le second 24 : nous avons pour quotient 3 et pour troisième reste 12; divisons encore le deuxième reste 24 par le troisième 12, et nous obtiendrons enfin 2 pour quotient et 0 pour reste : donc, 12, dernier diviseur exact, est le plus grand commun diviseur entre 360 et 276.

Prenant ces deux nombres comme termes de la fraction $\frac{276}{360}$ et divisant les deux termes par 12, nous avons $\frac{23}{30}$ fraction qui représente celle $\frac{276}{360}$ réduite à sa plus simple expression.

Si le dernier diviseur était l'unité, ce serait une preuve que les deux nombres proposés sont *premiers entre eux*, ou que la fraction, si c'en est une, ne peut être réduite à une plus simple expression.

Règle. *Pour trouver le plus grand commun diviseur entre deux nombres, il faut diviser :*

1° *Le plus grand nombre par le plus petit ;*
2° *Le plus petit par le premier reste ;*
3° *Le premier reste par le second ;*
4° *Le second reste par le troisième,*

Et continuer ainsi jusqu'à ce que l'on ait trouvé un diviseur exact : ce dernier diviseur exact, s'il n'est pas l'unité, est le plus grand diviseur commun ; si ce diviseur exact est l'unité, les deux nombres sont premiers entre eux.

Il est évident que pour réduire une fraction à sa plus simple expression, il faudra faire la même opération, puisque ce n'est autre chose que chercher le plus grand commun diviseur entre les deux termes de la fraction.

Soit la fraction $\frac{592}{999}$ qu'on veut réduire à sa plus simple expression.

Je pose l'opération ainsi :

	1	1	2	5
999	592	407	185	37
407	185	37	0	

Donc, 37 est le plus grand commun diviseur et doit par conséquent produire les termes les plus réduits.

En effet $\frac{592 : 37}{999 : 37} = \frac{16}{27}$

Mais si les deux termes de la fraction étaient nombres premiers entre eux, l'opération donnerait le résultat suivant :

Soit la fraction $\frac{91}{110}$ qu'on voudrait réduire à sa plus simple expression :

	1	4	1	3	1	3
110	94	19	15	4	3	1
19	15	4	03	1	0	

Le plus grand diviseur commun étant l'unité, il n'est pas possible de réduire la fraction à une plus simple expression, les nombres 110 et 91 sont *premiers entre eux*.

Quand, dans le cours de ces opérations, l'on arrive à un reste qu'on sait être un *nombre premier*, si ce reste ne divise pas exactement le nombre précédent, il est inutile de continuer l'opération.

Ainsi, dans celle qui précède, 19 étant un nombre premier qui ne divise pas 91, on aurait dû s'arrêter et être persuadé, dès ce moment, que les deux nombres étaient *premiers entre eux*.

ADDITION DES FRACTIONS.

L'addition des fractions a pour but de chercher une fraction ou un nombre fractionnaire qui représente à lui seul la valeur de toutes les fractions données.

Quand les fractions à additionner sont de même espèce, c'est-à-dire quand elles ont un même dénominateur, on fait la somme des numérateurs, puis on donne à cette somme le dénominateur commun.

EXEMPLE :

Additionner $\frac{2}{9}$ $\frac{3}{9}$ et $\frac{1}{9}$

Ces fractions ayant le même dénominateur 8, j'additionne les numérateurs $2 + 3 + 4 = 9$ que je pose comme numérateur de la fraction $\frac{9}{8}$ qui est, en effet, le total de $\frac{2}{8} + \frac{3}{8} + \frac{4}{8}$

Quand les fractions à additionner ont des dénominateurs différents, on commence par réduire ces fractions au même dénominateur, d'après la règle donnée, puis on opère sur ces nouvelles fractions comme il vient d'être dit.

EXEMPLE :

Additionner $\frac{1}{2} + \frac{2}{3} + \frac{3}{5}$

Ces fractions, réduites au même dénominateur, sont $\frac{15}{30} + \frac{20}{30} + \frac{18}{30}$ et en additionnant les numérateurs, on obtient pour total $15 + 20 + 18 = \frac{53}{30}$

Quand le résultat donne une fraction dont le numérateur est plus grand que le dénominateur, *pour extraire l'entier ou les entiers contenus dans cette expression, on divise le numérateur par le dénominateur; le quotient représente l'entier contenu dans le nombre fractionnaire, et le reste est le numérateur de la fraction qui doit être ajoutée à l'entier.*

EXEMPLE :

Sur $\frac{53}{30}$ résultat ci-dessus : $53 : 30 = 1 +$ le reste 23.

Donc, $\frac{53}{30} = 1\frac{23}{30}$

Lorsque aux fractions à additionner sont joints des entiers, il faut en former des nombres fractionnaires en multipliant l'entier par le dénominateur; on ajoute au produit le numérateur de la fraction proposée et l'on donne à la somme le dénominateur de cette fraction.

EXEMPLE :

Additionner $\frac{4}{5} + 1\frac{2}{3} + 2\frac{3}{4}$

Je commence par former mes nombres fractionnaires, et j'ai $\frac{4}{5} + \frac{5}{3} + \frac{11}{4}$ pour fractions équivalentes.

En effet, $1 + \frac{2}{3} = \frac{3}{3} + \frac{2}{3} = \frac{5}{3}$

$2 + \frac{3}{4} = \frac{8}{4} + \frac{3}{4} = \frac{11}{4}$

J'ai donc pour nouvelles fractions à additionner $\frac{4}{5} + \frac{5}{3} + \frac{11}{4}$ que je réduis au même dénominateur $\frac{48}{60} + \frac{100}{60} + \frac{165}{60}$

J'additionne les numérateurs $48 + 100 + 165 = 313,$ et j'ai pour total la fraction $\frac{313}{60} = 5\frac{13}{60}$

On aurait pu réserver les 3 entiers et n'opérer que sur les fractions $\frac{4}{5} + \frac{2}{3} + \frac{3}{4}$ qui auraient donné. . . . . $\frac{48}{60} \quad \frac{40}{60} + \frac{45}{60} = \frac{133}{60} = 2\frac{13}{60}$

et à cette dernière somme il aurait fallu ajouter les entiers réservés $\quad 3$
$$\overline{}$$
Ce qui amènerait le même total. . . . . $5\frac{13}{60}$

EXERCICES.

Un marchand a acheté 5 pièces de drap, savoir :

Une pièce de 40 aunes 3/4
—   38   1/2
—   40   3/8
—   41   1/6
—   42   1/4

On demande le total de l'achat.

Je remarque d'abord que les dénominateurs 2, 4, 6 et 8 sont des sous-multiples de 24. Je puis donc, sans faire l'opération ordinaire, réduire ces fractions au même dénominateur, en multipliant les deux termes de chacune d'elles par le nombre qui, multipliant le dénominateur, donnera 24.

$$\text{Soit } 40\ 3/4 = 40\ 18/24 \quad \text{multiplicateur} \quad 6$$
$$38\ 1/2 = 38\ 12/24 \qquad\qquad - \qquad 12$$
$$40\ 3/8 = 40\ \ 9/24 \qquad\qquad - \qquad 3$$
$$41\ 1/6 = 41\ \ 4/24 \qquad\qquad - \qquad 4$$
$$42\ 1/4 = 42\ \ 6/24 \qquad\qquad - \qquad 6$$

Puis j'additionne mes numérateurs $18 + 12 + 9 + 4 + 6$,
et j'ai pour total des fractions $\frac{49}{24} = 2 \quad \frac{1}{24}$
J'additionne mes nombres, et j'ai 201

Le total de l'achat sera donc 203 aunes $\frac{1}{24}$

Trois ouvriers ont fait, le premier,   7   aunes 1/2 *de toile,*
             le deuxième, 6   3/4 —
             le troisième, 7   1/8 —

On demande le total de leur travail.

En réduisant les fractions au même dénominateur, j'ai :

$$7 \text{ aunes } 12/24$$
$$6 \qquad 18/24$$
$$7 \qquad 8/24$$

Et en additionnant, j'ai le total demandé 21 aunes 14/24

J'ai réduit mes fractions au même dénominateur par la règle ordinaire, mais j'aurais pu de trois fractions n'en faire que deux, attendu que $\frac{1}{2}$ se représentait exactement par $\frac{2}{4}$ qui, ajoutés aux $\frac{3}{4}$ font $\frac{5}{4}$ je n'aurais eu alors qu'à opérer sur $\frac{5}{4}$ et $\frac{1}{3}$ ce qui eût été beaucoup plus facile et m'eût donné pour dénominateur commun des fractions, des 12mes au lieu de 24mes.

Un marchand ne se rappelle pas le poids d'un sac de café, mais il sait qu'il en a vendu, 1° 2 *liv.* $\frac{1}{4}$ 2° 3 *liv.* $\frac{5}{8}$ 3° 5 *liv.* $\frac{1}{16}$ 4° 7 *liv.* $\frac{1}{2}$ *et il lui en reste* 12 *liv.* $\frac{3}{16}$ *Il veut savoir quel était le poids du sac de café lorsqu'il l'a acheté.*

Il est évident que le sac se composait du poids vendu et du poids restant; il faut donc additionner :

1°	2 liv.	1/4			2 liv.	4/16
2°	3	5/8	Comme il est facile de faire		3	10/16
3°	5	1/16	des 16mes de toutes les frac-		5	1/16
4°	7	1/2	tions, je les représente par		7	8/16
Et le reste 12		3/16			12	3/16

Et je trouve que le poids d'achat du sac de café est de   30 liv. 10/16

SOUSTRACTION DES FRACTIONS.

La soustraction des fractions a pour but de trouver la différence qui existe entre deux fractions.

Pour faire la soustraction, il s'agit donc de retrancher la plus petite fraction de la plus grande :

Si les fractions ont le même dénominateur, on retranche le plus petit numérateur du plus grand et l'on donne au reste le dénominateur commun.

Soit $\frac{1}{4}$ à soustraire de $\frac{3}{4}$ il reste $\frac{2}{4}$

Mais *si les fractions n'ont pas le même dénominateur, on les y réduit et l'on opère ensuite comme il vient d'être dit.*

Soit $\frac{1}{3}$ à retrancher de $\frac{1}{2}$

Ces fractions sont exactement représentées par $\frac{2}{6}$ et $\frac{3}{6}$ la différence sera donc $\frac{1}{6}$

Si ces fractions de dénominateurs différents sont jointes à des entiers, on commence par réduire les fractions au même dénominateur, et si la plus petite fraction appartient

*au plus grand nombre, on empruntera un entier qu'on ajoutera à la fraction pour que la
soustraction puisse se faire.*

EXEMPLE :

Soit, de $4\frac{1}{5}$
Retrancher $2\frac{2}{3}$

En réduisant les fractions au même dénominateur, j'aurai de $4\frac{6}{15}$

Retrancher $2\frac{10}{15}$

Reste ou différence $1\frac{10}{15}$

En effet, comme il n'est pas possible de retrancher $\frac{10}{15}$ de $\frac{5}{15}$, j'emprunte un
entier qui vaut $\frac{15}{15}$ que j'ajoute à $\frac{5}{15}$; ce qui fait $\frac{20}{15}$, dont je retranche $\frac{10}{15}$, il
reste $\frac{10}{15}$ que je pose, puis du nombre 4 réduit à 3 je retranche 2 entiers, il reste 1
que je pose : la différence totale est donc $1\frac{10}{15}$

EXERCICES.

*Un ouvrier s'est engagé à tisser en 8 jours une pièce de toile de 34 aunes $\frac{1}{4}$, à la fin
du 4me jour, il avait tissé 19 aunes $\frac{2}{3}$ que lui reste-t-il à faire ?*

La solution sera la différence entre ce qu'il doit faire et ce qu'il a fait.

Il faut d'abord réduire les fractions au même dénominateur.

Il doit tisser 34 aunes 1/4 = 34 aunes 3/12

Il a fait   19   2/3 = 19   8/12

Différence   14 aunes 7/12

*Un mur de clôture a 7 pieds $\frac{1}{6}$ de hauteur. Le propriétaire désire qu'il ait 10 pieds.
De combien sera-t-il surélevé ?*

Il sera surélevé de la différence qu'il y a entre   10 pieds.

Et $7\ \frac{1}{6}$

Différence $2\ \frac{5}{6}$

Cette différence peut être exprimée en fraction relative et en nombre complexe.

10 pieds = 1 toise 4 pieds 0 pouce.

Et $\frac{1}{6}$ = 1   1   2

Différence égale   0 toise 2 pieds 10 pouces.

MULTIPLICATION DES FRACTIONS.

Nous avons vu que multiplier, c'est répéter un nombre appelé *multiplicande*
autant de fois que l'unité est contenue dans un autre nombre appelé *multiplicateur*. On pourrait dire encore que *multiplier, c'est chercher un nombre qui soit au
multiplicande comme le multiplicateur est à l'unité.*

Multiplication d'une fraction par une fraction.

Multiplier une fraction par une fraction, ce sera donc prendre de la fraction
multiplicande la partie d'unité indiquée par la fraction multiplicateur.

*La multiplication d'une fraction par une fraction se fait en multipliant les numéra-
teurs et les dénominateurs entre eux; la fraction produite a pour numérateur le produit
des numérateurs et pour dénominateur le produit des dénominateurs.*

1er EXEMPLE :

Soit $\frac{1}{2}$ à multiplier par $\frac{1}{4}$

Le résultat est $\frac{1\times1}{2\times4}=\frac{1}{8}$. En effet, la quatrième partie de $\frac{1}{2}$ est bien $\frac{1}{8}$

Ou bien encore :

$\frac{1}{8}$ le produit : $\frac{1}{2}$ le multiplicande :: $\frac{1}{4}$ le multiplicateur : 1 l'unité.

C'est-à-dire que $\frac{1}{8}$ est le quart de $\frac{1}{2}$ comme $\frac{1}{4}$ est le quart de 1.

2me EXEMPLE :

$$\text{Soit } \tfrac{2}{3} \times \tfrac{1}{2} = \tfrac{2 \times 1}{3 \times 2} = \tfrac{2}{6}$$

En effet, la moitié de $\tfrac{2}{3}$ est bien $\tfrac{1}{3} = \tfrac{2}{6}$.

Multiplication d'une fraction par un nombre entier.

Pour multiplier une fraction par un nombre entier, il faut multiplier le numérateur par l'entier et donner au produit le dénominateur de la fraction.

EXEMPLE :

$$\text{Soit } \tfrac{2}{3} \text{ à multiplier par } 5.$$

Le résultat est de $\tfrac{2 \times 5}{3} = \tfrac{10}{3} = 3\tfrac{1}{3}$

On peut encore représenter 5 entiers par la fraction $\tfrac{5}{1}$ et faire la multiplication d'une fraction par une fraction.

$$\text{Soit } \tfrac{2}{3} \times \tfrac{5}{1} = \tfrac{2 \times 5}{3 \times 1} = \tfrac{10}{3} \text{ Le résultat est le même.}$$

Multiplication d'un nombre entier par une fraction.

Pour multiplier un entier par une fraction, il faut multiplier l'entier par le numérateur et donner au produit le dénominateur de la fraction.

EXEMPLE :

$$\text{Soit } 4 \text{ à multiplier par } \tfrac{3}{4}$$

Le résultat est $\tfrac{4 \times 3}{4} = \tfrac{12}{4} = 3$

On aurait pu aussi représenter les 4 entiers par la fraction $\tfrac{4}{1}$ et faire la multiplication d'une fraction par une fraction.

$$\text{Soit } \tfrac{4}{1} \times \tfrac{3}{4} = \tfrac{4 \times 3}{1 \times 4} = \tfrac{12}{4} = 3 \text{ Même résultat.}$$

Multiplication des fractions jointes à des nombres entiers.

Pour faire cette multiplication, il faut ramener l'opération à une multiplication de fractions.

EXEMPLE :

$$\text{Soit } 12\tfrac{4}{3} \text{ à multiplier par } 7\tfrac{2}{5}$$

Je représente le nombre 12 par la fraction $\tfrac{36}{3} + \tfrac{1}{3} = \tfrac{37}{3}$

—   7   — $\tfrac{35}{5} + \tfrac{2}{5} = \tfrac{37}{5}$

Et je fais l'opération ordinaire $\tfrac{37 \times 37}{3 \times 5} = \tfrac{1369}{15} = 91\tfrac{4}{15}$

On pourrait encore faire des opérations séparées et additionner les produits.

EXEMPLE :

$$12 \times 7 = 84 \text{ ci.} \ldots\ldots\ldots\ldots 84$$
$$\tfrac{1}{3} \times \tfrac{2}{5} = \tfrac{2}{15} \text{ ci.} \ldots\ldots\ldots \quad \tfrac{2}{15} = \tfrac{2}{15}$$
$$12 \times \tfrac{2}{5} = \tfrac{24}{5} = 4\tfrac{4}{5} \text{ ci.} \ldots\ldots \quad 4\tfrac{4}{5} = \tfrac{12}{15}$$
$$7 \times \tfrac{1}{3} = \tfrac{7}{3} = 2\tfrac{1}{3} \text{ ci.} \ldots\ldots \quad 2\tfrac{1}{3} = \tfrac{5}{15}$$
$$\text{Produit égal.} \ldots\ldots 91 \qquad \tfrac{4}{15}$$

Mais cette opération demande plus de temps.

EXERCICES.

Combien dois-je payer 12 pieds $\tfrac{2}{3}$ de tuyaux, au prix de 2 francs $\tfrac{1}{2}$ le pied ?

Il est évident que j'aurais à payer 2 francs $\tfrac{1}{2}$ autant de fois qu'il y a de pieds dans la fourniture; il ne s'agit donc que de multiplier $12\tfrac{2}{3}$ par $2\tfrac{1}{2}$.

1er EXEMPLE. *Par la multiplication des fractions.*

$$12\tfrac{2}{3} = \tfrac{38}{3} \times 2\tfrac{1}{2} = \tfrac{5}{2}$$

$$\text{Opération } \tfrac{38 \times 5}{3 \times 2} = \tfrac{190}{6} = 31\tfrac{4}{6}$$

Il faudra donc payer 31 francs $\frac{2}{3}$ ou 31 fr. 66 c. (31 livres 13 sous 4 deniers en fractions vulgaires).

2me EXEMPLE. *Par la multiplication ordinaire et les parties aliquotes.*

$$12\ 2/3$$
$$\times\ 2\ 1/2$$

Produit 12 $\times$ 2 = 24
— 2/3 $\times$ 2 = 4/3 = 8/6
— 12 $\times$ 1/2 = 12/2   36/6
— 2/3 $\times$ 1/2 = 2/6   2/6

Même produit   31   4/6 ou 2/3

Un voyageur fait 11 lieues $\frac{3}{4}$ par jour; à quelle distance doit-il être, sachant qu'il est parti depuis 4 jours $\frac{1}{2}$?

Ce voyageur a dû faire 4 fois $\frac{1}{2}$ la distance parcourue chaque jour = 11 lieues $\frac{3}{4}$, il faut donc multiplier 11 $\frac{3}{4} = \frac{47}{4}$ par 4 $\frac{1}{2} = \frac{9}{2}$ ou $\frac{47}{4} \times \frac{9}{2}$.

Opération $\frac{47 \times 9}{4 \times 2} = \frac{423}{8} = 52$ lieues $\frac{7}{8}$ résultat.

DIVISION DES FRACTIONS.

Nous avons vu que la division avait pour but de chercher combien de fois un nombre appelé *diviseur* était contenu dans un autre nombre appelé *dividende*; le résultat s'appelle *quotient.*

On peut encore dire que, un produit et l'un des facteurs de ce produit étant donnés, c'est chercher l'autre facteur.

Mais la définition suivante est préférable, parce qu'elle s'applique à toutes les divisions soit de nombres entiers, soit de nombre fractionnaires et de fractions :

La division a pour but de trouver un nombre appelé quotient qui soit au dividende comme l'unité est au diviseur.

En effet, divisons 6 par 3; le quotient 2 n'est-il pas au dividende 6 comme l'unité est au diviseur 3 ?

Donc, diviser une fraction par une fraction, c'est chercher pour quotient une troisième fraction qui soit à la fraction dividende comme l'unité est à la fraction diviseur.

Division d'une fraction par une fraction.

Pour diviser une fraction par une fraction, il faut multiplier la fraction-dividende par la fraction-diviseur renversée.

EXEMPLE :

Soit $\frac{1}{2}$ à diviser par $\frac{2}{3}$

Il faut multiplier 1/2 par 3/2 (fraction 2/3 renversée); j'ai pour résultat $\frac{1 \times 3}{2 \times 2} = 3/4$ et je trouve en effet que mon quotient 3/4 : mon dividende 1/2 :: l'unité 1 : au diviseur 2/3 c'est-à-dire que le quotient 3/4 = 1 fois 1/2 le dividende 1/2 comme l'unité 1 = 1 fois 1/2 le diviseur 2/3 ou bien encore 3/4 = 2/4 + 1/4 comme 1 = 2/3 + 1/3

AUTRE EXEMPLE :

Soit $\frac{12}{15}$ à diviser par $\frac{18}{20}$

Je renverse cette dernière fraction, et j'ai $\frac{12}{15} \times \frac{20}{18} = \frac{12 \times 20}{15 \times 18} = \frac{240}{270}$ ou $\frac{24}{27}$ quotient demandé.

Division d'un nombre entier par une fraction.

Pour diviser un entier par une fraction, il faut multiplier l'entier par le numérateur de la fraction-diviseur renversée.

EXEMPLE :

Soit 4 à diviser par $\frac{1}{2}$

C'est 4 $\times \frac{2}{1} = \frac{4 \times 2}{1} = \frac{8}{1} = 8$, quotient.

AUTRE EXEMPLE :

Soit 12 à diviser par $\frac{2}{7}$

C'est $12 \times \frac{7}{2} = \frac{12 \times 7}{2} = \frac{84}{2} = 42$ quotient

Division d'une fraction par un nombre entier.

Pour diviser une fraction par un entier, il faut multiplier le dénominateur de la fraction par l'entier et laisser le numérateur tel qu'il est.

EXEMPLE :

Soit $\frac{3}{4}$ à diviser par 2

C'est $\frac{3}{4 \times 2} = \frac{3}{8}$ quotient

AUTRE EXEMPLE :

Soit $\frac{11}{15}$ à diviser par 4.

C'est $\frac{11}{15 \times 4} = \frac{11}{60}$ quotient.

EXERCICES.

Une personne a hérité d'une somme dont elle a dépensé les $\frac{3}{8}$ en 10 mois : 1° Quelle sera la part d'héritage qui aura disparu à la fin de la 1re année? 2° Que lui restera-t-il à cette époque? et 3° Quand tout sera-t-il dépensé?

1re *Question.* 10 mois sont les $\frac{10}{12}$ ou $\frac{5}{6}$ de l'année, il faut donc diviser $\frac{3}{8}$ par $\frac{5}{6}$ pour avoir la 1re réponse.

Opération $\frac{3}{8} : \frac{5}{6} = \frac{3}{8} \times \frac{6}{5} = \frac{3 \times 6}{8 \times 5} = \frac{18}{40}$ ou $\frac{9}{20}$

1re *Réponse.* Elle dépensera dans la 1re année le $\frac{9}{20}$ de son héritage.

2me *Question.* Il est évident qu'ayant dépensé $\frac{9}{20}$ il lui restera $\frac{11}{20}$ l'héritage étant représenté par $\frac{20}{20}$

Opération. Soustraire $\frac{20}{20} - \frac{9}{20} = \frac{11}{20}$

2me *Réponse.* Il lui restera donc les $\frac{11}{20}$ de son héritage.

3me *Question.* Il est encore évident qu'elle mettra autant d'années à dépenser son héritage que $\frac{20}{20}$ contiennent de fois $\frac{9}{20}$, il ne s'agit donc que d'une division de $\frac{20}{20}$ par $\frac{9}{20}$.

Opération $\frac{20}{20} : \frac{9}{20} = \frac{20}{20} \times \frac{20}{9} = \frac{20 \times 20}{20 \times 9} = \frac{400}{180} = 2$ ans $\frac{40}{180}$ ou $\frac{2}{9}$

3me *Réponse.* Elle aura tout dépensé dans 2 ans $\frac{2}{9}$ ou 2 ans 2 mois et 20 jours.

J'ai parcouru 168 kilomètres en 5 heures $\frac{1}{4}$ quelle était, par heure, la vitesse du parcours?

Cette vitesse, par heure, sera égale au nombre de fois que 168 contient $5\frac{1}{4}$

Opération $168 : 5\frac{1}{4} = 168 : \frac{21}{4} = 168 \times \frac{4}{21} = \frac{168 \times 4}{21} = \frac{672}{21}$

La vitesse, par heure, est donc de $\frac{672}{21}$ kilomètres ou 32 kilomètres.

Quatre enfants héritent d'un grand-père pour la part qui revenait à leur père; cette part est d'un tiers; quelle partie de la succession revient à chacun d'eux?

Il est évident qu'il leur revient le tiers divisé par 4

Opération $\frac{1}{3} : 4 = \frac{1}{3 \times 4} = \frac{1}{12}$

Chacun aura donc le $\frac{1}{12}$ de la succession.

Remarque. Dans toutes les divisions de fractions par des entiers ou d'entiers par des fractions, on peut toujours considérer l'entier comme nombre fractionnaire, et alors il n'y aura plus qu'une seule règle, celle de la division d'une fraction par une fraction.

Diviser un entier par une fraction.

EXEMPLE :

Soit $4 : \frac{1}{2}$

Je représente l'entier 4 par la fraction $\frac{4}{1} : \frac{1}{2}$

Et j'ai pour résultat $\frac{4}{1} \times \frac{2}{1}$ fraction-diviseur renversée $= \frac{8}{1} = 8$

AUTRE EXEMPLE :

Soit 12 à diviser par $\frac{2}{7}$

Je représente l'entier par $\frac{12}{1} : \frac{2}{7} = \frac{12 \times 7}{1 \times 2} = \frac{84}{2} = 42.$

Diviser une fraction par un entier.

EXEMPLE :

Soit $\frac{3}{4} : 2 = \frac{3}{4} : \frac{2}{1} = \frac{3 \times 1}{4 \times 2} = \frac{3}{8}$

AUTRE EXEMPLE :

Soit $\frac{11}{15} : 4 = \frac{11}{15} : \frac{4}{1} = \frac{11 \times 1}{15 \times 4} = \frac{11}{60}$

Ces quatre exemples sont ceux des quatre opérations déjà faites, page 52, et donnent les mêmes quotients.

RÉDUCTIONS ET ÉVALUATION DES FRACTIONS.

Il peut être nécessaire :

    1° *De changer le dénominateur d'une fraction absolue, c'est-à-dire de lui donner un dénominateur demandé* ;
    2° *De changer les fractions absolues en décimales ou fractions vulgaires* ;
    3° *De changer les fractions vulgaires en décimales ou absolues* ;
    4° *De changer les fractions décimales en vulgaires ou absolues.*

Avant tout, et comme premier principe, il faut se rappeler qu'une fraction est le quotient d'une division qui n'a pu s'effectuer, et dont le numérateur est le dividende, et le dénominateur le diviseur.

FRACTIONS ABSOLUES

Changement de dénominateur.

Pour transformer une fraction quelconque en une autre fraction, multipliez le numérateur par le dénominateur que vous voulez lui donner et divisez le produit par l'ancien dénominateur. Le quotient sera le numérateur qui conviendra au nouveau dénominateur choisi.

EXEMPLE :

Convertir $\frac{6}{7}$ en quarts

Opération $6 \times 4 = 24 : 7 = \frac{3}{4}$ Il reste 3 qui sont les $\frac{3}{7}$ de $\frac{1}{4}$

Donc $\frac{6}{7} = \frac{3}{4}$ évaluation approchée, et $\frac{3\frac{3/7}{4}}{}$ évaluation exacte.

AUTRE EXEMPLE :

Convertir $\frac{6}{7}$ en seizièmes

Opération $6 \times 16 = 96 : 7 = \frac{13}{16}$ il reste 5 qui sont les $\frac{5}{7}$ de $\frac{1}{16}$

Donc $\frac{6}{7} = \frac{13}{16}$ évaluation approchée et $\frac{13\frac{5/7}{16}}{}$ évaluation exacte.

Réductions et évaluations.

Pour réduire une fraction absolue en fraction décimale, il faut multiplier le numérateur par 10, 100, 1000, ou, ce qui est la même chose, ajouter à ce numérateur autant de zéros qu'on veut avoir de décimales, puis le diviser par le dénominateur. Le quotient étant trouvé, il faut retrancher sur la droite autant de chiffres décimaux qu'on a ajouté de zéros au numérateur.

1er EXEMPLE :

On veut réduire $\frac{3}{25}$ en fraction décimale de deux chiffres, c'est-à-dire en centièmes.

Opération. J'ajoute 2 zéros au numérateur 8 et je divise par le dénominateur 25.

$$\begin{array}{r|l} \text{Soit} \quad 800 & 25 \\ 50 & 0,32 \end{array}$$

Donc, la fraction $\frac{8}{25} = 0,32$ ou $\frac{32}{100}$.

2me EXEMPLE :

Réduire $\frac{53}{64}$ en fraction décimale à moins de $\frac{1}{100}$ près.

$$\begin{array}{r|l} \textit{Opération.} \quad 53,00 & 64 \\ 180 & 0,82 \\ 52 & \end{array}$$

On néglige le reste 52 qui est moindre que $\frac{1}{100}$
Donc, la fraction $\frac{53}{64} = 0,82$ à moins de $\frac{1}{100}$ près.

3me EXEMPLE :

Réduire $\frac{5}{9}$ en fraction décimale à moins de $\frac{1}{1000}$ près.

$$\begin{array}{r|l} \textit{Opération.} \quad 5,000 & 9 \\ 50 & 0,555 \\ 50 & \end{array}$$

Donc $\frac{5}{9} = 0,555$ à moins de $\frac{1}{1000}$ près.

Quand le numérateur contient des décimales, on le divise par son dénominateur et l'on sépare au quotient autant de chiffres décimaux qu'il y en a au numérateur.

EXEMPLE :

Réduire $\frac{23,546}{32}$ en décimales.

$$\begin{array}{r|l} \textit{Opération.} \quad 23,546 & 32 \\ 114 & 0,725 \\ 186 & \\ 26 & \end{array}$$

Donc, la fraction $\frac{23,546}{32} = 0,735$ à $\frac{1}{1000}$ près.

Si le numérateur ne pouvait être divisé par le dénominateur, on ajouterait autant de zéros qu'il serait nécessaire, en ayant soin de retrancher du quotient autant de chiffres décimaux qu'il y en a au dividende.

Soit $\frac{2,4}{437}$ à évaluer en décimales.

$$\begin{array}{r|l} \textit{Opération.} \quad 2,400 & 437 \\ 215 & 0,005 \end{array}$$

Donc $\frac{2,4}{437} = 0,005$ à $\frac{1}{1000}$ près.

Pour réduire une fraction absolue en fraction vulgaire, le dividende n'étant pas assez grand pour contenir le diviseur, on le réduit en sous-espèces en le multipliant par le nombre voulu, puis l'on divise le produit par le dénominateur; le quotient donne des fractions vulgaires pour la valeur représentée par la fraction.

1er EXEMPLE :

Combien y a-t-il de sous dans les $\frac{3}{5}$ d'une livre (ancienne monnaie) ?

Puisque la livre $= 20$ sous, je multiplie le numérateur 3 par 20 et je divise le produit 60 par 5, le quotient sera le nombre de sous demandé.

Opération. $3 \times 20 = 60 : 5 = 12$ sous; donc $\frac{3}{5} = 12$ sous.

2me EXEMPLE :

Combien valent en pieds les $\frac{2}{3}$ d'une toise ?

Puisque la toise vaut 6 pieds, je multiplie 2 par 6 et je divise le produit par 3.

Opération. $2 \times 6 = 12 : 3 = 4$ pieds; donc $\frac{2}{3}$ de toise valent 4 pieds.

3ᵐᵉ EXEMPLE :

On demande combien d'onces, de gros et de grains dans ⅔ de livre-poids?

La livre-poids vaut 16 onces, l'once 8 gros, le gros 72 grains.

1ʳᵉ *Opération.* 2 × 16 = 32 : 3 = 10 onces, + le reste 2 = 2/3 d'once.
2ᵉ   —   2 × 8 = 16 : 3 = 5 gros, + le reste 1 = 1/3 de gros.
3ᵉ   —   1 × 72 = 72 : 3 = 24 grains, sans reste.

Donc ⅔ de livre-poids = 10 onces, 5 gros, 24 grains.

4ᵐᵉ EXEMPLE :

On demande les $\frac{7}{11}$ de 18 livres-monnaie.

1ʳᵉ *Opération.* 7 × 18 = 126 : 11 = 11 *livr.-m.* + 5/11
2ᵉ   —   5 × 20 = 100 : 11 = 9 *sous*   + 1/11
3ᵉ   —   1 × 12 = 12 : 11 = 1 *denier*   + 1/11

Donc, les $\frac{7}{11}$ de 18 *liv.-m.* = 11 *liv.-m.* 9 *sous* 1 *denier* $\frac{1}{11}$

5ᵐᵉ EXEMPLE :

Quels sont les $\frac{5}{7}$ de 8 toises?

La toise vaut 6 pieds, le pied 12 pouces, le pouce 12 lignes, la ligne 12 points.

1ʳᵉ *Opération.* 5 × 8 = 40 : 7 = 5 toises, + 5/7
2ᵉ   —   5 × 6 = 30 : 7 = 4 pieds,   + 2/7
3ᵉ   —   2 × 12 = 24 : 7 = 3 pouces, + 3/7
4ᵉ   —   3 × 12 = 36 : 7 = 5 lignes, + 1/7
5ᵉ   —   1 × 12 = 12 : 7 = 1 point,   + 5/7

Donc les $\frac{5}{7}$ de 8 toises = 5 toises, 4 pieds, 3 pouces, 5 lignes, 1 point
et $\frac{5}{7}$ de points.

FRACTIONS VULGAIRES OU RELATIVES.

Les fractions vulgaires ou relatives ne diffèrent des fractions absolues qu'en ce qu'on n'écrit pas leur dénominateur, parce qu'il est toujours connu. En effet, écrire 3 pieds comme fraction d'une toise, c'est exprimer $\frac{3}{6}$ de toise ; écrire 5 pouces comme fraction de toise, c'est encore exprimer $\frac{5}{72}$ de toise, puisqu'il faut 6 pieds ou 72 pouces pour faire une toise.

Pour réduire des fractions relatives ou fractions vulgaires en fractions absolues, on donne à chacune pour dénominateur le nombre qui exprime combien il faut d'unités de sous-espèces pour valoir l'unité principale.

Lorsqu'on a plusieurs fractions relatives, exprimées en plusieurs espèces d'unités, toutes réductibles en une même espèce, et qu'on veut les réunir en une seule fraction, il faut réduire les plus grandes en mêmes espèces que les plus petites proposées, puis les ajouter ensemble : le total sera le numérateur, et l'on prendra pour dénominateur le nombre qui exprime combien il faut d'unités de la plus petite espèce pour valoir l'unité principale.

1ᵉʳ EXEMPLE :

Soit 19 sous qu'on veut réduire en fraction absolue de la livre (ancienne monnaie).

Opération. Comme il faut 20 sous pour faire la livre-monnaie, je donne 20, comme dénominateur, au numérateur 19.

Donc, 19 sous = $\frac{19}{20}$ de la livre-monnaie.

2ᵐᵉ EXEMPLE :

Soit 4 pouces qu'on veut réduire en fraction absolue de la toise.

Comme il faut (6 fois 12) 72 pouces pour faire la toise, je prendrai 72 pour dénominateur.

Donc, 4 pouces = $\frac{4}{72}$ de la toise.

3ᵐᵉ EXEMPLE :

Réduire 15 sous 6 deniers $\frac{2}{5}$ en une seule fraction de la livre-monnaie.

1 livre-monnaie = 20 sous, 1 sou = 12 deniers, 1 denier = $\frac{2}{5}$

Pour trouver le numérateur : 15 s. $\times$ 12 d. = 180 d. $+$ 6 d. = 186 d. $\times$ 5 = 930 $+$ 2 = 932 num.

Pour trouver le dénominateur : 20 $\times$ 12 = 240 $\times$ 5 = 1200 dénom.

Donc, 15 sous 6 deniers $\frac{2}{5} = \frac{932}{1200}$ de la liv.-mon. ou fraction réduite $\frac{233}{300}$

Pour réduire les fractions vulgaires ou relatives en fractions décimales, on les réduit d'abord en fractions absolues ; puis on fera comme il a été indiqué pour la réduction de ces fractions.

1ᵉʳ EXEMPLE :

Soit 4 pieds 7 pouces qu'on veut réduire en fraction décimale de la toise, à moins d'un millième près.

Je commence par représenter ces fractions relatives en fraction absolue.

1ʳᵉ *Opération*. 4 pieds $\times$ 12 pouces = 48 pouces $+$ 7 = 55 numérateur.

2ᵉ   —   6 $\times$ 12   =   72 dénominateur.

La question est donc de réduire $\frac{55}{72}$ en fraction décimale.

Opération. J'ajoute trois zéros au dividende-numérateur pour avoir trois chiffres décimaux.

$$
\begin{array}{r|l}
55{,}000 & 72 \\
460 & \overline{0{,}763} \\
280 & \\
64 & \\
\end{array}
$$

Donc, 4 pieds 7 pouces = 0,763 de la toise, à moins de $\frac{1}{1000}$ près.

2ᵐᵉ EXEMPLE :

Combien y a-t-il de millièmes de livre dans 15 sous 9 deniers $\frac{13}{15}$?

1ʳᵉ *Opération*. 15 $\times$ 12 = 180 $+$ 9 = 189 $\times$ 15 = 2835 $+$ 13 = 2848 Nʳ.

2ᵉ   —   20 $\times$ 12 = 240 $\times$ 15 =   3600 Dʳ.

Il ne s'agit plus que de réduire en fractions décimales la fraction $\frac{2848}{3600}$, et puisque l'on demande des millièmes, j'ajoute 3 zéros au numérateur-dividende.

$$
\begin{array}{r|l}
\text{Soit } 2848{,}000 & 36\ 00 \\
328 & \overline{0{,}791} \\
50 & \\
\end{array}
$$

Remarque. J'opère sans avoir égard aux deux derniers zéros du dividende et du diviseur et comme si je divisais 2848,0 par 36. Le quotient, auquel je retranche toujours trois chiffres décimaux, est exactement le même : *le quotient ne change pas quand on divise ou multiplie le dividende et le diviseur par le même nombre.*

Donc, 15 sous 6 deniers $\frac{13}{15}$ = 0,791 à moins de $\frac{1}{1000}$ près.

FRACTIONS DÉCIMALES.

Pour réduire les fractions décimales en fractions absolues, il faut donner aux chiffres décimaux, pris comme numérateurs, l'unité pour dénominateur, suivie d'autant de zéros qu'il y a de chiffres décimaux au numérateur.

1ᵉʳ EXEMPLE :

Exprimer en fraction absolue 0,32.

Comme il y a deux chiffres décimaux, je donne à 32, numérateur, 100 pour dénominateur, c'est-à-dire l'unité suivie de deux zéros, et j'ai pour fraction absolue $\frac{32}{100}$ dont la plus simple expression est $\frac{8}{25}$.

2me EXEMPLE :

Exprimer en fraction absolue 0,015.

La fraction décimale ayant trois chiffres décimaux, le dénominateur sera l'unité suivie de trois zéros.

Donc, $0,015 = \frac{15}{1000}$ ou $\frac{2}{200}$

Si la fraction à réduire en fraction absolue était elle-même une fraction absolue dont le numérateur aurait des décimales, il faudrait supprimer la virgule qui sépare ces décimales et ajouter au dénominateur autant de zéros qu'il y avait de chiffres décimaux.

EXEMPLE :

Soit $\frac{12,35}{19}$ à réduire en fraction absolue sans décimales.

Je supprime la virgule du numérateur, et j'ai 1235.

Comme il y a deux chiffres décimaux, j'ajoute au dénominateur 19 deux zéros, et j'ai 1900.

Donc, la fraction $\frac{12,35}{19} = \frac{1235}{1900}$ ou $\frac{247}{380}$

Pour réduire les fractions décimales en fractions relatives, il faut multiplier les décimales par le nombre qui exprime la sous-espèce demandée et retrancher du produit autant de décimales qu'il y en a au nombre donné; les chiffres à gauche indiquent les unités de la sous-espèce et ceux à droite la fraction décimale.

1er EXEMPLE :

On demande combien il y a de pieds dans cette fraction de toise 0,47.

Opération Attendu qu'il faut 6 pieds pour une toise, je multiplie 0,47 par 6 et du produit 282 je retranche deux chiffres à droite, et j'ai 2,82, c'est-à-dire 2 pieds $\frac{82}{100}$

Si l'on veut avoir d'autres sous-espèces, on multipliera le numérateur de la fraction ou les décimales qui restent par le nombre qu'il faut de sous-espèces pour faire l'unité immédiatement supérieure.

2me EXEMPLE :

Combien y a-t-il de sous, deniers et parties de denier dans la fraction décimale 0 liv.-m. 342?

1re *Opération* $342 \times 20 = 6,840 = 6$ sous $+ 0,840$
2e   — $840 \times 12 = 10,080 = 10$ den. $+ 0,080$

La fraction décimale 0 liv.-m., $342 = 6$ sous 10 deniers $\frac{80}{1000}$ ou $\frac{8}{100}$.

DES FRACTIONS DE FRACTIONS.

Par fraction de fraction on entend une ou plusieurs parties d'une quantité qui elle-même est fractionnaire.

Pour prendre des fractions de fractions, il faut multiplier les numérateurs entre eux et donner à ce produit pour dénominateur le produit des dénominateurs entre eux.

1er EXEMPLE :

Quels sont les $\frac{3}{4}$ de $\frac{1}{2}$?

$$\text{Opération } \frac{3 \times 1}{4 \times 2} = \frac{3}{8}$$

En effet, prendre le $\frac{1}{4}$ de $\frac{1}{2}$, ce serait diviser $\frac{1}{2}$ en 4 parties $= \frac{1}{8}$, en prendre 3 sera donc $\frac{1}{8} \times 3 = \frac{3}{8}$.

2me EXEMPLE :

Quels sont les $\frac{3}{4}$ de $\frac{1}{2}$ de $\frac{2}{6}$?

$$\text{Opération } \frac{3 \times 1 \times 2}{4 \times 2 \times 6} = \frac{6}{48} \text{ ou } \frac{1}{8}$$

Dans le premier exemple nous avons opéré sur l'unité, en prenant les $\frac{3}{4}$ de $\frac{1}{2}$ de l'unité, et nous avons eu pour résultat $\frac{3}{8}$ dans le second exemple, au lieu de l'unité, nous opérons sur une quantité trois fois plus petite, $\frac{2}{6}$; donc notre produit doit être aussi trois fois moindre, et, en effet, le second résultat $\frac{1}{8}$ est exactement le $\frac{1}{3}$ du premier $\frac{3}{8}$.

Dans ces calculs il est souvent possible de simplifier l'opération. Quand, dans les numérateurs et les dénominateurs, il se trouve des chiffres égaux, on peut les effacer, et quand des chiffres sont divisibles par un même nombre, on peut faire cette division avant de multiplier les termes : ainsi, dans la question ci-dessus, on avait à multiplier entre eux $\frac{3 \times 1 \times 2}{4 \times 2 \times 6}$.

Comme 2 se trouve au numérateur et au dénominateur, je le supprime.

Comme 3 et 6 sont divisibles par 3, je fais cette division, et il ne me reste à multiplier que $\frac{1 \times 1}{4 \times 2} = \frac{1}{8}$. Le produit n'est pas changé ; il est, par ces opérations, réduit à sa plus simple expression.

3me EXEMPLE :

On veut réduire en une seule fraction les $\frac{4}{7}$ des $\frac{3}{4}$ des $\frac{5}{6}$ de 4 toises 3 pieds 2 pouces.

1re *Opération.* 4 toises $\times$ 6 $=$ 24 pieds $+$ 3 $=$ 27 pieds $\times$ 12 $=$ 324 pouces $+$ 2 pouces $=$ 326 pouces ; le pouce étant le 72me de la toise, ces fractions relatives peuvent être représentées par la fraction absolue $\frac{326}{72}$

La question est simplifiée : il s'agit d'exprimer en une seule fraction les $\frac{4}{7}$ des $\frac{3}{4}$ des $\frac{5}{6}$ de $\frac{326}{72}$.

2e *Opération* $\frac{4 \times 3 \times 5 \times 326}{7 \times 4 \times 6 \times 72}$ mais, avant de faire la multiplication, observons que 4 se trouvant au numérateur et au dénominateur peut être supprimé.

3 et 6, divisibles par 3, peuvent être réduits à 1 et 2 ;
326 et 72, divis. par 2,   —   à 163 et 36.

Donc, la seconde opération sera réduite aux termes suivants :

$$\frac{4 \times 5 \times 163}{7 \times 2 \times 36} = \frac{815}{504} \text{ résultat.}$$

FORMATION DES PUISSANCES DES NOMBRES

ET EXTRACTION DES RACINES CARRÉES ET CUBIQUES

Formation du carré et extraction de sa racine.

On appelle *carré*, ou 2me *puissance* d'un nombre, le résultat de la multiplication de ce nombre par lui-même, ou le produit de deux facteurs égaux.

La racine carrée d'un nombre est le facteur qui, multiplié par lui-même, a produit ce nombre.

Ainsi, 7 a pour carré ou 2me puissance 49 ; et 49 a pour racine carrée 7. En effet, 7×7 donne 49, et 49 est le produit de 7×7.

Un nombre que l'on carre est ainsi tout à la fois multiplicande et multiplicateur : il est donc deux fois facteur du produit ; c'est pourquoi le carré est appelé *seconde puissance*.

La formation du carré d'un nombre entier ou fractionnaire n'exige donc aucune règle particulière, puisqu'il suffit de multiplier ce nombre par lui-même pour l'élever à la seconde puissance.

Mais il n'en est pas de même de l'extraction de la racine carrée, qui a pour objet : *un nombre étant donné, trouver le nombre qui, multiplié par lui-même, doit produire ce nombre donné.* Il faut, pour résoudre cette question, faire une opération toute différente de celles qui ont été indiquées jusqu'ici.

Les dix premiers nombres entiers 1 2 3 4 5 6 7 8 9 10
ont pour carrés ou 2mes puissances 1 4 9 16 25 36 49 64 81 100

qui réciproquement ont pour racines carrées les nombres supérieurs correspondants.

On voit que parmi les nombres entiers d'un ou de deux chiffres (1 à 99), il n'y en a que *neuf* qui soient des carrés de nombres entiers; les autres nombres ont pour racine carrée un nombre entier, plus une fraction.

Il est à remarquer aussi que *un nombre entier qui n'est pas le carré d'un autre nombre entier ne peut pas avoir pour racine un nombre fractionnaire* EXACT.

La racine carrée d'un nombre qui n'est point un carré parfait s'appelle *nombre sourd*, *irrationnel* ou *incommensurable* : ainsi, 7 à l'égard de 54 est une *racine sourde*; c'est la racine du plus grand carré contenu dans 54 qui est 49; de même 54 est un nombre *incommensurable*, car se trouvant entre les carrés 49 et 64, sa racine est entre 7 et 8, c'est-à-dire 7 et une fraction qu'on ne peut exprimer exactement, mais dont on peut approcher de plus en plus par le moyen des décimales, ainsi qu'on le verra ci-après.

Avant d'extraire la racine carrée d'un nombre, examinons comment se forme le carré, et prenons pour exemple la 2me puissance de 12.

$$12 \text{ racine.}$$
$$\times\ 12$$
$$\overline{24}$$
$$12$$
$$\overline{144} \text{ carré ou } 2^{me} \text{ puissance}$$

Donc, le carré de 12 se compose :

1° Du carré des dizaines . . . . $10 \times 10 = 100$
2° Deux fois du produit des dizaines par les unités $\begin{cases} 10 \times 2 = 20 \\ 10 \times 2 = 20 \end{cases}$
3° Enfin du carré des unités . . . . $2 \times 2 = \underline{4}$

Produit égal au carré. 144

On peut dire aussi qu'un carré dont la racine a 2 parties est formé 1° du carré de la première partie, 2° du double de la première partie multiplié par la seconde, et 3° du carré de la seconde.

En effet, considérant 12 comme composé de $7+5$, nous aurons encore son carré en disant :

1° Le carré de la 1re partie $\qquad 7 \times 7 = 49$
2° Le double de la 1re partie $\times$ par la 2me $\quad 14 \times 5 = 70$
3° Le carré de la 2e partie $\qquad 5 \times 5 = \underline{25}$

Produit égal au carré de 12 144

Pour revenir du carré à sa racine, il faut faire attention que le carré des dizaines donne des centaines, puisque $10 \times 10 = 100$, que par conséquent cette racine ne peut se trouver ni dans les unités ni dans les dizaines du carré total. Ce raisonnement peut s'étendre à tous les chiffres dont se compose la racine ou à leur carré : par conséquent, pour extraire la racine carrée d'un nombre, il faut commencer par séparer ce nombre en tranches de deux chiffres en commençant par la droite; la dernière tranche à gauche peut n'avoir qu'un seul chiffre.

La racine cherchée doit avoir autant de chiffres qu'il y a de tranches dans son carré.

1er EXEMPLE :

On demande la racine carrée de 1225 ?

Opération.	*Preuve.*
Carré 1 2.2 5 | 3 5 racine.	3 5 racine trouvée.
3 2.5 | 6 5 diviseur.	3 5 $\times$ par elle-même.
0 0	1 7 5
	1 0 5
	1 2 2 5 carré.

Comme il n'y a que deux tranches dans le carré, la racine n'aura que deux chiffres.

Je cherche d'abord les dizaines de cette racine, et puisque le carré de ces dizaines ne peut se trouver dans les deux chiffres à droite (25), je les sépare.

J'examine ensuite quel est le plus grand carré contenu dans les deux chiffres de la tranche à gauche (12), c'est 9 dont la racine est 3 ($3 \times 3 = 9$); je pose cette racine, je la carre et je soustrais le produit (9) de la tranche (12), le reste 3 est posé au-dessous de cette tranche, et j'abaisse à côté de ce reste (3) la seconde tranche (25) j'ai donc pour nouveau dividende 325.

Puisque j'ai ôté du carré 1225 le carré de dizaine (900) le nouveau dividende ne doit plus contenir que les deux dernières parties du carré, savoir :

Le produit du double des dizaines par les unités,

Le carré des unités.

Et puisque le double des dizaines multiplié par les unités ne peut se trouver dans le dernier chiffre à droite (5), je le sépare; de plus, comme je connais les dizaines (3), il est facile d'en avoir le double qui est 6; je pose ce nombre au-dessous de la racine des dizaines (3), et comme 6, qui est le double des dizaines, est un facteur de 32, pour avoir l'autre facteur, qui sera le nombre d'unités de la racine, je divise 32 par 6, il vient 5 que je pose d'abord à côté de la racine 3, puis à côté du diviseur 6. Je multiplie ce diviseur (6) par les unités de la racine (5) et je retranche $5 \times 6 = 30$, produit du double des dizaines par les unités, de la tranche 32; il reste 2 dizaines, qui, jointes au chiffre (5) des unités, font 25. Je multiplie $5 \times 5 = 25$ le carré des unités que je retranche ensuite du dividende 25, et il ne reste rien.

Le nombre 35 est donc la racine carrée de 1225.

2me EXEMPLE :

On demande la racine carrée de 458329 ?

Opération.

```
Carré 4 5.8 3.2 9 | 6.7.7  racine.
       9 8.3       ‾‾‾‾‾‾‾
                   1 2.7   1er diviseur.
       9 4 2.9     1 3 4.7 2me  —
       0 0 0 0
```

Preuve.

```
677 racine trouvée.
677 × par elle-même.
‾‾‾‾‾‾‾‾‾‾‾‾‾‾‾‾‾
4739
4739
4062
‾‾‾‾‾‾‾‾‾‾‾‾‾‾‾‾‾
458329 carré.
```

Après avoir séparé les chiffres par tranches, je reconnais d'abord que la racine n'aura que trois chiffres, puisqu'il n'y a que trois tranches dans le carré. Je cherche quel est le plus grand carré contenu dans la première tranche à gauche ; c'est 36, dont la racine est 6, que je pose comme chiffre des centaines de la racine ; j'ôte 36 de 45, il reste 9 à côté duquel je descends la tranche suivante (83), dont je sépare le dernier chiffre (3) par un point.

Pour avoir le 1er diviseur, je double la racine trouvée (6); il vient 12 que je pose sous la racine (6), et je dis : En 98 combien de fois 12 ? Il n'y est que 7 fois ; je pose 7 à la racine, à droite du 6 et aussi à côté du diviseur 12, ce qui me donne pour premier diviseur complet 127 que je multiplie par 7; le produit 889 retranché de 983, il ne reste que 94; à côté de ce nombre je descends la troisième tranche et j'ai pour 3me dividende 9429, dont je sépare le dernier chiffre à droite (9); je forme ensuite mon second diviseur en doublant la racine trouvée 67, j'ai 134, par lequel je divise les trois chiffres 942, il vient 7 pour quotient; je pose ce chiffre à la racine, qui est alors 677, et à la suite du diviseur 134, ce qui donne 1347 pour second diviseur ; multipliant ce nombre par 7, je retranche le produit 9429 du dividende 9429, et il reste 0 ; donc le nombre 677 est bien la racine carrée de 458329.

La preuve de cette règle se fait en multipliant la racine trouvée par elle-même : le produit est égal au carré, s'il est parfait ; dans le cas contraire, il faut ajouter à ce produit le reste de l'opération : le total donnera le nombre proposé.

Si, au lieu d'opérer sur le carré parfait 458329, nous avions eu à chercher la racine de 459643, nombre incommensurable, nous aurions trouvé le même nombre 677 pour racine sourde, parce que 458329 est le plus grand carré contenu dans 459643.

3ᵐᵉ EXEMPLE :

Opération.

```
Nombre donné comme carré   4 5.9 6.4 3 | 6.7.7.   racine sourde
                             9 9.6       1 2.7.   1ᵉʳ diviseur
                             1 0 7 4.3   1 3 4.7. 2ᵐᵉ   ——
                     Reste   1 3 1 4
```

Preuve.

```
        677 racine sourde.
        677 × par elle-même.
        ————
        4739
        4739
        4062
Ajoutez le reste   1314
Produit    459643 = au nombre donné comme carré.
```

Pour bien se rendre compte de l'opération, il faut remarquer que le carré de 677 contient :

```
1° Le carré des centaines..  . . . . . . . . . . .   600 × 600   360000
2° Le double des centaines multiplié p. les dizaines. 1200 × 70   84000
3° Le double des centaines multiplié par les unités. 1200 ×  7    8400
4° Le carré des dizaines . . . . . . . . . . . .      70 × 70    4900
5° Le double des dizaines multiplié par les unités.  140 ×  7     980
6° Enfin le carré des unités. . . . . . . . . . .      7 ×  7      49
                                                              ————
                                                              458329
        Si j'ajoute à ce produit le reste ci-dessus. . .      1314
        Je retrouve le nombre donné . . . . . . . .          459643
```

Le reste d'une extraction de racine carrée ne peut jamais être plus grand que le double de la racine, puisque en ajoutant l'unité à ce double on obtiendrait une unité de plus à la racine; mais s'il y avait déjà un reste à l'extraction, il faudrait le retrancher du double à la racine plus 1 : la différence serait le nombre qui, ajouté au nombre donné, produirait une unité de plus à la racine.

En effet, le double de 677 ou 1354+1=1355—1314=41; c'est-à-dire qu'en ajoutant 41 au nombre 459643, on aurait 459684, qui est un carré parfait et dont la racine est 678.

On peut donc poser en principe que *la différence entre les carrés de deux nombres entiers consécutifs est égale au double du plus petit de ces deux nombres augmenté de l'unité.*

Si l'on ne peut avoir exactement la racine d'un nombre irrationnel, on peut cependant en approcher en ajoutant à la racine trouvée une fraction qui aura pour numérateur le reste de l'extraction et pour dénominateur le double de la racine ; mais remarquons que cette fraction sera un peu trop forte, et qu'elle sera trop faible si l'on ajoute une unité à son dénominateur.

Le moyen d'approcher de fort près de la racine est de se servir des décimales, et pour avoir des décimales il faut ajouter au nombre donné autant de tranches de deux zéros qu'on veut avoir de décimales.

Donc, si l'on veut approcher de la racine à moins

```
D'un dixième près, il faudrait ajouter au nombre donné     2 zéros.
D'un centième près,      —              —                   4  —
D'un millième près,      —              —                   6  —
Et ainsi de suite.
```

EXEMPLE :

On propose de chercher la racine carrée du nombre 1368 à moins d'un centième près, c'est-à-dire avec deux décimales à la racine.

Opération.

```
1 3.6 8.0 0.0 0 | 36,98
  4 6.8
    7 2.0.0          66    1er diviseur.
      6 3 9 0 0      729   2me —
        4 7 9 6      7388  3me —
```

J'extrais la racine carrée suivant les principes qui précèdent; mais comme j'ai ajouté (*deux tranches*) 4 zéros au carré, je retranche deux chiffres décimaux à la racine, qui est 36,98, à moins d'un centième d'unité près, et je néglige le reste.

On voit donc que les fractions décimales permettent seules d'approcher le plus près possible de la racine carrée d'un nombre incommensurable. L'exemple qui précède en donne la preuve.

Opérons sur le même nombre 1368, dont on demande la racine carrée en nombres fractionnaires. Par les décimales nous avons obtenu cette racine à moins d'un centième d'unité près; c'est le nombre 36,98 centièmes.

Quelle fraction viendra pour $\frac{98}{100}$?

```
1 3.6 8 | 36 72/72 ou 72/73
  4 6.8   ———
    7 2   66
```

Posant le reste à la racine comme numérateur d'une fraction qui a pour dénominateur le double de cette racine, ce résultat est évidemment trop fort, puisque $36 \frac{72}{72} = 37$, et que 37 est la racine carrée de 1369. Si nous donnons pour dénominateur $73 = 36 \times 2 + 1$, nous aurons $56 \frac{72}{73}$ résultat évidemment trop petit.

De ce qui précède, nous tirons ces principes :

1° *Le nombre des chiffres de la racine carrée est égal au nombre de tranches de deux chiffres qu'il est possible de former dans le carré de cette racine : la dernière tranche peut n'être composée que d'un seul chiffre;*

2° *Tout nombre pair qui n'est pas divisible par 4 n'est pas un carré parfait;*

3° *Tout nombre impair qui, diminué de 1, ne donne pas un résultat divisible par 4, ne peut être un carré parfait;*

4° *Tout nombre terminé par 2, 3, 7 ou 8 ne peut être un carré parfait;*

5° *Tout nombre terminé par 5 ne peut être un carré parfait si le chiffre de ses dizaines n'est pas 2 ;*

6° *Tout nombre terminé par des zéros en nombre impair ne peut être un carré parfait.*

Ces remarques doivent faciliter la recherche de la racine carrée d'un nombre.

Remarques sur les sommes et les différences des carrés et de leurs racines.

Il existe entre les différences des carrés et de leurs racines des rapports qu'il est utile de connaître.

```
Prenons pour 1er carré    64    dont la racine est   8
      —      2me —        36         —               6
                         ———                        ——
                          28                         2
```

Cherchons la différence et remarquons que :

1° La somme des racines (14) multipliée par la différence (2) = 28, différence entre les carrés de ces racines;

2° Réciproquement (28), la différence des carrés est égale à (14), la somme des racines, multipliée par leur différence (2);

3° La différence entre la racine (2) est égale à (28), la différence des carrés divisée par la somme des racines (14);

4° La somme des racines (14) est égale à la différence des carrés (28) divisée par la différence des racines (2).

De ces remarques, nous tirerons les principes suivants :

1° *La différence des carrés de deux nombres est égale au produit de leur somme par leur différence, et réciproquement;*

2° *La différence de deux nombres est égale au quotient de la différence de leurs carrés par leur somme;*

3° *La somme de deux nombres est égale au quotient de la différence de leurs carrés par leur différence.*

Exercices sur la formation du carré et l'extraction de sa racine.

Quelle est la différence des carrés de deux nombres dont la somme est 20 et la différence 14? Quels sont ces nombres?

Puisque la différence des carrés de deux nombres est égale au produit de leur somme par leur différence, nous n'avons qu'à multiplier 20 par 14=280, la différence des carrés.

Pour connaître les nombres, nous dirons :

$$20 + 14 : 2 = 17 \text{ le plus grand.}$$
$$20 - 14 : 2 = 3 \text{ le plus petit.}$$

$$\text{En effet, } \overline{17}^2 = 289$$
$$\overline{3}^2 = 9$$
$$\text{Différence } \overline{280}$$

Quelle est la différence qui existe entre les carrés dont 21 et 22 sont les racines ?

Puisque la différence entre les carrés de deux nombres entiers consécutifs est égale au double du plus petit nombre augmenté de l'unité, il est évident que la différence demandée sera

$$21 \times 2 + 1 = 43.$$

$$\text{En effet, le carré de 22 étant } 484$$
$$\text{Celui de 21 } - 441$$
$$\text{La différence est bien } \overline{43}$$

La somme de deux nombres et la différence de leurs carrés sont 13 et 65, quels sont ces deux nombres?

Puisque la différence de deux nombres est égale au quotient de la différence de leurs carrés par leur somme,

Donc, la différence des deux nombres cherchés = 65 : 13 = 5.

Puisque 13 est la somme des deux nombres, dont 5 est la différence, si je retranche 5 de 13 et que je divise le reste 8 par 2, j'aurai le plus petit;

Comme en ajoutant la différence 5 à la somme 13 et divisant le total toujours par 2, j'aurai le plus grand.

$$\text{Donc, les nombres sont } 13 - 5 : 2 = 4$$
$$13 + 5 : 2 = 9$$
$$\text{En effet, } 9 + 4 = 13.$$
$$\text{Le carré de 9} = 81$$
$$\text{Celui de 4} = 16$$
$$\text{La différence est bien } \overline{65}$$

La différence de deux nombres et celle de leurs carrés sont 7 et 77. Quels sont ces nombres?

Puisque la somme de deux nombres est égale au quotient de la différence de leurs carrés par leur différence, si je divise la différence des carrés par la différence des nombres, j'aurai leur somme :

Donc, la somme de ces deux nombres est évidemment 77 : 7 = 11.

Puis la somme *moins* la différence et le reste divisé par 2 me donnent le plus petit nombre ; comme la somme *plus* la différence et le total divisé par 2 me donnent le plus grand nombre :

$$\text{Donc, les nombres sont } 11 - 7 : 2 = 2$$
$$11 + 7 : 2 = 9$$
$$\text{Différence } \overline{7}$$
$$\text{Le carré de 9 est } 81$$
$$- 2 = 4$$
$$\text{La différence est bien } \overline{77}$$

Je dois acheter une propriété qui forme un carré de 125 mètres de côtés. On me propose de me céder le terrain nécessaire pour en faire un carré de 126 mètres de côtés, au prix de 2 fr. 50 c. le mètre superficiel. Quelle somme aurai-je à payer pour cette augmentation de superficie?

Il y a un moyen tout simple de répondre à cette question, c'est de chercher le carré de 126 mètres et celui de 125 mètres; la différence entre ces deux carrés sera le nombre de mètres superficiels à acquérir, et en le multipliant par 2 fr. 50 c., on aura la somme à payer.

$$\text{En effet, le carré de } 126 = 1\ 5\ 8\ 7\ 6$$
$$\text{le carré de } 125 = 1\ 5\ 6\ 2\ 5$$
$$\text{Différence} \qquad 2\ 5\ 1$$

Mais un moyen beaucoup plus simple nous est donné par l'arithmétique et sans chercher les carrés :

Puisque *la différence entre les carrés de deux nombres entiers consécutifs est égale au double du plus petit nombre augmenté de l'unité*, je trouve le nombre de mètres superficiels dont s'augmentera la propriété, en doublant le plus petit nombre et en y ajoutant l'unité.

$$125 \times 2 + 1 = 251 \qquad \text{nombre de mètres superficiels à payer.}$$
$$\text{à} \quad 2^f \quad 50^c$$
$$125 \quad 50$$
$$502$$
$$\overline{}$$
$$627 \text{ f. } 50 \text{ c. somme à payer.}$$

La somme de trois carrés est 4329. Quels sont ces carrés et quelles sont leurs racines, sachant que ces racines sont entre elles comme 9, 12 et 16?

Si ces racines étaient celles cherchées, leurs carrés seraient :

$$9^2 = 81$$
$$12^2 = 144$$
$$16^2 = 256$$

Donc, la somme est $\qquad$ 481 mais cette somme doit être 4329.

En divisant 4329, somme des carrés vrais, par 481, somme des carrés fictifs, j'aurai pour quotient le nombre d'unités représentées par 1 dans le carré 481. C'est poser la proportion :

$$481 : 4329 :: 1 : x = 9.$$

Puisque ce rapport est 9, il est évident que les carrés 81, 144, 256 sont 9 fois trop petits; donc

$$81 \text{ carré fictif} \times 9 = 729 \text{ carré vrai du } 1^{er} \text{ nombre.}$$
$$144 \quad - \quad \times 9 = 1296 \quad - \quad \text{du } 2^{me} \quad -$$
$$256 \quad - \quad \times 9 = 2304 \quad - \quad \text{du } 3^{me} \quad -$$
$$\overline{4329}$$

Il ne reste plus qu'à chercher $\sqrt{729} = 27$ racine vraie du 1er nombre.
$$\sqrt{1296} = 36 \quad - \quad 2^{me} \quad -$$
$$\sqrt{2304} = 48 \quad - \quad 3^{me} \quad -$$

Deux corbeilles contiennent chacune un certain nombre d'oranges; en multipliant un nombre par l'autre, on a pour produit 1152, et si l'on ajoute à la seconde corbeille moitié des oranges de la première, cette seconde corbeille en contiendra cinq fois plus que la première.

Combien y a-t-il d'oranges dans chaque corbeille?

La solution de ce problème demande plus de raisonnement que de calcul : supposons *a* le nombre d'oranges contenu dans la première corbeille, et *b* celui de la seconde.

Puisque en ajoutant à b, moitié de a, on rend b cinq fois plus grand que a, il est évident que le total des oranges divisé en 6 parties,

$$a \text{ renferme } 1 \text{ partie.}$$
$$b \quad — \quad 5 \quad —$$

Mais avant le changement, a avait 2 de ces parties,
$$\text{et } b \quad — \quad 4$$

Donc, la seconde corbeille renferme deux fois plus d'oranges que la première; et puisque $a \times b = 1152$; que $b = a + a$; que, par conséquent, 1152 est le double du carré de a; moitié de $1152 = 576 = \overline{a}^2$.

La racine carrée 576 étant 24, $a = 24$ oranges.
$$b = a + a, \ b = 48 \quad —$$
$$\overline{192}$$
$$96$$

Et le produit de a par $b =$ bien $\overline{1152}$

On pouvait encore raisonner ainsi : Puisque après le changement, $b = 5$ et $a = 1$; avant ce changement, $a = 2$ et $b = 4$; donc $b = a + a$; et puisque 1152 est le produit de a par b, 1152 est le double de $\overline{a}^2$: donc 576 est le carré de a; et puisque $\sqrt{576} = 24$, la première corbeille contient 24 oranges, et la seconde le double, 48 oranges. Preuve : $48 \times 24 = 1152$.

Un terrain dont les quatre côtés ont chacun 60 mètres de longueur a été payé 3000 francs.

Combien doit-on payer à proportion un carré de terrain semblable qui n'a que 30 mètres de côté?

Pour répondre à cette question, il s'agit de comparer les superficies.

$$60 \times 60 = 3600^m \text{ superficie du terrain acheté;}$$
$$30 \times 30 = 900^m \quad — \quad \text{à vendre.}$$

La proportion établit que le terrain doit être payé 750 francs. En effet :

$$36 : 9 :: 3000 : x = 750 \text{ fr.}$$

On veut clore de murs un jardin carré qui contient 13548 mètres de superficie; on demande quelle sera la longueur des murs et combien il y aura de mètres carrés de maçonnerie; lesdits murs devront avoir, y compris les fondements, 3 mètres 50 centimètres de hauteur?

Puisque nous avons la superficie de ce jardin, qui est *carré*, la racine de ce carré sera la longueur de chaque mur.

Cherchons donc cette racine avec deux décimales, c'est-à-dire en ajoutant quatre zéros à la superficie.

Opération.

1.3 5.4 8.0 0.0 0	116ᵐ 39ᶜ
3.5	
1 4 4.8	21 1ᵉʳ diviseur.
9 2 0.0	226 2ᵐᵉ —
2 2 3 1 0.0	2323 3ᵐᵉ —
1 3 6 7 9	23269 4ᵐᵉ —

Chaque mur aura donc de longueur 116 mètres 39 centimètres, et les quatre murs (116 m. 39 c. $\times$ 4) 465 m. 56 c.

La hauteur étant 3 mètres 50 centimètres, en multipliant 465 m. 56 c. par 3 m. 50 c., j'obtiens 1629 mètres carrés 46 centièmes pour superficie des murs.

On pourrait, au moyen des fractions, obtenir un résultat, mais il sera ou trop fort ou trop faible, tant il est vrai qu'on ne peut avoir exactement la racine d'un nombre incommensurable.

Soit le même nombre 13548, dont on veut la racine carrée avec une fraction ordinaire.

Opération.

$$1.3\ 5.4\ 8\ \left|\ 116\ \tfrac{92}{232}\right.$$

```
1.3 5.4 8 | 116 92/232
    3.5   |  21
1 4 4.8   | 226
      9 2
```

Je pose le restant 92 en numérateur d'une fraction qui aura pour dénominateur le double de la racine.

La racine approchée serait donc 116 mètres $\frac{92}{232}$ représentant la longueur d'un mur de côté. Multipliant ce résultat par 4, pour avoir la longueur des quatre murs, nous aurons $116 \frac{92}{232} \times 4 = 465 \frac{136}{232}$ puis ce résultat par $3 \frac{1}{2}$ pour avoir la superficie de ces quatre murs, nous aurons $465 \frac{136}{232} \times 3 \frac{1}{2} = 1629 \frac{128}{232}$ produit trop grand.

Si, prenant la racine avec seulement une unité de plus au dénominateur de la fraction $(116 \times 2 + 1)$, nous aurions $116 \frac{92}{233}$ cette racine serait trop petite, elle produirait $116 \frac{92}{233} \times 4 \times 3 \frac{1}{2} = 1629 \frac{123}{233}$ résultat nécessairement trop faible.

DU CARRÉ ET DE L'EXTRACTION DE SA RACINE
Dans les fractions.

Le carré d'un nombre étant le produit de ce nombre multiplié par lui-même, le carré d'une fraction est le résultat de la multiplication de cette fraction par elle-même.

Le carré de $\frac{2}{3}$ est donc $\frac{2}{3} \times \frac{2}{3} = \frac{4}{9}$

La racine carrée de $\frac{4}{9}$ sera donc $\frac{2}{3}$

En effet le numérateur 2 est la racine carrée de 4, et le dénominateur 3 est la racine carrée de 9. Le carré est donc plus petit que la racine; et cela doit être, puisque dans la multiplication des fractions ordinaires, le produit est toujours plus petit que l'un des facteurs.

Mais dans une fraction, le numérateur et le dénominateur ne sont pas toujours des carrés parfaits, et souvent même ce sont des nombres premiers; alors, s'il est aussi facile d'en former le carré, il est plus difficile d'en extraire la racine.

Proposons-nous d'extraire la racine carrée de $\frac{7}{13}$?

Dans ce cas, il faut multiplier les deux termes par le dénominateur, dont on fait un carré parfait.

$$\text{Soit } \frac{7 \times 13}{13^2} = \frac{91}{13^2}$$

Or, la racine de 91 étant 9 à une unité près, nous aurons pour racine carrée de $\frac{7}{13}$ la fraction $\frac{9}{13}$ racine demandée à $\frac{1}{13}$ près.

On peut avoir une expression plus approchée en extrayant la racine carrée de 91 à $\frac{1}{100}$ près,

On aura $\frac{9.53}{13}$ et en multipliant par 100 $= \frac{953}{1300}$ ce qui donne la racine à $\frac{1}{1300}$ près.

Il est souvent possible de rendre ce dénominateur de la fraction un carré parfait sans être obligé de multiplier les deux termes par le dénominateur.

Soit, par exemple, la fraction $\frac{23}{48}$

Le dénominateur 48 étant égal à 16×3, il suffira de multiplier les deux termes par le facteur 3, nous ne changerons pas la fraction, qui deviendra $\frac{69}{144}$ dont le dénominateur est encore un carré parfait.

Extrayant la racine carrée de 69 nous aurons $\frac{8,3}{144}$ $\frac{}{1\ 2}$ qui $\times 10$ donne $\frac{83}{120}$

pour racine carrée de $\frac{23}{48} = $ à $\frac{1}{120}$ près.

EXERCICES.

On demande la racine carrée de $\frac{5}{16}$?

Le dénominateur 16 étant un carré parfait, je cherche la racine du numérateur 5, qui est 2; la racine est donc $\frac{2}{4}$ à moins d'un quart près.

Mais, pour avoir cette racine à $\frac{1}{100}$ près, il faut la chercher par l'opération suivante :

$$
\begin{array}{ll}
5.0\ 0.0\ 0 & |\ 2.2\ 3 \\
1.0\ 0 & \overline{\quad 4\ 2} \\
\quad 1\ 6\ 0\ 0 & \quad 4\ 4\ 3 \\
\quad\quad 2\ 7\ 1 &
\end{array}
$$

La racine approchée à $\frac{1}{100}$ près est donc $\frac{2,23}{4}$ ou $\frac{223}{400}$ En prenant le quart des deux termes, j'aurais $\frac{55}{100}$ ou 0,55 pour racine de $\frac{5}{10}$

On demande la racine carrée de $\frac{4}{7}$?

Opération. $\frac{4}{7} \times 7 = \frac{28}{49}$ donc, la racine approchée est $\frac{5,29}{7}$ ou $\frac{529}{700}$ si je multiplie les deux termes par 100.

On demande, à moins d'un millième près, la racine carrée de $\frac{28}{37}$?

Opération : $\frac{28}{37} \times 37 = \frac{1036}{1369}$

Je cherche la racine carrée de 10.36,00.00.00 par l'opération ordinaire, et je trouve pour racine 32,186 ; donc, cette racine est $\frac{32,186}{37}$ ou $\frac{32186}{37000}$ en multipliant les deux termes par 1000.

Quelle est la racine carrée de 42 toises 4 pieds 8 pouces (ancienne mesure)?

Opération. Je réduis 42 toises 4 pieds 8 pouces en 42 toises $+ \frac{4}{6} + \frac{8}{72} =$ 42 toises $\frac{56}{72} =$ 42 toises $= \frac{7}{9} = \frac{385}{9}$

La racine carrée du numérateur 385 étant 19,62 et celle du dénominateur 9 $\quad \frac{19,62}{3} = 6$ toises 54°

La racine de 42 toises 4 pieds 8 pouces, exprimée en mesures anciennes, $= 6$ toises 3 pieds 2 pouces $\frac{88}{100}$

D'après les titres de propriété, un parc formant carré parfait contenait 8 arpents 64 perches et 16 pieds de superficie ; les limites ont été arrachées ou démolies, on veut les fixer de nouveau et clore de murs ledit parc.

On demande quelle sera la longueur des murs et quelle hauteur il faut leur donner pour ne pas dépenser plus de 12,800 francs à raison de 5 fr. 50 le mètre carré?

L'arpent $= 100$ perches carrées ; la perche $= 22$ pieds carrés, la superficie du parc $= 864$ pieds $\frac{16}{22}$ ou $\frac{8}{11}$ donc, il faut prendre la racine carrée

$\sqrt[2]{864 \frac{8}{11}} = \frac{9512}{11}$ en multipliant les deux sommes de cette dernière fraction par 11 on a $\frac{104632}{121}$ dont le dénominateur est un carré parfait.

La racine approchée du numérateur est 323,46, celle du dénominateur est 11 ; la racine, à moins d'un centième près, est donc $\frac{323,46}{11}$ ou 29 perches $\frac{4}{10}$

La longueur de chaque mur aura donc 29 perches $\frac{2}{5}$ ancienne mesure, ou 210 mètres, 11 centimètres à 1 centimètre près.

210 mètres 11 centimètres $\times 4 = 840$ mètres 44 centimètres total de la longueur des 4 murs.

840 mètres 44 centimètres à 5 francs 50 centimes $= 4622$ fr. 42 c., somme que coûterait la clôture à 1 mètre de hauteur.

12,800 francs : 4,622 fr. 42 c. $= 2$ mètres 769 millimètres, hauteur des murs.

FORMATION DU CUBE OU TROISIÈME PUISSANCE
Et extraction de sa racine.

On appelle cube tout corps qui a ses trois dimensions égales : la longueur, la largeur et la profondeur. Un dé à jouer est un cube.

Un nombre multiplié par lui-même donne pour produit le deuxième puissance de ce nombre ou son carré ; si l'on multiplie le résultat par le même nombre, ce second produit donnera le cube ou la troisième puissance de ce nombre qui a été 3 fois facteur de ce dernier produit.

8 est le cube ou la troisième puissance de 2, parce que $8 = 2 \times 2 \times 2$.
2 est la racine cubique ou troisième de 8, parce que $2 \times 2 \times 2 = 8$.
Donc, le cube ou la 3me puissance d'un nombre est le produit de son carré par sa racine : en effet, le carré de $2 = 4$ et $4 \times 2 = 8$, 3me puissance ou cube de 2.
La formation du cube n'offre donc aucune difficulté, mais il n'en est pas de même de l'extraction de la racine cubique, qui exige une opération particulière.

Carrés et cubes des 10 premiers nombres.

Racines.	1	2	3	4	5	6	7	8	9	10
Carrés.	1	4	9	16	25	36	49	64	81	100
Cubes.	1	8	27	64	125	216	343	512	729	1000

Il résulte de ce tableau que parmi les nombres composés de 1, 2 ou 3 chiffres, il n'y en a que neuf qui soient des cubes parfaits. Tous les autres n'ont qu'une racine cubique approchée, représentée par un nombre fractionnaire et qu'on ne peut *exprimer exactement*.
Donc, les racines cubiques des nombres entiers qui ne sont pas des cubes exacts d'autres nombres entiers ne peuvent s'obtenir exactement et sont, par conséquent, des nombres incommensurables ou irrationnels.
Avant d'extraire la racine cubique d'un nombre, il est indispensable de connaître la composition du cube de ce nombre.
Remarquons d'abord que les cubes des nombres 1 à 9 se trouvent renfermés dans des quantités représentées par un, deux ou trois chiffres au plus :

Le cube de	1 étant	1	
—	9 —	729	
—	10 —	1,000	
—	100 —	1,000,000	
—	1000 —	1,000,000,000, etc.	

Nous pouvons établir ce principe que *la racine cubique d'un nombre se compose d'autant de chiffres* qu'il renferme de tranches de trois chiffres, la dernière tranche pouvant ne contenir que un ou deux chiffres.
Composons maintenant le cube d'un nombre dont la racine n'aura que deux chiffres.

Soit 22, dont le cube est 10648 ; pour obtenir ce cube, il faut multiplier

$$
\begin{array}{r}
22 \\
\text{par } 22 \\
\hline
44 \\
44 \\
\hline
484 \\
\times \ 22 \\
\hline
0968 \\
968 \\
\hline
10648
\end{array}
$$

484   deuxième puissance ou carré de 22

10648   troisième puissance ou cube de 22

Le carré étant composé des produits suivants :

Du carré des dizaines ;

De deux fois les dizaines par les unités ;

Du carré des unités.

Lesquels produits pour atteindre au cube étant encore multipliés par

les unités pour donner

les dizaines pour donner

Le cube se composera de :

1. Le carré des dizaines par les unités ;
2. Deux fois les dizaines par le carré des unités ;
3. Le cube des unités ;
4. Le cube des dizaines ;
5. Deux fois le carré des dizaines par les unités ;
6. Les dizaines par le carré des unités.

De ce qui précède, il résulte que le cube d'un nombre composé de dizaines et d'unités contient quatre parties, savoir :

1° Le cube des dizaines (4);
2° Trois fois le carré des dizaines multiplié par les unités (1.5);
3° Trois fois les dizaines multipliées par le carré des unités (2.6);
4° Le cube des unités (3).

$$
\begin{aligned}
\text{En effet } 1° \quad 20 \times 20 \times 20 &= 8000 \\
2° \quad 3 \times 400 \times 2 &= 2400 \\
3° \quad 3 \times 20 \times 4 &= 240 \\
4° \quad 2 \times 2 \times 2 &= 8 \\
\hline
\text{Produit égal au cube} \quad &\overline{10648}
\end{aligned}
$$

Pour revenir maintenant du cube à sa racine, ou pour extraire la racine cubique d'un nombre, il faut rechercher les produits partiels dont se compose ce cube, et j'espère, par l'aperçu suivant, faire voir où sont placés ces produits.

Soit le cube $\quad 1\ 0.6\ 4\ 8$

Dont la racine est 22, et qui se compose :

1° Du cube des dizaines $2 \times 2 \times 2 =$ $\qquad$ $8\,.\,.\,.$

2° De trois fois le carré de dizaines multiplié par les unités $3 \times 4 \times 2 =$ $\qquad$ $2\ 4\,.\,.$

3° De trois fois les dizaines multipliées par le carré des unités $3 \times 2 \times 4$ $\qquad$ $2\ 4\,.$

4° Du cube des unités $2 \times 2 \times 2$ $\qquad$ 8

Somme égale au cube $\quad 1\ 0.6\ 4\ 8$

Après s'être bien pénétré de ce qui précède, il sera facile de suivre le raisonnement de l'extraction de la racine cubique; il faut remarquer que le cube des dizaines donnant des mille, ce cube ne peut se trouver dans la 1re tranche à droite, mais bien dans la 2me tranche qui souvent ne se compose que de un ou de deux chiffres seulement. Indépendamment du cube des dizaines, cette tranche jointe au premier chiffre de la 1re tranche doit encore contenir le triple du carré des dizaines, multiplié par les unités. C'est ce chiffre que l'on ajoute au reste de la 2me tranche pour ne laisser à droite que deux chiffres qui, avec le reste, renfermeront le triple des dizaines par le carré des unités et le cube des unités.

Soit le nombre 13824, dont on demande la racine cubique.

Opération.

Nota. *Les tranches se comptent de droite à gauche; ainsi, dans le nombre ci-dessous, la 1re tranche se compose de 824; la deuxième de 13.*

$$
\begin{array}{l|l}
1\ 3.8\ 2\ 4 & 2.4 \quad \text{racine.} \\
5\ 8.2\ 4 & \overline{1\ 2} \quad 1^{\text{er}} \text{ diviseur.} \\
5\ 8\ 2\ 4 & \\
\hline
0\ 0\ 0\ 0 &
\end{array}
$$

Après avoir séparé la première tranche de trois chiffres à droite, je cherche dans la deuxième tranche (13) le plus grand cube contenu qui est 8, cube de 2; je pose 2 à la racine, et ôtant 8 de 13, il reste 5; descendant la première tranche à côté de ce reste, j'ai 5824 qui contient encore les trois dernières parties du cube, c'est-à-dire :

Trois fois le carré des dizaines par les unités.

$$3 \times 400 \times 4 = \qquad 4800$$

Trois fois les dizaines par le carré des unités.

$$3 \times 20 \times 16 = \qquad 960$$

Le cube des unités.

$$4 \times 4 \times 4 = \qquad 64$$
$$\overline{5824}$$

Pour trouver les unités, je forme le 1er diviseur qui se compose de trois fois le carré du chiffre trouvé pour les dizaines, c'est-à-dire, 3 fois $4 = 12$ par lequel je divise mon reste, augmenté du 1er chiffre de la 1re tranche (58) : 12 est contenu 4 fois dans 58. Je pose 4 à la racine qui est donc 24.

Pour m'assurer que 24 est la véritable racine, je compose ainsi que je l'ai fait plus haut, les 3 dernières parties du cube. J'ai pour total 5824, qui retranché du dividende 5824, donne pour reste 0, preuve que 24 est la racine exacte de 13824.

Lorsque la racine cherchée a plus de 2 chiffres, c'est-à-dire, quand le nombre qui représente la 3me puissance de cette racine est composé de plus de 6 chiffres, et par conséquent, de 3 tranches, on ne fait que reporter sur la 1re tranche à droite l'opération faite sur la 2me, prenant toujours les premiers chiffres de la racine pour un nombre de dizaines, et celui qu'on vient de poser comme marquant des unités jusqu'à ce que l'on ait abaissé la 1re tranche à droite.

Opérons donc sur un cube composé de 3 tranches, qui aura pour racine cubique un nombre composé de 3 chiffres.

   $1°$ On ôte d'abord de la 3me tranche à gauche le plus grand cube contenu, on met la racine trouvée au quotient;

   $2°$ A côté du restant on descend la tranche suivante, on en sépare 2 chiffres à droite parce que le carré des dizaines ne peut s'y trouver, on forme un 1er diviseur en triplant le carré du 1er chiffre qu'on vient de poser à la racine, qui marque un nombre de dizaines, on cherche combien de fois ce triple est contenu dans les chiffres qui sont à gauche des 2 chiffres séparés : ce combien de fois est considéré comme marquant les unités (je dis considéré comme unités, parce que ce résultat est relatif à l'opération séparée que l'on fait sur chaque tranche; il ne représente effectivement des unités que lorsque l'on a descendu la première tranche à droite).

On fait ensuite les produits suivants :

   $1°$ Par le chiffre des unités, on multiplie le triple du carré des dizaines; *ce produit doit être suivi de deux zéros* (parce que le carré des dizaines donne des centaines);

   $2°$ Par le carré des unités, on multiplie le triple des dizaines; *ce produit doit être suivi d'un zéro* (parce qu'un nombre de dizaines donne toujours un produit de dizaines);

   $3°$ Enfin, on fait le cube des unités.

Ces trois produits se font à part ; comme dans l'exemple précédent, le total obtenu, on le retranche du nombre sur lequel on opère; si le total de ces trois parties excédait le nombre duquel il doit être retranché, ce serait une preuve qu'on aurait mis un chiffre trop fort à la racine : il faudrait le diminuer et recommencer l'opération.

Toutes les fois que l'on descend une nouvelle tranche, il faut recommencer cette même opération.

La preuve se fait en cubant la racine trouvée, on y ajoute le reste s'il y en a : le produit doit être égal au nombre dont on extrait la racine.

Supposons le nombre 123456789 dont on demande la racine cubique à une unité près.

Opération.

```
1 2 3.4 5 6.7 8 9  |497   racine.
6 4                 ────
───────────────     48    1er diviseur.
  5 9 4.5 6
  5 3 6 4 9
─────────────────
    5 8 0 7 7.8 9   7203 2me diviseur.
    5 1 1 4 4 7 3
  ─────────────────
Reste   6 9 3 3 1 6
```

Dans cette opération, le 1er diviseur s'obtient par *trois* fois le *carré* du

1er chiffre de la racine $= 3 \times 4^2 = 48$.
Ou bien par $3 \times 16 = 48$.

Le premier nombre à soustraire s'obtient par (*remarquez que la racine trouvée au premier diviseur est seulement* 49) *trois* fois le *carré des dizaines* multiplié par les *unités*; plus deux zéros ajoutés au produit

$$3 \times \overline{4}^2 \times 9 = 3 \times 16 \times 9 + 00 = \qquad 4\ 3\ 2.0\ 0$$

Trois fois les *dizaines* multipliées par le *carré des unités*, plus un zéro ajouté au produit

$$3 \times 4 \times \overline{9}^2 = 3 \times 4 \times 81 + 0 = \qquad 9\ 7\ 2.0$$

Le *cube* des unités $\overline{9}^3 = 9 \times 9 \times 9 = \qquad\qquad 7\ 2\ 9$

$$\text{1}^{\text{er}} \text{ nombre à soustraire.} \qquad \overline{5\ 3\ 6.4\ 9}$$

Le deuxième diviseur s'obtient par *trois* fois le *carré* des deux *preers chiffres* de la racine

$$= 3 \times \overline{49}^2 = 3 \times 2401 = \qquad 7\ 2\ 0\ 3$$

Le deuxième *nombre à soustraire* s'obtient par (*la racine trouvée est alors* 497) *trois* fois le *carré des dizaines* multiplié par les *unités*, plus deux zéros ajoutés au produit

$$3 \times \overline{49}^2 \times 7 = 3 \times 2401 \times 7 + 00 = \qquad 5\ 0\ 4\ 2\ 1\ 0\ 0$$

Trois fois les *dizaines* multipliées par le *carré des unités*, plus un zéro ajouté au produit

$$3 \times 49 \times \overline{7}^2 = 3 \times 49 \times 49 + 0 = \qquad 7\ 2\ 0\ 3\ 0$$

Le cube des unités $\overline{7}^3 = 7 \times 7 \times 7 = \qquad\qquad 3\ 4\ 3$

$$\text{2}^{\text{me}} \text{ nombre à soustraire.} \qquad \overline{5\ 1\ 1\ 4\ 4\ 7\ 3}$$

Le reste de cette dernière soustraction est 693316; il prouve que ce nombre 123.455.789 n'est pas un cube parfait et que sa racine 497 n'est obtenue qu'à l'unité près.

En effet, nous n'avons obtenu que la racine cubique du plus grand nombre cube contenu dans 123456789.

Pour avoir une unité de plus à la racine, il faudrait ajouter à ce nombre sourd ou irrationnel :

1° Le triple de carré de la racine $497^2 \times 3 = 497 \times 497 \times 3 = \qquad$ 741027
2° le triple de la racine $\qquad\qquad 497 \times 3 \qquad\qquad = \qquad$ 1491
3° L'unité $\qquad\qquad\qquad\qquad\qquad\qquad\qquad\qquad = \qquad$ 1

$$\text{Somme} \qquad \overline{742519}$$

Dont il faut retrancher le reste de l'extraction 693316

Il ne faudrait donc ajouter que 49203

$$\text{à} \qquad 123456789$$

Pour avoir un cube parfait 123505992
Donc, la racine exacte est. . . . . , ... 498

Cette remarque nous donne pour principe que *la différence entre les cubes de deux nombres quelconques qui ne diffèrent que d'une unité est égale au triple du carré du plus petit nombre, plus le triple de ce mêms nombre, plus l'unité.*

EXEMPLE :

Le cube de 8 est 512 } Différence entre les cubes   169
Le cube de 7 est 343 }

Cette différence sera donc égale :

1° à $\overline{7}^2 \times 3 = 147$ }
2° à $7 \times 3 = 21$ } Total égal à la différence   169
3° 1 $\qquad\qquad 1$ }

On peut juger d'après ce résultat, combien deux cubes parfaits consécutifs sont différents l'un de l'autre, puisque leurs racines prises dans la série des nombres d'un seul chiffre produisent des différences déjà si grandes.

Nous allons maintenant, comme nouvelles difficultés, extraire une racine composée de 3 chiffres dont deux seulement seront significatifs.

On veut extraire la racine cubique de 8869743.

Opération.

```
8.8 6 9.7 4 3 | 207   racine.
8             |______
0.8.6 9 7.4 3   12    1ᵉʳ diviseur.
  8 6 9 7 4 3   1200  2ᵐᵉ diviseur.
  ___________
  0 0 0 0 0 0
```

Ce nombre étant composé de trois tranches, ia racine aura 3 chiffres. Je cherche d'abord le plus grand cube contenu dans 8 (3ᵐᵉ tranche). Ce cube est 8, dont la racine est 2 que je pose comme chiffre des centaines de la racine; je cube 2 et je retranche le produit de 8, il reste 0, à côté duquel j'abaisse la 2ᵐᵉ tranche (869); je sépare les deux derniers chiffres (69), j'ai 8; je forme mon 1ᵉʳ diviseur de trois fois le carré du chiffre trouvé à la racine, $2 \times 2 \times 3 = 12$; mais comme 12 n'est point contenu dans 8, je pose 0 comme chiffre des dizaines à la racine; je descends la tranche suivante, ce qui me donne 869743, dont je sépare les deux derniers chiffres (43), je forme mon 2ᵐᵉ diviseur des deux premiers chiffres de la racine $20 \times 20 \times 3 = 1200$, qui est contenu 7 fois dans 8697, je pose 7 à la racine, qui se trouve être 207.

Pour m'assurer de l'exactitude de cette racine, je forme mon produit :

```
3 fois le carré des dizaines par les unités  3 × 400 ×  7 = 840000
3 fois les dizaines par le carré des unités  3 ×  20 × 49 =  29400
Le cube des unités.                          7 ×   7 ×  7 =    343
                                          Ce produit        869743
```

étant égal à mon reste, j'en conclus que 207 est la racine cubique exacte de 8869743.

Pour approcher de la racine vraie, lorsque le nombre est irrationnel, on se sert de décimales d'une manière analogue à celle dont on s'est servi pour extraire la racine carrée; toute la différence consiste à ajouter au nombre donné autant de fois trois zéros qu'on veut avoir de décimales à la racine.

On veut avoir la racine cubique de 51375 à moins d'un millième près.

Opération.

```
5 1.3 7 5.0 0 0.0 0 0.0 0 0 | 3 7,1 7 4    racines à 1/1000 près.
2 7                         |_________
_______                       2 7         1ᵉʳ diviseur.
2 4.3.7 5
2 3 6 5 3
_________
  0 7 2 2 0.0 0                4 1 0 7     2ᵐᵉ diviseur.
  4 1 1 8 1 1
  ___________
  3 1 0 1 8 9 0.0 0            4 1 2 9 2 3   3ᵐᵉ diviseur.
  2 8 9 5 9 1 8 1.3
  _______________
    2 0 5 9 7 1 8 7 0.0 0      4 1 4 4 8 2 6 7  4ᵐᵉ diviseur.
    1 6 5 8 1 0 9 1 0 2 4
    _________________
    4.0 1 6.0 9 5.9 7 6   Reste.
```

Après avoir ajouté neuf zéros au nombre donné pour obtenir trois décimales à la racine, il est venu 37,174 ou 37 unités $\frac{174}{1000}$

On voit que chaque diviseur est formé du carré du chiffre ou des chiffres portés à la racine multipliés par 3. Ainsi :

Le 1er diviseur est $\overline{3}^2 \times 3 = 3 \times 3 \times 3 =$	27
Le 2me — est $\overline{37}^2 \times 3 = 37 \times 37 \times 3 =$	4107
Le 3me — est $\overline{371}^2 \times 3 = 371 \times 371 \times 3 =$	412923
Le 4me — est $\overline{3717}^2 \times 3 = 3717 \times 3717 \times 3 =$	41448267

C'est ce dernier diviseur qui donne pour quotient le cinquième chiffre et dernier de la racine.

Quant aux sommes à soustraire, elles se composent, savoir :

La 1re
$$3 \times \overline{3}^2 \times 7 = 3 \times 9 \times 7 = \quad 18900$$
$$3 \times 3 \times \overline{7}^2 = 3 \times 3 \times 49 = \quad 4410$$
$$\overline{7}^3 = \quad 7 \times 7 \times 7 = \quad 343$$
1er nombre à soustraire   23.653

La 2me
$$3 \times \overline{37}^2 \times 1 = 3 \times 1369 \times 1 = \quad 410700$$
$$3 \times 37 \times \overline{1}^2 = 3 \times 37 \times 1 = \quad 1110$$
$$\overline{1}^3 = 1 \times 1 \times 1 = \quad 1$$
2me nombre à soustraire   411811

La 3me
$$3 \times \overline{371}^2 \times 7 = 3 \times 137641 \times 7 = \quad 2890461 00$$
$$3 \times 371 \times \overline{7}^2 = 3 \times 371 \times 49 = \quad 545370$$
$$\overline{7}^3 = 7 \times 7 \times 7 = \quad 343$$
3me nombre à soustraire   289.591.843

La 3e
$$3 \times \overline{3717}^2 \times 4 = 3 \times 13816089 \times 4 = 16579306800$$
$$3 \times 3717 \times \overline{4}^2 = 3 \times 3717 \times 16 = \quad 1784160$$
$$\overline{4}^3 = 4 \times 4 \times 4 = \quad 64$$
4e nombre à soustraire   16581091024

Je n'ai pas besoin de répéter qu'il faut, à chaque produit de carré de dizaines, ajouter deux zéros, et à chaque produit de dizaines en ajouter un seul : j'en ai déjà donné la raison.

Lorsqu'il y a un reste après l'extraction de la racine, on ne peut exprimer cette racine en nombre entier, ni en fraction : 1° en nombre entier, puisque le reste ne peut donner une unité de plus ; 2° en fraction, parce que cette fraction, multipliée par elle-même, donnerait un nombre entier, ce qui ne peut être exact.

DU CUBE ET DE L'EXTRACTION DE SA RACINE DANS LES FRACTIONS

Pour cuber une fraction, il faut en porter les deux termes à la 3me puissance. Ainsi, le cube de $\frac{3}{4}$ est $\frac{27}{64}$ parce que 27 est le cube du numérateur 3 et 64 celui du dénominateur 4. Par la même raison, le cube de $\frac{5}{6}$ est $\frac{125}{216}$. Il est donc bien facile d'élever une fraction au cube, puisqu'il faut seulement remplacer le numérateur et le dénominateur par leurs cubes. Il est facile aussi d'extraire la racine cubique d'une fraction dont les deux termes sont des cubes ; par exemple, la racine cubique de $\frac{8}{27}$ est $\frac{2}{3}$ parce que 2 est la racine de 8 et que 3 est celle de 27.

Lorsque le dénominateur seul de la fraction est un cube, on cherche la racine rapprochée du numérateur, et l'on donne à cette racine pour dénominateur la racine cubique du dénominateur.

EXEMPLE :

Chercher la racine cubique de $\frac{184}{216}$

Le dénominateur 216 ayant pour racine cubique 6, je cherche la racine de 184, à moins d'un centième près, par l'opération ordinaire :

$$
\begin{array}{ll}
184.000.000 & \;|\; 5,68 \\
125 & \quad\overline{} \\
\overline{} & \quad 75 \qquad\qquad \text{1}^{er}\text{ diviseur.}\\
590.00 & \\
50616 & \\
\overline{} & \\
8384000 \qquad 9408 & \qquad\qquad \text{2}^{e}\text{ diviseur.}\\
7634432 & \\
\hline
\text{Reste} \quad 749568 &
\end{array}
$$

La racine approchée de 184 étant 5,68, j'ai pour racine cubique approchée à moins d'un centième près $\frac{5,68}{6}$ ou en prenant le $\frac{1}{6}$ du numérateur 0,946.

Lorsque le dénominateur n'est pas un cube, on multiplie les deux termes de la fraction par le carré du dénominateur, puis on opère comme ci-dessus.

EXEMPLE :

Soit la fraction $\frac{3}{5}$

$\frac{3}{5} \times 25$ (carré de 5) $= \frac{75}{125}$

Je cherche la racine approchée de 75 à moins d'un centième près, et j'ai 4,21. Donc la racine cubique de $\frac{3}{5}$ est $\frac{4,21}{5} = 0,842$.

S'il y avait des entiers joints aux fractions, on convertirait le tout en une fraction, puis on opérerait comme ci-dessus.

Pour extraire la racine cubique d'un nombre entier ou irrationnel à une fraction exprimée près, il faut multiplier ce nombre par le cube du dénominateur de la fraction exprimée, extraire à moins d'une unité près la racine cubique du produit, et diviser le résultat par le dénominateur de la fraction.

Soit la racine cubique de 15 à $\frac{1}{12}$ près.

Opération. $\; 15 \times \overline{12}^{3} = 15 \times 1728 = 25920.$

La racine cubique de 25920, à une unité près, est 29 : donc, la racine demandée est $\frac{29}{12}$ ou $2\,\frac{5}{12}$

Soit encore la racine cubique de $37\,\frac{8}{13}$ à $\frac{1}{20}$ près.

Opération. $\; 37\,\frac{8}{13}$ ou $\frac{489}{13} \times \overline{20}^{3} = \frac{489 \times 8000}{13} = \frac{3912000}{13} = 300923\,\frac{1}{13}$

Or, la racine cubique de 300923 (en négligeant la fraction $\frac{1}{13}$) est à une unité près 67, donc $\frac{67}{20}$ ou $3\,\frac{7}{20}$ est la racine demandée à $\frac{1}{20}$ près.

L'approximation d'une racine cubique en décimales est une conséquence de la règle ci-dessus.

On demande la racine cubique de 25 à 0,001 près.

Opération. $\; \sqrt[3]{25}$ à 0,001 près.

Je multiplie 25 par le cube de 1000, soit $\overline{1000}^{3} = 1,000,000,000$, c'est-à-dire qu'il faut placer neuf zéros à la suite de 25, et chercher la racine cubique de 25,000,000,000 : cette racine aura donc quatre chiffres, dont trois décimaux.

En effet, la racine cubique, à une unité près, est 2924 : donc, 2,924 est la racine cubique demandée à $\frac{1}{1000}$ près.

RÈGLE.

Pour évaluer la racine cubique d'un nombre entier en décimales, il faut placer à droite de ce nombre trois fois autant de zéros qu'on veut avoir de chiffres décimaux à la racine; extraire de ce nouveau produit la racine cubique à une unité près, et séparer à la droite de la racine obtenue le nombre de chiffres décimaux demandé.

Si le nombre dont on veut extraire la racine cubique à $\frac{1}{1000}$ près est composé d'entiers et d'une fraction décimale, il ne faudra, au moyen de zéros, que compléter le nombre de neuf chiffres décimaux si l'on cherche la racine à $\frac{1}{1000}$ près; et seulement six chiffres décimaux si cette racine n'est cherchée qu'à $\frac{1}{100}$ près.

EXEMPLE :

Soit à extraire la racine cubique de 3,1415 à $\frac{1}{100}$ près; je n'ajoute à ce nombre que 2 zéros puisqu'il a 4 chiffres décimaux et j'efface la virgule (c'est le multiplier par $\overline{100}^3$ ou 1.000.000) et je cherche la racine de ce produit à une unité près.

Opération.

3,1415 plus deux zéros = 3,141500, je supprime la virgule et j'ai 3141500 dont la racine cubique à 1 unité près est 146.

Donc la racine cubique de 3,1415 est 1,46 à $\frac{1}{100}$ près.

EXERCICES.

Un réservoir contenant 1029 mètres cubes d'eau doit être supprimé et remplacé par trois réservoirs de forme cubique, égaux en contenance et renfermant ensemble la même quantité que le réservoir supprimé.

Quelles seront les dimensions de ces réservoirs?

Puisque ces nouveaux réservoirs sont égaux entre eux, il est évident que chacun d'eux doit contenir le $\frac{1}{3}$ de 1029 mètres cubes, soit 343^m. Il ne s'agit donc que de savoir quelle sera la racine cubique de 343^m. Cette racine exacte est 7; en effet, $7 \times 7 \times 7 = 343$.

Donc chaque réservoir devra avoir 7 mètres dans ses trois dimensions.

J'avais acheté un bloc de marbre présentant un cube exact de 1 mètre 70 centimètrs sur chaque face; j'ai reconnu, après avoir payé, que les dimensions étaient insuffisantes et qu'il me fallait 1 décimètre de plus sur chaque côté; j'ai donc changé mon marbre contre un autre bloc ayant 1 mètre 80 centimètres sur chaque face. Je suis convenu de payer 1 fr. 50 c. par décimètre cube livré en plus par suite de cet échange; combien dois-je payer?

Le raisonnement est simple, il s'agit de trouver la différence, en décimètres cubes, entre $\overline{1^m70}^3$ et $\overline{1^m80}^3$ ou les 2 cubes de 17 déc. et 18 déc.

Le cube de 18 = 5832 $\Big\}$ différence $\Big\{$ 919 déc. à 1 fr. 50 c. = 1378 fr. 50 c.,
     — de 17 = 4913   somme à payer.

Pour résoudre cette question, il a fallu chercher le cube de 17 c. et de 18 c.; cependant, sans chercher un seul cube, il était facile de trouver cette solution, puisque

La différence entre les cubes de deux nombres quelconques qui ne diffèrent que d'une unité est égale au triple carré du plus petit nombre, plus trois fois ce même nombre, plus l'unité.

Comme la question était de savoir de combien le cube de 18 dépasserait celui de 17, nous avions la solution par

$$\overline{17}^2 \times 3 = 289 \times 3 = 867$$
$$17 \times 3 = \qquad\qquad 51$$
$$+ \quad 1 = \qquad\qquad\quad 1$$
$$\overline{919} \text{ différence cherchée.}$$

Nota. Il ne faut pas oublier que dans les produits cubes, les trois premiers chiffres décimaux représentent des décimètres cubes; les trois chiffres suivants des centimètres cubes. 1 mètre cube = 1000 décimètres cubes et 1,000,000 centimètres cubes. Ainsi, la différence 919 décimètres cubes = $\frac{919}{1000}$ du mètre cube.

FORMATION DES PUISSANCES

ET EXTRACTION DES RACINES D'UN DEGRÉ SUPÉRIEUR AU CUBE

Nous ne pouvons exposer dans ce traité élémentaire les procédés de l'extraction des racines d'un degré supérieur à la 3me puissance, parce que ces procédés, pour être développés complétement, exigent des connaissances assez étendues en algèbre. Mais l'arithmétique, qui nous donne les moyens abrégés de porter un nombre à une puissance supérieure au cube, peut, par ces mêmes moyens et avec les connaissances déjà acquises, conduire à l'extraction d'un grand nombre de ces racines.

DIX PREMIÈRES PUISSANCES DES DIX PREMIERS NOMBRES.

1re	2me	3me	4me	5me	6me	7me	8me	9me	10me
1	1	1	1	1	1	1	1	1	1
2	4	8	16	32	64	128	256	512	1,024
3	9	27	81	243	729	2,187	6,561	19,683	59,049
4	16	64	256	1,024	4,096	16,384	65,536	262,144	1,048,576
5	25	125	625	3,125	15,625	78,125	390,625	1,953,125	10,765,625
6	36	216	1,296	7,776	46,656	279,936	1,679,616	10,077,696	60,466,176
7	49	343	2,401	16,807	117,649	823,543	5,764,801	40,353,607	282,475,249
8	64	512	4,096	32,768	262,144	2,097,152	16,777,216	134,217,728	1,083,741,824
9	81	629	6,561	59,049	531,441	4,782,969	43,046,721	387,420,489	3,486,784,401
10	100	1,000	10,000	100,000	1,000,000	10,000,000	100,000,000	1,000,000,000	10,000,000,000

Si nous examinons ce tableau des dix premières puissances, des dix premiers nombres, et des remarques que nous pouvons faire, nous obtiendrons cette règle que *la multiplication d'une puissance par une autre puissance du même nombre donnera pour produit la puissance indiquée par l'addition des exposants de ces puissances,* c'est-à-dire que si je multiplie

$$\begin{array}{r} 1\ 0\ 2\ 4 \quad \text{5}^e \text{ puissance de 4} \\ \text{par} \quad 6\ 4 \quad \text{3}^e \quad — \\ \hline 4\ 0\ 9\ 6 \\ 6\ 1\ 4\ 4 \\ \hline \end{array}$$

j'aurai $\overline{6\ 5\ 5\ 3\ 6}$, la 8e puissance de 4, parce que le total des exposants, $5 + 3 = 8$.

Il sera donc facile d'obtenir la puissance quelconque d'un nombre sans le rendre autant de fois facteur qu'il y a d'unités dans l'exposant de sa puissance.

En effet, on demande la 24me puissance de 2 ; j'indique l'opération par $\overline{2}^{24}$.

Je cube $2 = 8$ (3e puissance), $8 \times 8 = 64$ (6e puissance), $64 \times 64 = 4096$ (12e puissance), $4096 \times 4096 = 16.777.216$ (24e puissance), résultat demandé que j'obtiens en multipliant la 3e par la 3e puissance, j'ai pour résultat la 6e ($3 + 3 = 6$) : je multiplie la 6e par la 6e, j'ai la 12e puissance ($6 + 6 = 12$); et enfin je multiplie la 12e par la 12e, et j'arrive à la 24e puissance ($12 + 12 = 24$) par 4 multiplications, au lieu de 23 qu'il m'aurait fallu faire.

Mais de même que pour parvenir de la racine à une puissance quelconque supérieure au cube, on peut abréger l'opération en multipliant les puissances entre elles. On peut aussi, par une opération contraire, dans un grand nombre de cas, revenir d'une puissance élevée à sa racine.

Soit 16,777,216, dont on demande la racine 24me.

Je prendrai la racine carrée de 16777216. Cette racine carrée est 4096, elle représente la 12e puissance cherchée (parce que 24 divisé par 2 = 12). Je cherche le carré de 4096 qui est 64, et qui est la 6e puissance de la racine cherchée (12 : 2 = 6) : la racine carrée de 64 est 8, cube de la racine cherchée (6 : 2 = 3); la racine cubique de 8 est 2 (3 : 3 = 1), donc 2 est la racine 24e de 16777216.

Si l'on demande la racine 9me de 512, soit $\sqrt[9]{512}$. Je chercherai

$$\sqrt[3]{512} = 8 \ (9 : 3 = 3),$$

Donc 8 serait la 3me puissance de la racine cherchée;

$$\text{Puis} \ \sqrt[3]{8} = 2 \ (3 : 3 = 1),$$

Donc 2 est la racine 9me de 512.

Il est bien entendu qu'on ne peut pas extraire toutes les racines au moyen de cette méthode, qui, n'étant basée que sur l'extraction du cube ou du carré, ne permet d'extraire que les racines des puissances dont l'exposant peut être divisé exactement par 2 ou 3, ou par 2 et 3, jusqu'à l'unité pour quotient. Telles sont les puissances 4me, 6me, 8me, 9me, 12me, 16mo, 18me, 24me, 27me, 32me, 36mo, 48me, 54me, 72mo, 96me, etc.

Les racines des puissances 5me, 7me, 10me, 11me, 13me, 14me, 15me, 17mo, etc., ne peuvent être cherchées que par les logarithmes ou au moyen de l'algèbre.

En effet, 4 peut être divisé par 2 = 2 : 2 = 1.
6   par 3 = 2 : 2 = 1
8   par 2 = 4 : 2 = 2 : 2 = 1.

Tandis que 5 est bien divisible par 2, mais le quotient $2\frac{1}{2}$ $\Big)$ n'est plus exacte-
      —   3   — $1\frac{2}{3}$ $\Big)$ ment divisible ni
7   —   3   — $2\frac{1}{3}$ $\Big)$ par 2 ni par 3.
      —   2   — $3\frac{1}{2}$

DES RAPPORTS ET DES PROPORTIONS

Pour se former l'idée d'une grandeur, il faut la comparer à une autre grandeur qu'on appelle l'*unité*. Le résultat de cette comparaison est le *nombre*.

Mais si, au lieu de comparer une grandeur à son unité, on veut comparer entre elles deux grandeurs de même espèce, le résultat de cette comparaison est le *rapport* ou la *raison* des deux nombres.

Il y a deux manières de comparer deux grandeurs :

Ou l'on veut savoir de combien l'une surpasse l'autre, le résultat s'obtient par la soustraction;

Ou l'on veut savoir combien de fois l'une contient l'autre, le résultat s'obtient par la division.

Comparons les nombres 18 et 6 :

Par la soustraction, je vois que $18 - 6 = 12$, c'est-à-dire que 18 surpasse 6 de 12 : c'est ce qu'on appelle le *rapport arithmétique*, ou *rapport par soustraction*, ou simplement *différence*.

Par la division, je trouve que $18 : 6 = 3$, c'est-à-dire que 6 est contenu 3 fois dans 18 : c'est ce qu'on appelle le *rapport géométrique*, ou *rapport par division*, ou simplement *rapport*.

Tout rapport, soit par soustraction, soit par division, renferme deux *termes* qui sont les nombres que l'on compare. Le terme qu'on énonce le premier s'appelle *antécédent*, et le second, *conséquent*.

Lorsque deux rapports par soustraction sont égaux, l'ensemble de ces quatre termes s'appelle une *équi-différence*, comme expression de deux différences égales, ou *proportion arithmétique*.

Prenons pour exemple les nombres 18, 6, 21, 9.

Comme la différence de 18 à 6 est 12 et que la différence de 21 à 9 est aussi 12, on dit que ces nombres forment une *équi-différence* que l'on écrit ainsi :

$$18.\ 6 : 21.\ 9$$

On place un point entre chaque terme et deux points entre les deux rapports, et on l'énonce :

$$18 \text{ est à } 6 \text{ comme } 21 \text{ est à } 9.$$

Ce qui veut dire que 18 surpasse 6 d'autant d'unités que 21 surpasse 9.

Le 1er et le 3me termes (18 et 21) s'appellent les *antécédents*.

Le 2mo et le 4mo termes (6 et 9), les *conséquents*.

Le 1er et le 4mo termes (18 et 9) se nomment encore les *extrêmes*.

Le 2me et le 3me termes (6 et 21) se nomment les *moyens*.

Lorsque deux rapports par division sont égaux, l'ensemble de ces quatre termes forme une *proportion géométrique* qu'on pourrait encore nommer *équi-quotient*, comme l'expression de deux quotients égaux ; mais le mot *proportion* est généralement adopté.

Prenons pour exemple les nombres 18, 6, 27, 9. Le rapport de 18 à 6 ou le quotient de 18 par 6 étant 3, comme celui de 27 à 9 ou 27 divisé par 9, ces quatre nombres forment une *proportion géométrique* que l'on écrit ainsi :

$$18 : 6 :: 27 : 9.$$

Les termes du premier rapport (18 : 6) sont séparés par deux points ainsi que ceux du second rapport (27 : 9) ; mais les deux rapports sont séparés par 4 points.

On l'énonce comme l'équi-différence : 18 est à 6 comme 27 est à 9, ce qui veut dire que 18 contient 6 autant de fois que 27 contient 9.

Les dénominations de termes sont du reste les mêmes que dans l'équi-différence : 18 et 27 sont *les antécédents* ; 6 et 9, les conséquents ; 18 et 9 sont *les extrêmes* ; et 6 et 27, *les moyens*.

Nous allons développer les propriétés dont jouissent les équi-différences et surtout les proportions.

DES PROPORTIONS ARITHMÉTIQUES

OU ÉQUI-DIFFÉRENCES.

La proportion arithmétique ou l'équi-différence est l'expression de l'égalité de deux différences. Dans toute équi-différence, la somme des extrêmes est égale à la somme des moyens.

EXEMPLE :

12.5 : 24.17, ces quatre nombres forment une équi-différence.

La somme des extrêmes : $\qquad 12 + 17 = 29.$

Comme la somme des moyens : $\qquad 5 + 24 = 29.$

Il arrive souvent que les antécédents sont plus petits que leurs conséquents comme dans l'équi-différence.

$$4.12 : 7.15$$

La somme des extrèmes sera toujours égale à celle des moyens.

En effet : $4 + 15 = 19$ comme $12 + 7 = 19$.

Il résulte de cette propriété que *connaissant trois termes d'une équi-différence on obtiendra le quatrième, si c'est un extrême, en retranchant de la somme des moyens l'extrême connu; si c'est un moyen, en retranchant de la somme des extrêmes le moyen connu.*

Soit l'équi-différence $24. 19 : 37. x$ (x désigne le terme inconnu).
Comme le terme inconnu est un extrême, je fais la somme des moyens
$$19 + 37 = 56$$
Et j'en retranche l'extrême connu $\underline{24}$

J'ai pour différence et pour quatrième terme $\overline{32}$
Donc l'équi-différence est $24. 19 : 37. 32$.
Soit encore l'équi-différence $7. 20 : x. 24$.
Dans cet exemple c'est un moyen qui est inconnu, je ferai la somme des extrêmes $7 + 24 = 31$
J'en retranche le moyen connu $\underline{20}$

Différence et 3me terme $\overline{11}$
En effet l'équi-différence est $7.20 : 11.24$

Une équi-différence dont les deux moyens sont égaux s'appelle *équi-différence continue* ou *proportion arithmétique continue.*
Par exemple : $25. 30 : 30. 35$ est une équi-différence continue. Comme dans toute équi-différence la somme des moyens est égale à la somme des extrêmes, il est évident que ces moyens étant égaux, on peut dire que *dans une équi-différence continue chaque moyen est égal à la demie somme des extrêmes.*
En effet, l'équi différence continue

$$14. x : x. 20$$
Je dirai $\qquad x = 14 + 20 : 2 = 17.$
L'équi-différence sera $\qquad 14.17 : 17. 20.$

Les équi-différences ont encore les propriétés suivantes :
Les antécédents peuvent être augmentés ou diminués du même nombre sans troubler l'équi-différence.
Les conséquents peuvent aussi être augmentés ou diminués du même nombre sans changer l'équi-différence.
Les deux premiers ou les deux derniers termes peuvent encore être ou augmentés ou diminués du même nombre sans que l'équi-différence cesse d'exister.
On peut encore *intervertir l'ordre des deux extrêmes et celui des deux moyens, mettre les moyens à la place des extrêmes, sans troubler l'équi-différence,* car il est évident qu'aucun de ces changements ne pourra faire que la somme des extrêmes ne soit égale à celle des moyens.

Prenons pour exemple l'équi-différence	$7.11 : 18.22$
Augmentons les antécédents de 3 —	$10.11 : 21.22$
Diminuons les conséquents de 9 —	$7.2 : 18.13$
Augmentons les 2 premiers termes de 4	$11.15 : 18.22$
Diminuons les 2 derniers termes de 7	$7.11 : 11.15$
Mettons les extrêmes à la place des moyens	$11. 7 : 22.18$
Intervertissons l'ordre des extrêmes	$22.11 : 18. 7$
— des moyens	$7.18 : 11.22$

Il est évident que toutes ces transformations n'ont pu détruire l'équi-différence; mais il est inutile d'insister davantage sur les propriétés des équi-différences, parce qu'elles sont de fort peu d'usage.

DES PROPORTIONS GÉOMÉTRIQUES

OU ÉQUI-QUOTIENTS.

La proportion est l'expression de l'égalité de deux rapports.

Quatre nombres sont en proportion quand le rapport qui existe entre les deux premiers termes est égal à celui des deux derniers.

On appelle rapport ou raison le quotient de deux nombres.

Je compare deux nombres 12 et 14, et je trouve que 12 contient 3 fois 4. Donc, le rapport ou la raison entre 12 et 4 est 3.

Si je compare encore 15 et 5, je trouve que 15 contient 3. fois 5. Donc, le rapport entre 15 et 5 est 3.

Comme ces deux rapports sont égaux, j'en conclus qu'ils pourront former la proportion suivante :

$$12 : 4 :: 15 : 5.$$

Dans toute proportion géométrique, le produit des extrêmes est égal à celui des moyens.

$$\text{En effet,} \quad 12 \times 5 = 60$$
$$\text{Comme} \quad 4 \times 15 = 60$$

De cette propriété fondamentale, il résulte *que connaissant trois termes d'une proportion, il faut, pour trouver le quatrième, si c'est un extrême, diviser le produit des moyens par l'extrême connu; si c'est un moyen, diviser le produit des extrêmes par le moyen connu.*

En effet, soit la proposition $8 : 2 :: 36 : x$, dont le 4me terme est inconnu. Je multiplie les moyens $2 \times 36 = 72$ que je divise par $8 = 9$ qui est l'extrême cherché de la proportion $8 : 2 :: 36 : 9$.

Si les deux moyens d'une proportion sont égaux entre eux, comme dans l'exemple :

$$6 : 24 :: 24 : 96,$$

la proportion est dite proportion continue, et dans ce cas, le produit des deux moyens étant le carré de chacun d'eux, et ce carré étant égal au produit des extrêmes, il s'en suit *que l'un des deux termes moyens d'une proportion continue est égal à la racine carrée du produit des extrêmes.*

En effet, soit la proportion continue $4 : x :: x : 16$ dont on veut connaître les moyens.

Leur produit étant égal à $4 \times 16 = 64$, il s'agit d'extraire la racine carré de 64 qui est 8.

Donc la proportion continue est $4 : 8 :: 8 : 16$.

La proportion géométrique a encore les propriétés suivantes :

C'est que *sans l'altérer,* on peut

1° Multiplier ou diviser les deux antécédents par le même nombre.

2° Multiplier ou diviser les deux conséquents par le même nombre;

3° Intervertir l'ordre des extrêmes ou celui des moyens;

4° Mettre les extrêmes à la place des moyens.

En effet, soit la proportion	$4 : 8 :: 16 : 32$
on peut impunément	
1° Multiplier les antécédents par le même nombre	$4 \times 3 : 8 :: 16 \times 3 : 32$
2° Diviser les conséquents par le même nombre	$4 : \frac{8}{4} :: 16 : \frac{32}{4}$
3° Changer les extrêmes	$32 : 8 :: 16 : 4$
— les moyens	$4 : 16 :: 8 : 32$
4° Mettre les moyens à la place des extrêmes	$8 : 4 :: 32 : 16$

PROPRIÉTÉS IMPORTANTES DES PROPORTIONS.

1° *La somme ou la différence des deux premiers termes est au second terme comme la somme ou la différence des deux derniers est au quatrième.*

Soit la proportion 80 : 20 :: 100 : 25.

J'ajoute les 2 termes :

$$80 + 20 : 20 :: 100 + 25 : 25 = 100 : 20 :: 125 : 25.$$

Je soustrais :

$$80 - 20 : 20 :: 100 - 25 : 25 = 60 : 20 :: 75 : 25.$$

2° *La somme ou la différence des deux premiers termes est au premier terme comme la somme ou la différence des deux derniers est au troisième.*

Soit la même proportion 80 : 20 :: 100 : 25.

J'ajoute les 2 termes :

$$80 + 20 : 80 :: 100 + 25 : 100 = 100 : 80 :: 125 : 100.$$

Je soustrais :

$$80 - 20 : 80 :: 100 - 25 : 100 = 60 : 80 :: 75 : 100.$$

3· *La somme ou la différence des antécédents est à la somme ou la différence des conséquents comme l'un ou l'autre des antécédents est à son conséquent.*

Prenons pour exemple la proportion 100 : 25 :: 80 : 20.

La somme

$$100 + 80 : 25 + 20 :: \begin{cases} 100 : 25 = 180 : 45 :: 100 : 25 \\ 80 : 20 = 180 : 45 :: 80 : 20 \end{cases}$$

La différence

$$100 - 80 : 25 - 20 :: \begin{cases} 100 : 25 = 20 : 5 :: 100 : 25 \\ 80 : 20 = 20 : 5 :: 80 : 20 \end{cases}$$

4· *Plusieurs proportions étant données, si l'on multiplie par ordre les premiers termes entre eux, les seconds termes entre eux, et ainsi de suite, les quatre produits résultants seront encore en proportion,*

Soient les proportions
$$6 : 3 :: 2 : 1$$
$$3 : 2 :: 9 : 6$$
$$10 : 8 :: 5 : 4$$

Je multiplie les termes entre eux :

$$6 \times 3 \times 10 : 3 \times 2 \times 8 :: 2 \times 9 \times 5 : 1 \times 6 \times 4,$$

et j'ai pour produits 180 : 48 :: 90 : 24, qui sont très-évidemment en proportion. Nous aurons pour conséquence de ces propriétés, que :

1° *Lorsque quatre nombres sont en proportion, les puissances quelconques de ces nombres sont encore en proportion, et réciproquement ;*

2° *Lorsque quatre nombres sont en proportion, les racines quelconques de ces nombres sont encore en proportion.*

Le but de la proportion est de trouver un 4me terme lorsque 3 seulement sont connus ; mais il arrive quelquefois que ce 4me terme est donné en partie, c'est-à-dire, que l'on connaît l'un ou plusieurs de ses facteurs : alors il ne s'agit plus que de trouver l'autre facteur, en divisant le 4me terme cherché par le facteur ou le produit des facteurs connus.

Soit la proportion $3 : 9 :: 8 : 6 \times x$.

Le 4me terme est donc $6 \times x$; je cherche ce 4me terme par les moyens ordinaires, et j'ai 24 que je divise par 6, facteur connu ; le quotient 4 est le facteur demandé.

La proportion est donc $3 : 9 :: 8 : 6 \times 4 = 24.$

On aurait encore pu trouver ce facteur du 4me terme en multipliant les moyens $9 \times 8 = 72$ et au lieu de prendre l'extrême connu 3 pour diviseur, le multiplier par 6 et diviser par le produit.

En effet : $\frac{72}{3 \times 6} = 4$.

Donc, 4 est le facteur inconnu du 4me terme.

Si le 4me terme se composait de 2 facteurs connus et 1 inconnu, il faudrait toujours chercher le 4me terme entier et le diviser par le produit des 2 facteurs connus.

Supposons la proportion $3 : 9 :: 8 : 2 \times 4 \times x$.

Le facteur x se trouverait en divisant 24 (4e terme entier) par $2 \times 4 = 8$, et nous aurions $24 : 8 = 3$, qui est le facteur demandé.
La proportion serait donc $3 : 9 :: 8 : 2 \times 4 \times 3$.

Ou bien $3 : 9 :: 8 : 24$.

La proportion est d'usage fréquent en arithmétique. Les *règles de trois, d'intérêts*, etc., ne sont réellement que des proportions, que nous allons examiner sous les noms qu'on leur donne et qui viennent des opérations de commerce auxquelles on les applique.

DE LA RÈGLE DE TROIS.

La règle de trois est une opération par laquelle on cherche le 4me terme d'une proportion.

On doit considérer les 4 termes, savoir : les 2 premiers (1er rapport) comme les causes, et les 2 derniers (2me rapport) comme les effets de ces causes.

La proportion peut donc se poser ainsi :

La 1re cause : la 2me cause :: le 1er effet : 2me effet, ou bien encore, en changeant les moyens de place :

La 1re cause : 1er effet :: la 2me cause : 2me effet.

C'est une règle générale que la plus grande cause produit le plus grand effet, et la plus petite cause, le plus petit effet. Cependant, il arrive où que 2 causes concourent à la production d'un même effet ou qu'une cause produit son effet d'autant plus grand, que cette cause est plus petite. De là, plusieurs espèces de règles de trois.

Autrefois, on divisait la règle de trois en :

1° Simple,
2° Droite ou directe,
3° Indirecte ou inverse simple,
4° Double droite.
5°   —   inverse,
6° Composée.

On regarde aujourd'hui ces dénominations comme inutiles ; nous les avons conservées cependant parce que nous croyons qu'elles ont l'avantage de graduer les difficultés.

De la règle de Trois simple.

La règle de trois est simple quand les rapports qui constituent la proportion ne sont point formés de plusieurs rapports multipliés entre eux.

EXEMPLE :

Deux hommes ont mangé 4 kilog. de pain ; combien en mangeront huit hommes ?
La règle est simple, parce que chaque rapport n'est formé que de deux termes.

<table>
<tr><td></td><td>1re cause.</td><td>2e cause.</td><td>1er effet.</td><td>2e effet.</td></tr>
<tr><td>La proportion se pose</td><td>2 h. :</td><td>8 h. ::</td><td>4 k° :</td><td>$x = 16$.</td></tr>
</table>

L'opération ($8 \times 4 : 2 = 16$) donne 16 kilog., le 2me effet étant toujours de même espèce que le premier.

Il est évident qu'on aurait eu le même résultat en posant l'opération ainsi :

<table>
<tr><td>1re cause.</td><td>1er effet.</td><td>2e cause.</td><td>2e effet.</td></tr>
<tr><td>2 :</td><td>4 ::</td><td>8 :</td><td>$x = 16$,</td></tr>
</table>

parce que nous n'avons fait que changer les moyens de place et que le produit de 8×4 ou de 4×8 est toujours le même, 16.

De la règle de Trois directe ou droite.

La règle de trois est directe ou droite quand les causes se contiennent dans le même ordre que les effets, c'est-à-dire que si la 1re cause est double de la 2me, le 1er effet sera aussi le double du second, et, au contraire, si la 1re cause est le $\frac{1}{3}$ de la seconde, le 1er effet sera aussi le $\frac{1}{3}$ du second.

EXEMPLE :

2 kilog. de farine ont produit 4 kilog. de pain ; combien 24 kilog. de farine donne-ront-ils de pain ?

Cette règle est directe, parce que 2 kilog. de farine ayant donné 4 kilog. de pain, le double de 2, 24 kilog. doivent donner 48 kilog., le double de 24.

$$\text{Soit } 2 \text{ f.} : 4 \text{ p.} :: 24 \text{ f.} : x = \tfrac{24 \times 4}{2} = 48,$$
$$\text{Ou } 2 \text{ f.} : 24 \text{ f.} :: 4 \text{ p.} : x = 48 \text{ p. en posant les rapports de même espèce.}$$

De la règle de Trois indirecte ou inverse simple.

La règle de trois est inverse quand les causes se contiennent dans un ordre contraire à celui des effets.

1er EXEMPLE :

Si deux hommes font un ouvrage en quatre jours, il est évident qu'un seul homme mettra deux fois plus de temps pour faire le même ouvrage.

Dans cette question, plus la cause est grande, et plus l'effet est petit. Il faut considérer la grandeur de la cause comme produisant la petitesse de l'effet, ou en d'autres termes, on dira que le *plus* produit le *moins*.

Toute la difficulté est de placer les termes de la proportion.

Si je posais la règle de trois directe,

$$\overset{1^{re}\text{ cause.}}{2 \text{ h.}} : \overset{2^{e}\text{ cause.}}{1 \text{ h.}} :: \overset{1^{er}\text{ effet.}}{4 \text{ j.}} : x = \tfrac{1 \times 4}{2} = \overset{2^{e}\text{ effet.}}{2 \text{ j.}}$$

Il y aurait évidemment erreur dans la solution, 1 homme ne pouvant faire en 2 jours l'ouvrage de 2 hommes qui ont travaillé 4 jours.

Je dirai donc :

$$\text{La } 2^{e} \text{ cause} : \text{la } 1^{re} :: \text{le } 1^{er} \text{ effet} : \text{au } 2^{e}.$$

Posons les chiffres :

$$1 \text{ h.} : 2 \text{ h.} :: 4 \text{ j.} : x = \tfrac{2 \times 4}{1} = 8 \text{ jours.}$$

Et en effet, il est évident qu'un seul homme mettra huit jours à faire le travail de 2 hommes pendant 4 jours.

Il faut que toujours ce soit le raisonnement qui place les termes dans les règles de trois inverses, la routine pourrait conduire à un mauvais résultat ; il suffirait de changer de place les 2 termes du second rapport et dire.

$$\overset{1^{re}\text{ cause.}}{2 \text{ h.}} : \overset{2^{e}\text{ cause.}}{1 \text{ h.}} :: \overset{2^{o}\text{ effet.}}{x \text{ j.}} : \overset{1^{er}\text{ effet.}}{4 \text{ j.}}$$

Le terme inconnu étant un moyen, je multiplie les 2 extrêmes $\tfrac{2 \times 4}{1} = 8$ jours, pour 3e terme et pour solution de problème.

2me EXEMPLE :

Un appartement a été parqueté et lambrissé en 30 jours par un ouvrier qui travail-lait 9 heures ; combien faudrait-il que cet ouvrier travaillât d'heures par jour pour faire exactement le même travail dans un autre appartement qu'on veut livrer au peintre dans 20 jours.

La règle directe se poserait $30 : 20 :: 9 : x = \tfrac{20 \times 9}{30} = 6$ h., mais la solution serait évidemment erronée, puisque cet ouvrier qui travaillait 9 heures par jour a mis 30 jours en ne travaillant que 6 heures ; loin d'avoir terminé en 20 jours, il lui faudrait (rapport de 9 à 6 $= 1\frac{1}{2}$) 30 jours $+$ 15 jours $=$ 45 jours ! C'est ce qu'il faut saisir par le raisonnement, et poser la proportion inverse :

$$\text{2}^\text{e}\text{ cause.} \quad \text{1}^\text{re}\text{ cause.} \quad \text{1}^\text{er}\text{ effet.} \quad \text{2}^\text{e}\text{ effet.}$$
$$20 \text{ j.} : 30 \text{ j.} :: 9 \text{ h.} : x = \frac{30\times9}{20} = 13 \text{ h } \tfrac{1}{2}$$

La proportion est évidende, 20 sont les $\frac{2}{3}$ de 30
  Comme   9   —   de 13 $\frac{1}{2}$

3me EXEMPLE :

1200 hommes renfermés dans une place sont pourvus de vivres pour 3 mois ; combien faudrait il faire sortir d'hommes pour faire durer les vivres pendant 4 mois sans diminuer la ration ?

La règle est encore inverse, parce que la provision étant la même, pour la manger en 4 mois, il faut moins d'hommes que pour la manger en 3 mois. La grande cause produira donc le plus petit effet.

La proportion sera posée.

$$\text{2}^\text{e}\text{ cause.} \quad \text{1}^\text{re}\text{ cause.} \quad \text{1}^\text{er}\text{ effet.} \quad \text{2}^\text{e}\text{ effet.}$$
$$4 \text{ m.} : 3 \text{ m.} :: 12{,}000 \text{ h.} : x \text{ h.} = \frac{12000\times3}{4} = 9000 \text{ h.}$$

Les vivres suffiront à 9000 hommes pendant 4 mois donc 12000 — 9000 $=$ 3000 hommes sont à faire sortir de la place.

Souvent les problèmes renferment des nombres inutiles qu'il faut reconnaître pour ne pas en embarrasser la solution.

4me EXEMPLE :

Quand les 100 kil. de farine se vendent 30 francs, on paye le pain de 2 kil. 0 fr. 60 c. ; combien le même pain devrait-il peser quand la farine est à 35 fr. les 100 kilog. ?

La règle sera indirecte parce que le pain devra peser d'autant moins que le prix de la farine sera plus élevé. Dans cette question, les 100 kilog. et le prix de 60 centimes sont des nombres superflus, puisque le premier rapport sera le prix de la farine, et le second rapport, le poids du pain.

Je dirai : la 2e cause : la 1re :: le 1er effet : au second.

Posons les chiffres : 35 fr. : 30 fr. :: 2 kilog. : $x = \frac{30\times2}{35} = 1$ kil., 714 g. $\tfrac{2}{7}$ le pain devrait peser 1 kil. 714 $\tfrac{2}{7}$.

5me EXEMPLE :

Une personne a placé 2000 fr. de capital à 5 pour cent par an ; en 4 ans, elle a reçu 400 fr. d'intérêts ; à quel taux faudrait-il placer ce capital pour recevoir la même somme d'intérêts en 3 ans ?

Les nombres 2000 fr. et 400 fr. sont superflus, parce que le 1er rapport est dans les années, et le second dans le taux de l'intérêt.

La règle est inverse, parce qu'il faut que le taux soit plus élevé pour rapporter en trois ans l'intérêt produit en 4 ans.

Nous renverserons donc les causes en posant la proportion ainsi :

$$3 : 4 :: 5 : x = \frac{4\times5}{3} = 6\tfrac{2}{3}$$

Il faut donc placer la somme à 6 $\frac{2}{3}$ pour cent.

6me EXEMPLE :

On avait calculé qu'il faudrait 120 mètres de velours de 60 centimètres de large pour la tenture d'un appartement ; mais le velours choisi ayant 65 centimètres, on demande quelle est la quantité nécessaire pour la tenture ?

La règle est inverse, parce qu'il faudra moins de velours, puisqu'il est plus large.

Je pose donc la proportion :

$$65 : 60 :: 120 : x = \frac{120 \times 60}{65} = 110 \text{ mètres } 75 \text{ centimètres } \tfrac{50}{65}$$

Soit 110 mètres, 76 centimètres.

De la règle de Trois directe-double.

La règle de trois est double quand plusieurs quantités concourent, comme causes, à la production d'un même effet.

1er EXEMPLE :

5 ouvriers ont fait en 10 jours 200 mètres d'ouvrage ; combien 8 ouvriers feraient-ils du même ouvrage en 12 jours ?

Cette opération peut se résoudre par autant de règles de trois simples qu'il y a de rapports homogènes.

On pourrait donc dire :

$$5 \text{ ouv. } : 8 \text{ ouv. } :: 200 \text{ mèt. } : x = 320 \text{ mèt.}$$
$$\text{Puis } 10 \text{ j. } : 12 \text{ j. } :: 320 \quad : x = 384 \text{ mèt. solution.}$$

Mais nous avons reconnu, dans les *proportions*, que lorsque l'un des rapports se composait de plus de deux termes, on pouvait ramener la proportion à des rapports simples, en multipliant entre eux et séparément les premiers termes, puis les seconds.

On peut donc trouver cette solution par une seule opération, qu'on posera ainsi :

$$5 \text{ ouv. } \times 10 \text{ jours } : 8 \text{ ouv. } \times 12 \text{ jours } :: 200 \text{ mèt. } : x$$
$$\text{ou } \quad 50 : 96 :: 200 : x = 384 \text{ mèt., même solution.}$$

2e EXEMPLE :

6 ouvriers travaillant 9 heures par jour ont fait en 10 jours 400 mètres: Combien en feraient 9 ouvriers travaillant 12 heures par jour et pendant 25 jours ?

Il est évident que le 1er rapport sera triplé. On peut résoudre cette question par les 3 proportions suivantes :

$$6 \text{ ouv. } \quad : 9 \text{ ouv. } \quad :: 400 \text{ mèt. } \quad : x \ (600)$$
$$10 \text{ jours } : 25 \text{ jours } :: x \quad (600) \quad : y \ (1500)$$
$$9 \text{ heures } : 12 \text{ heures } :: y \quad (1500) : z \text{ solution} = (2000 \text{ mèt.})$$

On voit que le 4e terme x de la 1re proportion se pose comme 3e terme de la seconde, ainsi que le 4e terme y, de cette seconde proportion, devient le 3e terme de la 3e proportion, qui donnera pour 4e terme z, la réponse à la question ; mais il est plus facile de poser la proportion comme ci-dessous :

$$6 \text{ ouv. } \times 10 \text{ j. } \times 9 \text{ h. } : 9 \text{ ouv. } \times 25 \text{ j. } \times 12 \text{ h. } :: 400 \text{ mèt. } : z.$$
$$\text{ou } \quad 540 \quad : 2700 \quad :: 400 : z = 2000 \text{ mèt.}$$

On pouvait, par le simple raisonnement, ramener cette question compliquée à la dernière proportion.

En effet, 6 ouv. qui travaillent 10 jours $= 6 \times 10 = 60$ ouv. trav. 1 jour.
60 ouv. qui travaillent 9 h. $= 60 \times 9 = 540$ ouv. trav. 1 heure.

Première cause réduite à un seul nombre 540 ouv.

Puis 9 ouv. qui travaillent 25 jours $= 9 \times 25 = 225$ ouv. trav. 1 jour.
225 ouv. qui trav. pend. 12 h. $= 225 \times 12 = 2700$ ouv. trav. 1 heure.

Deuxième cause réduite à un seul nombre 2700 ouv., d'où la proportion 540 ouv. : 2700 ouv. :: 400 m. : $x = 200$ m., solution.

De la règle de Trois inverse-double.

La règle de trois est inverse-double quand elle renferme plusieurs rapports indirects.

1er EXEMPLE :

35 ouvriers ont fait 450 mètres d'étoffe en 20 jours de 9 heures de travail; combien faudrait il de jours à 60 ouvriers pour faire la même quantité d'étoffe, s'ils ne travaillaient que 5 heures par jour ?

$$1^{re} \text{ Proportion : } 5 \text{ h. : } 9 \text{ h. :: } 20 \text{ j. : } x = 36 \text{ j.}$$
$$2^{e} \text{ Proportion : } 60 \text{ ouv. : } 35 \text{ ouv. :: } 36 \text{ j. : } x = 21 \text{ j.}$$

On peut avoir la solution par une seule opération :

$$5 \times 60 : 9 \times 35 :: 20 \text{ j. : } x \; 21 \text{ j., solution.}$$

2me EXEMPLE :

Une garnison de 3500 hommes a pour 3 mois de vivres, la ration étant fixée à 7 hectogrammes par homme ; de combien faudrait-il diminuer la ration si l'on réduisait la garnison à 2100 hommes et qu'on voulût faire durer les vivres 6 mois ?

$$\textit{Proportion. } 2100 \times 6 : 3500 \times 3 :: 7 : x = 580 \text{ gr. } \tfrac{1}{3}$$

La ration devant être réduite à 580 gr. $\tfrac{1}{3}$, ce serait donc 700 gr. — 580 $\tfrac{1}{3}$ = 119 gr. $\tfrac{2}{3}$ qu'il faudrait diminuer de chaque ration.

De la règle de Trois composée.

La règle de trois est ainsi appelée quand elle renferme plusieurs rapports, les uns directs, les autres indirects.

1er EXEMPLE :

2 hommes en 6 jours ont fait 30 mètres de toile; combien faudrait-il d'hommes pour en faire 90 mètres en 4 jours ?

Plus il y a de mètres à faire, plus il faut d'hommes : cette partie de la règle est directe; et moins il y aura de jours de travail, plus il faudra d'ouvriers : cette partie est indirecte.

$$1^{re} \textit{ Proportion } \text{(rapp. direct)} \quad 30 \text{ m. : } 90 \text{ m. :: } 2 \text{ ouv. : } x = 6 \text{ ouv.}$$
$$2^{e} \quad — \quad \text{(rapp. indirect)} \; 4 \text{ j. : } 6 \text{ j. :: } 6 \text{ ouv. : } x = 9 \text{ ouv.}$$

$$\textit{Proportion unique. } 30 \times 4 : 90 \times 6 :: 2 : x = 9 \text{ ouv., solution.}$$

2me EXEMPLE :

On paye 12 fr. pour le port de 1500 kilogr. à une distance de 30 kilom.; on demande, en proportion, quel est le poids qu'on doit transporter à 20 kilom. pour 11 fr. 20 c.

Opération.

$$12 \text{ f. } \times 20 \text{ km. : } 11 \text{ f. } 20 \text{ c. } \times 30 \text{ km. :: } 1500 \text{ kg. : } x = 2100 \text{ kg. Solution.}$$

Pour établir une proportion, je remarque que le nombre 1500 kilog., qui est homogène au nombre demandé, doit être le 3e terme; je dis ensuite : plus on donne d'argent, plus on fera conduire de marchandises; la règle est droite à cet égard : je mets donc 12 fr., partie de la première cause dans le premier terme ; puis j'observe que plus il faudra conduire loin la marchandise, moins on en conduira pesant pour un certain prix ; à cet égard la question est inverse : je mets donc aussi 20 kilom., qui font partie de la seconde cause dans le premier terme ; quant au second terme, il se compose de 11 fr. 20 c. partie de la seconde cause et de 30 kilom., partie de la première.

Je puis encore poser ainsi la proportion, les causes et les effets se comprendront peut-être mieux :

1re cause. 2e cause.   1er effet.   2e effet.

$$12 \text{ fr. : } 11 \text{ fr. } 20 :: 30 \text{ km. } \times 1500 \text{ kg. : } 20 \text{ km. } \times x.$$

Je cherche mon 4e terme en entier :

$$12 : 11{,}2 :: 45000 : x = 42000.$$

Et je divise ce 4e terme par le facteur connu 20 kilom., $\frac{42000}{20} = 2100$ kilomètres.
Solution.

3me EXEMPLE :

Si en 4 ans on reçoit 48 fr. d'intérêt pour un capital de 240 fr. ; combien de temps faudra-t-il pour recevoir 133 fr. d'un capltal de 380 fr. placé au même taux ?
On posera l'opération

$$48 \times 380 : 133 \times 240 :: 4 : x.$$

qui donnera

$$18240 : 31920 :: 4 : x = 7 \text{ ans. } 1^{re} \text{ solution.}$$

Mais l'opération suivante donnerait aussi le même résultat :
On poserait

$$48 : 133 :: 240 \times 4 : 380 \times x$$

Elle produirait

$$48 : 133 :: 960 : 380 \times x.$$

Je cherche le 4e terme entier $= \frac{2660}{380} = 7$ ans, 2e solution.

4me EXEMPLE :

Considéré comme très-difficile.

Un canal de 1800 mètres de long sur 7 mètres de large et 3 mètres de profondeur a été creusé par 500 hommes qui ont employé 57 jours de 12 heures à ce travail ; combien faudrait-il de journées à 860 hommes qui travailleraient 10 heures par jour pour creuser un canal de 9200 m. de longueur sur 12 mètres de large et 5 mètres de profondeur dans un terrain qui présente 3 fois plus de difficultés que le premier.

Il ne faut pas s'effrayer du grand nombre de termes que présente la solution de de ce problème ; toute l'attention doit se porter à les classer dans le premier rapport, soit en 1er, soit en 2e terme.

On demande un nombre de jours en opposition avec les 57 jours employés, donc le second rapport sera $57 : x$. La raison est évidemment directe, pour ce rapport, attendu que, bien qu'il y ait plus d'ouvriers, le canal sera beaucoup plus long, plus large, plus profond, et enfin qu'il présentera plus de difficultés dans le travail.

Mais il s'agit de choisir les termes du premier rapport et de les classer comme directs ou indirects.

La raison du 2e rapport étant directe, il faut raisonner tous les termes du premier rapport sur le second.

1° *Difficulté du terrain.*
Plus le terrain est difficile, plus il faudra de jours. Raison directe $1 : 3$

2° *Nombre d'hommes.*
Plus nous avons d'ouvriers, moins il faudra de jours. Raison indirecte. $860 : 500$

3° *Heures de travail.*
Moins on travaille d'heures, plus il faut de jours. Raison indir. $10 : 12$

Si l'on était embarrassé pour poser ces deux termes, on pourrait les faire disparaître dans le nombre d'ouvriers, et n'avoir qu'un seul rapport.

En effet,

$$860 \text{ ouv. trav. } 10 \text{ h.} = 860 \times 10 = 8600 \text{ ouv. trav. } 1 \text{ h}$$
$$500 \quad - \quad 12 \quad = 500 \times 12 = 6000 \quad - \quad 1 \text{ h.}$$

Ces 2 termes seraient donc $8600 : 6000$, ce qui, du reste, se produira de fait par l'opération elle-même.

4° *Longueur du canal.*
Plus il sera long, plus il faudra de jours. Raison directe $1800 : 2900$

5° *Largeur du canal.*
Plus il sera large, plus il faudra de jours. Raison directe $7 : 12$

6° *Profondeur du canal.*
Plus il sera profond, plus il faudra de jours. Raison directe $3 : 5$

On pourrait encore réduire ces trois derniers rapports en un seul, en posant le cube de ces rapports.

$$\text{Pour 1}^{\text{er}} \text{ terme } 1800 \times 7 \times 3 = 37800$$
$$\text{et pour 2}^{\text{e}} \quad - \quad 2900 \times 12 \times 5 = 174000$$

Ces deux termes seraient   37800 : 174000.

Mais l'opération par elle-même forme encore ces produits.

Cette règle composée peut donc être représentée par la proportion suivante :

$$1 \times 860 \times 10 \times 180 \times 7 \times 3 : 3 \times 500 \times 12 \times 2900 \times 12 \times 5 :: 57 : x.$$

Remarquons encore que cette proportion aurait pu être réduite aux termes suivants, d'après les observations faites dans l'analyse.

$$1 \times 8600 \times 37800 : 3 \times 6000 \times 174000 :: 57 : x.$$

Mais avant d'effectuer les calculs, il faut se rappeler qu'on peut encore les abréger en supprimant tous les facteurs communs dans le premier et le second terme du premier rapport.

Après avoir opéré ces suppressions, nous obtiendrons pour proportion dernière :

$$43 \times 7 : 5 \times 4 \times 29 \times 5 :: 57 : x.$$

L'opération sera $\dfrac{5 \times 4 \times 29 \times 5 \times 57}{43 \times 7} = x.$

Et nous avons pour résultat $x = \dfrac{165300}{301} = 349$ jours $\dfrac{51}{301}$.

C'est-à-dire qu'il faudra 549 jours 1 heure (le jour étant de 10 heures) 41 m. $\frac{2}{3}$

Indépendamment des règles qui précèdent, il en est encore d'autres qui sont de véritables proportions, et qui portent un nom particulier indiquant l'usage auquel elles sont destinées dans le commerce. Bien que ces anciens noms se perdent tous les jours, il est peut-être utile de les connaître ; d'ailleurs ces opérations serviront d'exercices aux Règles de trois et aux Proportions

De la règle du Cent.

La *règle du cent* est une règle de trois par laquelle on cherche le prix ou la valeur du cent, quand on connaît la valeur d'une quantité déterminée, et réciproquement.

L'adoption du système décimal, qui rend ces solutions très-faciles, a fait perdre toute l'importance de cette ancienne règle.

En effet, si je sais que le prix d'un kil. d'indigo est 25 fr. 50 cent. je n'ai qu'à transporter la virgule de deux chiffres vers la droite pour avoir le prix de 100 kilogr.

1 kil. coûte 25 fr. 50 c., 100 kil. coûteront cent fois plus, 2.550 fr. ; ou bien cent kil. coûtant 375 fr., le kilog. coûtera cent fois moins, soit 3 fr., 75 cent.

Mais si l'on opère sur des fractions de cent, il faudra poser la règle de trois.

EXEMPLE :

347 *kilog. coûtent* 173 *fr.*, 50 *c.* ; *quel sera le prix de* 100 *kilog.*

$$347 \text{ fr.} : 173 \text{ fr. } 50 \text{ c.} :: 100 \text{ kil.} : x = 50 \text{ fr.}$$
$$\text{ou } 347 \text{ kil.} : 100 \text{ kil.} :: 173{,}50 : x = 50. \text{ Même solution.}$$

Mais toutes les fois que 100 se trouve un des termes de proportion, on ne la pose pas, la multiplication ou la division par 100 étant facile ; le résultat s'obtient par une seule opération.

Dans cet exemple, multiplier 100 par 173,50, c'est rendre ce dernier nombre cent fois plus grand, ce qu'on obtient en supprimant la virgule :

$$17350 \text{ divisé par } 347 = 50 \text{ fr.}$$
$$\text{ou bien } 173 \text{ f. } 50 \text{ div. par } 347 = 0{,}50 \text{ c.} \times 100 = 50 \text{ fr.}$$

Encore, si l'on remarqne que 173,50 est exactement la moitié de 347, l'opération peut se faire de tête par le simple raisonnement suivant :

Si 347 kil. avaient coûté 347 fr., ce serait 1 fr. le kil.; puisque 347 kil. ne coûtent que la moitié de 347 fr. = 173 fr. 50, le kil. coûtera la moitié de 1 fr. = 0,50 c., et le kil coûtant 0,50 c. les 100 kil. coûteront cent fois plus de 50 c. = 50 fr.

De la règle du mille.

La règle du mille se définit comme celle du cent. C'est chercher le prix ou la valeur du mille, quand on connaît le prix ou la valeur d'une quantité déterminée, et réciproquement.

Le système décimal a aussi fait perdre toute l'importance de cette ancienne règle.

En effet, si le prix de 1 kil. est 2 fr., 50, le prix de 1000 kilog. sera mille fois plus élevé; il s'agit donc de rendre 2 fr., 50, mille fois plus grand en transportant la virgule de 3 chiffres sur la droite, et j'ai 2500 fr ; au contraire, si 1000 kilog. coûtent 2550 fr., il suffira de reporter la virgule entre le 3me et le 4me chiffre vers la gauche, pour diviser par 1000; soit 2 fr., 55 c., prix de 1 kilog.

1er EXEMPLE :

Le transport de 240 kilog. à une distance convenue a coûté 3 fr. 20 c ; combien coûterait le transport de 1000 kilog, à la même distance.

Proportion. 240 : 1000 :: 3 fr. 20 c. : x.

Opération. $\dfrac{3200}{240}$ = 13 fr. 33 c. $\frac{1}{3}$ sera le prix du transport de 1000 k.

Je n'ai pas besoin de faire remarquer que 1000 étant un terme de la proportion, il suffit de diviser 3 fr. 20 × 1000 = 3200 par 240.

2me EXEMPLE :

Le mille de coton coûte 4900 fr. ; combien le kilog. ?

Si le mille de kilog. coûte 4900 fr., le kilog. coûtera mille fois moins, soit 4 fr. 90 c.; le système décimal a rendu le calcul si facile que l'opération même ne se pose pas.

3me EXEMPLE :

Si 2860 kilog. coûtent 692 fr., combien le mille?

Proportion. 2860 : 692 :: 1000 : x.

Opération. $\dfrac{692000}{2860}$ = 241 fr. 95 $\frac{340}{286}$

Des règles de Commissions, Provisions et Courtage.

On appelle *Commissionnaires, Courtiers* ou *Facteurs*, ceux qui achètent ou vendent pour le compte d'autrui, moyennant un salaire qu'on nomme *commission, provision* ou *courtage.*

Un *Agent de change* n'est autre chose qu'un Courtier reconnu par le Gouvernement, qui facilite les négociations entre le Banquier et le Négociant ou qui se charge de l'achat ou de la vente des fonds publics.

Les frais de commissions, provisions, etc., sont réglés sur la nature des affaires et les risques que court le Commissionnaire; ils se comptent à tant du cent où à la pièce.

1er EXEMPLE :

La commission étant à $\frac{1}{3}$ pour cent, combien doit-on payer pour vente montant 49564 fr. 50 c. ?

Proportion. 100 fr. : 4956450 :: $\frac{1}{3}$: x = 165 fr. 21. Solution.

Dans le commerce, ces sortes d'opérations ne se posent pas.

On dit 1 pour cent sur 49564 fr. 50
        serait   495,64
$\frac{1}{3}$ le tiers sera   161,21. Même solution.

2me EXEMPLE :

La commission étant à 1 fr. 20 c. la pièce, combien doit-on payer pour achat de 2350 pièces de vin?

Proportion. 1 : 1 fr. 20 :: 2350 : x = 2820 fr. Solution.

Cette règle ne se poserait pas non plus : on dirait 1,20 par pièce, c'est 1 $\frac{1}{5}$

1 pour cent sur 2350 pièces ferait   2350 fr.
$\frac{1}{5}$ ferait   470 »
          Même solution   2820 fr.

3me EXEMPLE :

La provision étant à $\frac{1}{3}$ pour cent, que doit-on payer pour 49564 fr. 50 ?

Quelques personnes, pour ne pas avoir d'opération à faire sur les fractions, posent la proportion comme suit :

$$300 : 49564,50 :: 1 : x = 165,21$$

Le terme 300 s'explique, parce que payer $\frac{1}{3}$ pour 100 ou 1 pour 300, c'est exactement la même provision.

Mais ordinairement ces règles ne se posent pas.

On dit 1 pour cent sur   49564,50
        Serait   495,64
$\frac{1}{3}$ sera   165,21

4me EXEMPLE :

Quel est le Courtage de 9500 fr. dont 5750 fr. à 1 $\frac{1}{4}$ et 3750 à $\frac{3}{4}$?

Il y aurait ici deux proportions à poser.

1re 100 : 1 $\frac{1}{4}$ :: 5750 : x = 71,87 $\big\}$ 99 fr. 99 c.
2me 100 : $\frac{3}{4}$ :: 3750 : x = 28,12 $\big\}$

Mais il sera plus facile de prendre les parties aliquotes.

1 pour cent sur 5750 sera   57,50 $\big\}$ 71 87
$\frac{1}{4}$ —   —   14,37 $\big\}$

1 pour cent sur 3750 serait 37,50
$\frac{1}{2}$ —   sera   18,75 $\big\}$ 28 13*
$\frac{1}{4}$ —   —   9,57 $\big\}$

Les commissionnaires arrondissent les centimes* et l'on aura $\overline{100 \quad »}$

De la règle d'Assurance.

L'Assurance est un contrat ou un acte par lequel, soit une ou plusieurs personnes, soit une Compagnie, se chargent et s'obligent de réparer la perte, le vol, le dommage, etc. qui peuvent arriver à un navire ou à des marchandises, etc. pendant une traversée, une course, un transport, etc. moyennant un prix fixé par les assureurs et les assurés. Ce prix se nomme *prime d'assurance*, parce qu'il est payé d'avance.

1er EXEMPLE :

Un Négociant du Havre fait charger sur un navire pour 75,000 fr. de marchandises qu'une Compagnie lui assure à raison de 7 pour cent ; que doit-il payer ?

Proportion. 100 : 75000 :: 7 : x.

Opération. $\frac{75000 \times 7}{100}$ = 5250 fr., montant de la prime d'assurance.

2me EXEMPLE :

Un Marchand de Paris a fait acheter à Bordeaux 70 pièces de vin ; une Compagnie de Bordeaux les assure jusqu'au Havre, à raison de 4 pièces pour un tonneau et à 40 fr. les 5 tonneaux ; puis du Havre à Paris, une autre Compagnie assure cet achat estimé 14660 fr. à 2 ¾ pour cent. Quelles sont les primes à payer ?

A la compagnie de Bordeaux, 70 pièces : 4 = 17 ½

$$5 \text{ t.} : 17 \tfrac{1}{2} :: 40 \text{ fr.} : x.$$

Opération. $\dfrac{17 \tfrac{1}{2} \times 40}{5} = 140$ fr.   1re prime.

A la compagnie du Havre, 100 : 2 ¾ :: 14660 fr. : x.

Opération. $\dfrac{14660 \times 2 \tfrac{3}{4}}{100} = 403$ fr. 15 c.   2e prime.

3me EXEMPLE :

Une Compagnie d'assurance a reçu 985 fr. pour prime d'assurance à raison de 8 ½ pour cent ; quel était le capital assuré ?

Proportion.   8 ½ : 100 :: 985 fr. : x = capital assuré.

Opération. $\dfrac{985 \times 100}{8 \tfrac{1}{2}} = 11588$ fr. 23 c.   solution.

4me EXEMPLE.

Un Négociant a fait assurer une partie de marchandises estimée 14500 fr. ; il a payé 1087 fr. 50 c. de prime ; quel est le taux de l'assurance ?

Proportion.   14500 : 1087,50 :: 100 : x = le taux.

Opération. $\dfrac{1087 \text{ fr.} 50 \times 100}{14500} = 7 \tfrac{1}{2}$ solution.

La plupart de ces règles ne se posent même pas dans le commerce. Cette dernière surtout, peut se réduire à une simple division de 1087 fr. 50 c. par 14500. On supprime la virgule, ou l'on ajoute deux zéros, ce qui multiplie la somme par 100.

De la règle de Grosse-Aventure.

L'argent ou la marchandise qu'on donne à gros profit sur mer est appelée *Grosse-aventure*, parce que ceux qui prêtent ainsi courent les risques, basards et fortune de la mer, du feu, etc., sans pouvoir agir, en cas de perte, contre celui qui a reçu l'argent ou la marchandise.

Plus les risques sont grands, plus le taux est élevé.

1er EXEMPLE :

Un Marchand de Montpellier a donné à grosse-aventure 25 pièces d'eau-de-vie de 280 litres chacune, à 1 fr. 20 le litre, au taux de 27 ½ pour cent ; combien doit-il recevoir de profit s'il n'arrive pas d'accident ?

Proportion.   100 : 25 × 280 × 1 fr. 20 c. :: 27 ½ : x.

Opération. $\dfrac{8400 \times 27 \tfrac{1}{2}}{100} = 2310$ fr. Profit à recevoir.

2me EXEMPLE :

Au retour d'un vaisseau, un Négociant a reçu 71600 fr. pour grosse-aventure, à raison de 23 pour cent. On demande quelle était la somme qu'il avait placée sur ce vaisseau lors de son départ ?

Proportion. $23 : 100 :: 71600 : x.$

Opération. $\dfrac{71600 \times 100}{23} = 311{,}304$ fr. Solution.

De la règle d'Avaries.

L'*Avarie* est le dommage qui arrive à un vaisseau ou aux marchandises dont il est chargé.

On appelle encore *avarie* toute dépense extraordinaire et imprévue qu'un navire est obligé de faire dans un voyage, ainsi que le droit qu'il paye pour l'entretien du port où il mouille.

C'est une *simple avarie* quand la dépense ne regarde que le vaisseau ou la marchandise, et c'est une *grosse avarie* quand la dépense regarde à la fois le vaisseau et le chargement.

1er EXEMPLE :

La cargaison d'un navire a été estimée à 985000 fr. ; pendant son voyage, il a eu pour 47000 fr. d'avaries, tant pour effets jetés à la mer, marchandises gâtées, câbles et ancres perdues, voiles déchirées, mâts rompus. Un négociant était intéressé dans cette cargaison pour 60000 fr. de marchandises qu'il avait fait assurer, en s'engageant cependant à rendre aux assureurs 7 ½ pour cent des avaries. On demande : 1° combien il faut rabattre pour cent aux intéressés, et 2° combien le négociant doit contribuer, pour sa part, dans les avaries ?

1re *Question.* $985000 : 47000 :: 100 : x.$

Opération. $\dfrac{47000 \times 100}{985000} = 4$ fr. 77. Solution de la 1re question.

2e *Question.* $985000 : 60000 :: 47000 : x.$

1re *Opération.* $\dfrac{47000 \times 60000}{985000} = 2862$ fr. 94 c. $\frac{4}{10}$

2e *Opération.* $100 : 7\frac{1}{2} :: 2862{,}94\frac{4}{10} : x.$

$\dfrac{2862{,}94\frac{4}{10} \times 7\frac{1}{2}}{100} = 214$ fr. 72 c. Solution de la 2me question.

Il faut donc rabattre aux intéressés 4 fr. 77 c. pour cent, et le négociant doit contribuer aux avaries pour 214 fr. 72 c.

2me EXEMPLE :

La cargaison d'un navire est estimée 1,500,000 fr.; pendant le voyage, il a eu pour 25,000 fr. d'avaries ; combien doit payer, pour sa part des avaries, un négociant qui a fait assurer pour 50,000 fr. de marchandises et qui s'est engagé à rembourser aux assureurs 7 ½ pour cent du montant des avaries.

1re *Proportion.* $1500000 : 25000 :: 50000 : x = 833$ fr. 33.
2e   — $100 : 7$ fr. $50 :: 833{,}33 : x = 62$ fr. 50. Solution.

De la règle des Gains et Pertes.

Cette règle sert à faire connaître au négociant ce qu'il gagne et ce qu'il perd pour cent sur une partie de marchandises, et quel sera son prix de vente pour gagner une somme déterminée pour cent.

1er EXEMPLE :

Une partie de marchandises a été achetée, tous frais faits, 949 fr. 90 c.; on la revend 1081 fr. 50 c.; quel est le gain pour cent ?

Il faut connaître d'abord le gain fait sur la marchandise :

Le prix de vente	1081	fr. 50
Moins le prix d'achat	949	— 90
Laisse pour bénéfice	131	fr. 60

Proportion. 949,90 : 131,60 :: 100 : x.

Opération. $\dfrac{131 \text{ f. } 60 \times 100}{949 \text{ fr. } 90} = 13 \text{ fr. } 85\frac{1}{4}$ Solution.

Le gain pour cent est donc 13 fr., 85 $\frac{1}{4}$

2me EXEMPLE :

Un Négociant achète 69 pièces de vin qui lui coûtent 4212 fr. 45 c.; il ne peut les revendre que 3699 fr.; quelle est sa perte pour cent?

4212 fr. 45 — 3699 = 513 fr. 45 c., montant de sa perte.
Proportion. 4212,45 : 513,45 :: 100 : x.

Opération. $\dfrac{513 \text{ fr. } 45 \text{ c. } \times 100}{4212 \text{ fr. } 45 \text{ c.}} = 12 \text{ fr. } 19$; perte pour cent.

De la règle de Troc.

Le *troc* est un échange de marchandises. Lorsque des négociants troquent leurs marchandises, ils se les vendent réciproquement et ordinairement au-dessus du cours. C'est un usage, quoi qu'il soit évident que cette augmentation réciproque est tout à fait inutile, attendu que l'on ne fait pas un troc sans connaître le prix de la marchandise que l'on cède et sans s'informer du prix au cours de celle que l'on prend.

1er EXEMPLE :

Un droguiste vend au comptant l'indigo 19 fr. le kilog.; au troc il veut en avoir 20 fr. 50 c.; un autre a du poivre qu'il vend au comptant 300 fr. les 50 kilog.; à quel prix le dernier doit-il apprécier son poivre au troc, à proportion de ce que le premier estime son indigo?

La solution est une simple proportion.

19 fr. : 20 fr. 50 :: 300 fr. : x.

Opération. $\dfrac{300 \times 20 \text{ fr. } 50}{19} = 323 \text{ fr. } 68\frac{8}{19}$ Solution.

Le dernier doit donc porter son poivre à 323 fr. 68 c. $\frac{8}{19}$ les 50 kilog.

2me EXEMPLE :

Un marchand a du cacao à 6 fr. le kilog.; on lui propose un troc en sucre: il accepte, mais il dit qu'il vend son cacao 7 fr. 20 c. et il veut en avoir $\frac{1}{3}$ en espèces; à quel prix doit-on porter le sucre qui vaut 40 fr. les 25 kilog.?

Puisque l'on doit payer $\frac{1}{3}$ au comptant, il ne faut compter en troc que les $\frac{2}{3}$ de 7 fr. 20 c.

On ôtera donc ce tiers, qui est 2 fr. 40 des deux termes du premier rapport, et la proportion sera ainsi posée :

6 fr. — 2 fr. 40 c. : 7 fr. 20 c. — 2 fr. 40 :: 40 : x.
ou 3 fr. 60 : 4 fr. 80 c. :: 40 c. : $x = 53$ fr. 33 $\frac{1}{4}$. Solution.

Le sucre devra donc être compté 53 fr. 33 $\frac{1}{4}$ les 25 kilog.

La vraie règle de troc consiste à chercher ce qu'il faut d'une marchandise pour équivaloir à une quantité déterminée d'une autre marchandise, d'après les prix convenus et les avantages que chacun peut tirer de l'une plutôt que de l'autre.

3me EXEMPLE :

Un marchand a du drap qui vaut 24 fr. le mètre et dont il ne trouve pas le débit; il propose de le troquer pour de la toile qui se vend 5 fr.; combien doit-il recevoir de mètres de toile pour 250 mètres de drap?

Avant de poser la proportion, il faut faire attention que les quantités de marchandises sont en raison inverse des prix, et dire

5 : 24 :: 250 : $x = 1200$ mètres. Solution.

On recevra 1200 mèt. de toile pour 250 mèt. de drap.

De la règle de tare.

La *tare* est le poids des barils, caisses, etc., qui contiennent les marchandises ; c'est encore, dans le commerce, le rabais ou la diminution que l'on fait sur des marchandises pour raison de leur défectuosité, etc.

La tare se règle à tant par balle, par caisse, etc., ou à tant pour cent, suivant les conventions.

En général, si la tare se calcule à raison du cent, on peut la prendre en dedans ou en dehors, suivant les conventions qui font la règle.

1er EXEMPLE :

Un marchand achète 3 barils cassonnade pesant brut 2550 kil. avec tare de 13 pour cent ; quel est le poids à payer ?

La proportion se pose

$$100 : 2550 :: 87 : x = 2218 \text{ kilog. 5, poids à payer.}$$

2me EXEMPLE :

Une personne a acheté 1000 mèt. toile à condition que le vendeur lui accordera, comme tare, un mètre en plus par 25 mètres ; combien lui livrera-t-on de mètres ?

$$25 : 26 :: 1000 : x = 1040 \text{ mèt. Solution.}$$

3me EXEMPLE :

Un fabricant vend 53 pièces calicot formant ensemble 1580 mèt. ; mais à raison des taches et des trous, il accorde qu'on lui payera 7 mètres en moins par 100 mètres ; combien lui payera-t on de mètres ?

C'est acheter 93 mètres pour en recevoir 100.

$$100 : 93 :: 1580 : x = 1469 \text{ mèt. 40. Solution.}$$

De la règle de Voiture.

Le transport par terre ou par eau se paye au cent ou au mille pesant à raison des distances, ou des périls que l'on peut courir. On appelle règle de voiture l'opération par laquelle on trouve la somme à payer pour un poids déterminé.

1er EXEMPLE :

Pour le port du tonneau (1000 kilog.) on paye de Brest à Bayonne 10 fr. ; combien doit-on payer pour le transport de 95000 liv. poids de Paris ?

Le kilog. $= 2$ liv.-anc., 042876, Poids de Paris.
Le tonneau ou 1000 kilog. $= 2042$ liv. 876 mill.
2042 liv. 876 mill. : 95000 liv. :: 10 : $x = 465$ fr. 02 c. Solution.

2me EXEMPLE :

Si de Reims à Lyon le transport se paye 15 fr. les 100 kilog., combien payera-t-on pour 4 caisses pesant ensemble 1480 kilog. ?

$$100 : 15 :: 1480 : x = 222. \text{ Solution.}$$

DE LA RÈGLE D'INTÉRÊT.

L'intérêt est le bénéfice qui résulte du prêt fait d'une somme, c'est le prix du loyer de cette somme pendant un certain temps ; la somme placée se nomme *capital* ou *principal*.

L'intérêt dépend donc de la *quotité* du capital, du *temps* pendant lequel il est placé et du *taux* d'intérêt. On appelle *taux* le bénéfice que rapporte une somme déterminée pendant un temps fixé ; c'est ordinairement le bénéfice que rapportent 100 fr. prêtés pendant un an.

Ce *taux* est une espèce d'*unité d'intérêt*, convenue entre le prêteur et l'emprunteur. L'usage, dans le commerce et la banque, a fixé des limites que le *taux* ne peut franchir sans être appelé *usure*.

Le Gouvernement et la Banque payent ou font payer l'intérêt à 3, 4, 4 ½ et 5 p. cent l'an ; dans le commerce, l'intérêt se compte à 6 p. cent; tels sont les usages, mais il y a souvent des exceptions.

Le *taux* se compte donc ordinairement à 3, 4, 5 et 6 p. cent par an ou à ¼ ⅓ et ½ p. cent par mois. Autrefois il se comptait au denier 12, 18, 20, 24, 30 par an. C'est-à-dire qu'un denier d'intérêt ou de rente était produit par un capital de 12, 18, 20, 24 ou 30 deniers ; mais le taux a été définitivement fixé sur la somme de 100 fr. et par mois ou par année.

La règle d'intérêt est une proportion ou règle de trois, puisqu'il s'agit de répondre à cette simple question :

Quel est l'intérêt de telle somme, si 100 fr. produisent tant par an ou par mois? cette proportion ayant 100 pour diviseur, on ne la pose pas et la règle est :

1re RÈGLE.

Pour avoir l'intérêt d'une somme, il faut la multiplier par le taux d'intérêt pour un an, puis par le temps pendant lequel elle est placée, et diviser le résultat par 100.

1er EXEMPLE :

On demande l'intérêt de 1000 fr. à 5 p. 0/0 l'an, pour 1 an 3 mois et 9 jours.

On multiplie la somme par le taux $1000 \times 5 = 5000$

Par le temps	1 an 3 m. 9 jours.
Pour un an	5000
Pour 3 mois ¼	1250
Pour 9 jours $\frac{1}{10}$	125
Produit divisé par 100	63,75

Donc l'intérêt de 1000 fr. pour un an, 3 mois, 9 jours à 5 p. cent l'an est 63 fr. 75 c.

2me EXEMPLE :

Quel est l'intérêt de 5000 fr. à ¼ p. cent par mois, pour 10 mois et 15 jours.

Le taux étant au mois, l'opération est la même, à cette différence près que dans la multiplication, l'unité du multiplicateur est le mois au lieu de l'année, de sorte que si dans cet exemple j'avais eu 1 an, 10 mois et 15 jours, j'aurais posé comme multiplicateur 22 mois 15 jours.

Opération.	$5000 \times \frac{1}{4} = 1250$ fr.
	$\times$ 10 mois 15 jours.
Pour dix mois	12500
Pour 15 j. $\frac{1}{20}$	625

Produit diminué de deux chiffres ou divisé par 100   131,25
L'intérêt est donc 131 fr. 25 c.

Dans le commerce on a substitué au calcul ordinaire dont nous venons de donner la règle une méthode qui consiste à prendre les intérêts par le nombre de jours.

Pour expliquer cette méthode, il faut d'abord admettre que l'année ne se compose que de 360 jours et le mois de 30 jours ; cette base ne peut donner un résultat exact ; mais l'on passe sur des différences connues, à cause de la facilité et de la promptitude des calculs. Il est évident que dans la fixation du nombre de jours, si l'on compte les mois qui ont 31 jours pour 30 jours, il en résultera une différence.

Cherchons maintenant le principe et établissons la règle : 100 fr. $\times$ 360 jours $= 36,000$, *nombre* qui, divisé par 6000, *diviseur*, donnera pour quotient 6. Or, pour trouver l'intérêt d'une somme à 6 p. cent, il suffira donc de diviser le *nombre* par le *diviseur* trouvé pour 6 p. cent, qui est 6000.

En effet, quel est l'intérêt de 1000 fr. à 6 p. cent par an ?

$$\frac{1000 \times 360 \text{ jours}}{6000} = 1 \text{ an} = \frac{360000}{6000} = 60 \text{ fr. résultat.}$$

Cette méthode a deux avantages très-grands :

1° Elle fait disparaître tout calculs de parties aliquotes de l'année ou du mois.

2° Elle permet presque par une seule opération de faire le compte d'intérêts de différentes sommes à des échéances différentes :

Le diviseur de 6 pour cent étant trouvé, il faut trouver les diviseurs pour les autres taux : les proportions donneront

Pour $\frac{1}{4}$ par mois ou 3 pour cent par an 12000 pour diviseur.

$\frac{1}{3}$ — 4 — 9000 —

$\frac{5}{12}$ — 5 — 7200 —

$\frac{1}{2}$ — 6 — 6000 —

$\frac{2}{3}$ — 8 — 4500 —

$\frac{3}{4}$ — 9 — 4000 —

On pourrait encore trouver d'autres *diviseurs*, mais ceux qui précèdent sont les plus usités et suffisent aux opérations ordinaires.

Cette méthode nous donnera encore d'autres facilités :

2ᵉ RÈGLE.

Pour avoir l'intérêt d'une somme par les *nombres*, il faut multiplier cette somme par le nombre de jours, et diviser le produit appelé *nombre* par le *diviseur* particulier à chaque taux d'intérêt.

3ᵐᵉ EXEMPLE :

Quel est l'intérêt de 597 fr. placés pendant 7 mois et 23 jours à 6 p. cent l'an ?

Opération. 6 pour cent diviseur 6000, 7 mois 23 jours $= 7 \times 30 + 23 =$ 233 jours.

$$\begin{array}{r} 597 \\ 233 \\ \hline 1791 \\ 1791 \\ 1194 \\ \hline \end{array}$$

Nombre 139101 à diviser par 6000

Ou bien diviser par 1000 en retranchant 3 chiffres 139100, et puis diviser par 6 ; intérêt demandé : 23 fr. 18 c.

4ᵐᵉ EXEMPLE :

On demande l'intérêt de 597 fr. placés du 1ᵉʳ mars au 23 octobre, 7 mois et 23 jours, à 6 p. cent l'an ?

Opération. 6 pour cent div. 6000, 7 m. 23 j. $=$ 237 jours.

$$\begin{array}{r} 237 \\ 597 \\ \hline 1659 \\ 2133 \\ 1185 \\ \hline \end{array}$$

Nombre 141489

Diviser par 1000 141 fr. 489 et diviser encore par 6 ; intérêt demandé : 23 fr. 58.

La différence entre ces deux derniers résultats est 40 cent., c'est l'intérêt de 597 fr. à 6 p. cent pendant 4 jours ; cette différence est produite par les nombres multiplicateurs qui diffèrent de 4 jours ;

Dans le troisième exemple, on a compté 7 mois à 30 jours, plus 23 jours, la solution est exacte, l'intérêt est 23 *fr.* 18 cent. ;

Dans le quatrième exemple, on compte les mois à 30 et 31 jours, le nombre de jours est trop exact, mais la solution 23 fr. 58 c. ne l'est pas.

C'est pourtant le dernier moyen qui est adopté dans le Commerce ;

Pour le principe, on dit que l'année n'a que 360 jours, et quand on applique la règle on la compte à 365 jours ; ce n'est pas rationnel, mais c'est comme cela.

Il ne s'agit ici que d'une minime différence de 40 cent. ; mais quand on opère sur de grosses sommes, la différence compte par francs.

EXEMPLE :

Quel est l'intérêt de 30,000 fr. placés à 6. p. cent du 1ᵉʳ mars au 31 octorbre, 8 mois ?

Opération en comptant les mois à 30 jours.

Diviseur 6000 ; 8 mois =   240 jours.
Somme   30000 fr.

Nombre   7200000

Diviser par 1000 produit 7200, les diviser encore par 6 : produit 1200 fr.

Opération en comptant les mois à 30 et 31 jours.

8 mois, du 1ᵉʳ mars au 31 octobre   245 jours.
Somme   30000 fr.

Nombre   7350000

Diviser par 1000 produit 7350, les diviser encore par 6 produit 1215 fr.

La différence est 15 fr., intérêt de 30,000 fr. pendant 5 jours à 6 p. cent. Le résultat de la 1ʳᵉ opération est plus exact, et c'est pourtant la méthode suivie dans la seconde que l'usage admet.

Il faudra donc compter scrupuleusement les jours, et à cet effet on trouvera des memento du commerce qui font suivre chaque jour de l'année de 2 nombres : l'un indique combien de jours se sont écoulés du 1ᵉʳ janvier à une date donnée quelconque, et l'autre combien il reste de jours de cette date au 31 décembre.

On remarquera que les prêteurs comptent l'intérêt du jour du prêt jusqu'au jour du remboursement compris ; quand il s'agit de sommes importantes, l'intérêt part même de la veille du prêt ou de la remise.

EXEMPLE :

Quel sera l'intérêt à 4 p. cent par an, des sommes avancées aux époques indiquées au présent bordereau et que l'on rembourse ce jour intérêt et capital ?

BORDEREAU

Paris, le 31 juillet 1850.

1851 juin	1ᵉʳ fr.	3000	espèces	61 jours	1830..
—	10	4000	—	52 —	2080..
—	15	1000	—	47 —	470..
—	25	2000	—	37 —	740..
juillet	1ᵉʳ	3000	—	31 —	930..
—	25	1000	—	7 —	70..
	Fr.	14000		Nombre	6120..
Intérêt des nomb. Div. 90		68	Divisé par 1000	612,	
Valeur ce jour		14068	— par 9	68 int. à 4 p. 100 (1)	

Il existe encore une autre méthode de calculer les intérêts pour les taux par mois, elle a beaucoup de rapport avec la dernière, parce qu'elle est basée sur le nombre de jours. Nous allons la faire connaître.

---

(1) Dans les nombres, on néglige ordinairement les deux derniers chiffres qui sont ici indiqués par des points ; mais alors on retranche deux chiffres au diviseur.

En général, pour connaître combien de chiffres ont été retranchés du nombre, il faut chercher le diviseur qui est réduit du même nombre ; dans ce bordereau, le diviseur 90 au lieu de 9000, indique que deux chiffres ont été retranchés.

3ᵐᵉ RÈGLE.

Pour trouver l'intérêt d'une somme à quelque taux que ce soit par mois et pendant un nombre quelconque de jours, il faut multiplier la somme par le nombre de jours, le produit par le taux, retrancher les trois derniers chiffres et prendre le tiers, qui donne l'intérêt cherché.

1ᵉʳ EXEMPLE :

Quel est l'intérêt de 1209 fr., pour 49 jours à $\frac{1}{4}$ p. cent par mois ?

$$1209 \text{ fr.} \times 49 \text{ j.} = 59241 \times \tfrac{1}{4} = 14810 - 3 \text{ chiffres} = \frac{14,810}{\frac{1}{3}} = 4 \text{ fr. } 93 \text{ c.} \tfrac{2}{3}$$

L'intérêt cherché est donc de 4 fr. 94 cent., centimes forcés ; beaucoup de maisons ne comptent même que par 5 et 10 cent. on paierait ici 4 fr. 95 cent.

Cette méthode a pour avantage de donner un diviseur facile et toujours le même ; aussi le calcul, qui paraît long peut-être quand on l'explique, se fait-il pourtant avec promptitude.

2ᵐᵉ EXEMPLE :

On demande l'intérêt à payer pour une facture de 2970 fr. qui est acquittée 37 jours après son terme, à $\frac{1}{2}$ p. cent par mois.

On multiplie la somme	2970 fr.
Par	37 jours.
	20790
	891
Produit	109890
$\times$ par le taux	$\frac{1}{3}$
	36630
Diminuez trois chiffres	36,630
Prenez le tiers	12, 21

L'intérêt ou plutôt le retard de payement à solder est donc 12 fr. 21 c.

3ᵐᵉ EXEMPLE :

Une somme de 3750 fr. a rapporté 719 fr. 25 c. d'intérêt en deux ans et demi ; on demande à quel taux cette somme était placée ?

Pour résoudre ce problème, il faut revenir aux proportions.

3750 prod. : 719 fr. 25 c. d'int. :: ce que produir. 100 fr. : x^a premier inconnu.

2 ans $\frac{1}{2}$: 1 an :: x^a le premier connu : x^b deuxième inconnu.

Ce sera donc deux proportions à résoudre, mais on peut les réduire à une seule opération.

Proportion.   3750 fr. $\times$ 2 ans $\frac{1}{2}$: 719 fr. 25 $\times$ 1 :: 100 : x.

$$\textit{Opération.} \quad \frac{719,25 \times 1 \times 100}{3750 \times 2\frac{1}{2}} = \frac{71925}{9375} = 7 \text{ fr. } 672.$$

Le taux de l'intérêt était donc 7 fr. 67 pour cent par an, à un centime près.

Un grand nombre de problèmes peuvent néanmoins se résoudre par le raisonnement.

EXEMPLE :

Un capital placé pendant 27 mois à 6 pour cent l'an, a rapporté 1312 fr. 65 c. d'intérêt ; quel est le capital ?

L'intérêt divisé par 27 mois donnera l'intérêt d'un mois, qui, multiplié par 12 mois, produira l'intérêt d'un an ; ou bien, si on divise l'intérêt par 2 ans $\frac{1}{4}$ (27 mois), on aura l'intérêt du capital pour un an.

$$\textit{L'intérêt} \quad \frac{1312 \text{ fr. } 65 \text{ c.}}{27 \text{ mois}} \times 12 \text{ mois} = \frac{1312 \text{ fr. } 65}{2 \text{ ans } \frac{1}{4}} = 583 \text{ fr. } 40.$$

Donc, 583 fr. 40 est l'intérêt d'un an à 6 pour cent du capital cherché.
Puisque l'intérêt d'un an 583 fr. 40 est le capital $\times$ 6 : 100.
On doit trouver ce capital en faisant des opérations contraires, c'est-à-dire,
583 fr. 40 c. $\times$ 100 et divisé par 6.

$$\text{Donc, } 583 \text{ fr. } 40 \times 100 = \frac{58340 \text{ fr.}}{6} = 9723 \text{ fr. } 33 \text{ c. capital placé.}$$

DE LA RÈGLE DE L'INTÉRÊT DES INTÉRÊTS
ou intérêts composés.

L'intérêt composé est l'intérêt de l'intérêt qui s'ajoute chaque année au capital.
La loi ne permet d'exiger l'intérêt de l'intérêt que lorsqu'il s'agit de sommes appartenant à des mineurs.
La règle ordinaire est simple ; elle consiste à chercher d'abord l'intérêt d'un an, à l'ajouter au capital afin d'en prendre l'intérêt pour la seconde année ; cet intérêt est encore ajouté au capital et produit encore un intérêt, et ainsi de suite en capitalisant chaque année l'intérêt et l'intérêt de l'intérêt. On fait autant d'opérations qu'on a d'années d'intérêts composés à calculer.

1er EXEMPLE :

Quelle est la somme à recevoir au bout de trois ans pour un capital de 20,000 fr. placé à l'intérêt composé et à 5 p. cent par an ?

Proportion. 100 : 5 :: 20.000 : $x = 1000$ intérêt de la 1re année.
                         1.000

          100 : 5 :: 21,000 : $x = 1050$ — 2me —
                     1.050

          100 : 5 :: 22.050 : $x = 1102,50$ — 3me —
                     1.102, 50

La somme à recevoir est 23.152, 50

Les intérêts composés ont produit   3152 50
Pour les intérêts simples, on n'aurait eu que   3000 »

La différence est le produit de l'intérêt de l'intérêt   152 50

La règle d'intérêts composés est donc une proportion qu'on répète autant de fois qu'il y a d'années d'intérêts ; si elle est facile, elle n'est pas moins très-longue ; les puissances des nombres ou la règle conjointe nous donneront des moyens qui ne sont plus expéditifs dans le résultat que quand il s'agit d'un grand nombre d'années.
Pour bien comprendre l'emploi des puissances des nombres, il faut que la proportion soit posée de manière à produire capital et intérêts au quatrième terme ; c'est-à-dire qu'à 5 pour cent, par exemple, les deux termes du premier rapport soient

100 : 105 :: le capital : $x =$ le capital et l'intérêt.

Posons une question simple :

2me EXEMPLE :

On demande quels seront le capital et l'intérêt à rembourser au bout de trois ans, par une personne qui a emprunté 10,000 fr. à 5 p. cent.
Le quatrième terme de la proportion suivante sera la solution de ce problème.

$$100 : 105 :: 10000 : x = 10500 \text{ fr.}$$

$$\text{En effet, } \frac{105 \times 10000}{100} = 10500 \text{ fr.}$$

Il est évident que si 10000 fr. ont produit en un an, intér. et cap.   10500
L'intérêt simple de la deuxième année serait   500
Et que l'intérêt d'une troisième année serait encore   500

Donc 10000 fr. placés pendant 3 ans à intérêt simple se remb. par   11500

Voyons maintenant quels seront les résultats pour la même somme placée pendant trois ans au même taux, mais à intérêts composés.

3ᵐᵉ EXEMPLE :

Un mineur émancipé exige de son tuteur le remboursement d'un capital de 10,000 fr. 5 p. cent l'an, avec les intérêts des intérêts pendant trois ans. Quelle somme le tuteur doit-t-il payer?

Pour obtenir ce résultat par une seule opération, il faut poser la proportion comme au deuxième exemple, à cette différence près que les deux termes du premier rapport seront élevés à la troisième puissance ; le nombre d'années étant l'exposant de la puissance de ces deux termes dans les calculs d'intérêts composés.

$$100^3 : 105^3 :: 10000 : x.$$

Soit, posant les deux premiers termes à la puissance indiquée

$$1.000.000 : 1157.625 :: 10000 : x.$$

Opérons $\dfrac{1157625 \times 10000}{1000000}$ ou $\dfrac{11576250000}{1000000} = x = 11.576 \text{ fr. } 25 \text{ c.}$

Solution.

Nous avons vu plus haut que la même somme à intérêt simple produisait

$$11.500$$

Donc l'intérêt des intérêts a produit   76 25

Somme égale   11.576 25

4ᵐᵉ EXEMPLE :

Quel capital faut-il placer à 5 p. 100 pour recevoir au bout de six ans 7772 fr. 55 c. représentant le capital placé avec les intérêts composés?

Cette proportion étant l'inverse de la précédente, il faut, pour la résoudre, changer de place les deux termes de chaque rapport ; on aura

$$105^6 : 100^6 :: 7772 \text{ fr. } 55 : x.$$

Opérons $\dfrac{7772 \text{ fr. } 55 \times 100^6}{105^6} = 5800 \text{ fr. solution.}$

Nous indiquons l'opération sans poser les produits des puissances.

5ᵐᵉ EXEMPLE :

Un tuteur vient de recevoir 1733 fr. 22 c. pour les intérêts composés d'une somme qu'il a constituée à 4 p. cent pendant cinq ans; on demande quelle est cette somme?

$$104^5 - 100^5 : 1733 \text{ fr. } 22 \text{ c.} :: 100^5 : x.$$

Opération. $\dfrac{1733 \text{ fr. } 22 \times 100^5}{104^5 - 100^5} = 8000 \text{ fr. solution.}$

Quand on cherche les intérêts composés par la règle conjointe, on fait exactement la même opération que pour les deux termes du premier rapport à la puissance voulue.

Prenons le troisième exemple donné pour vérifier le produit.

EXEMPLE :

Quels sont les intérêts composés et le capital à payer au bout de trois ans, à 5 p. cent pour 10,000 fr. ?

Nous poserons la règle conjointe ainsi :

$$\left.\begin{array}{l} 100 : 105 \\ 100 : 105 \\ 100 : 105 \end{array}\right\} :: 10000 \text{ fr.} : x.$$

Opérons. $100 \times 100 \times 100 : 105 \times 105 \times 105 :: 10000 : x.$

Prenons les produits $1000000 : 1157625 :: 10,000 \text{ fr.} : x = 11576 \text{ fr. } 25 \text{ c.}$ solution.

C'est évidemment revenir aux puissances des nombres.

Les différentes méthodes que nous avons suivies jusqu'ici pour calculer les intérêts composés sont toutes très-longues, surtout lorsque le nombre des années est considérable. Le seul moyen d'abréger les calculs des intérêts composés n'est donné que par les logarithmes; nous en parlerons à ce chapitre.

DE LA RÈGLE D'ESCOMPTE.

L'escompte, ou plus exactement *ex compte* (somme mise *hors de compte*), est une remise que consent à faire le créancier pour recevoir au comptant ou à court délai une valeur dont l'échéance est éloignée. L'escompte n'est donc autre chose que l'intérêt de l'argent reçu avant terme.

La règle d'escompte ne peut donc être qu'une proportion ou règle de trois.

On escompte une créance, un billet, une lettre de change, une facture à terme.

En France, escompter un billet payable à échéance, c'est retenir sur un billet les intérêts qu'on aurait pu tirer de la somme qu'il représente, jusqu'au jour indiqué par l'échéance : ainsi, sur un billet de 100 fr., à un an, on prendrait pour l'escompte à 6 pour cent   6 fr. »

et l'on solderait en espèces le produit net de   94 »

montant du billet.   100 fr. »

L'escompte est *en dedans* ou *en dehors* :

En *dedans*, quand on prend l'escompte sur toute la somme.

En *dehors*, quand l'escompte n'est retenu que sur la somme payée.

Soit 420 fr., valeur à un an, qu'on escompte à 5 pour cent.

1er EXEMPLE SUR ESCOMPTE EN DEDANS :

$$105 : 5 :: 420 : x = 20 \text{ fr. net à payer } 400 \text{ fr.}$$

2me EXEMPLE SUR ESCOMPTE EN DEHORS :

$$105 : 5 :: 420 : x = 20 \text{ fr. net à payer } 399 \text{ fr.}$$

La différence entre ces deux résultats, un franc, est exactement l'intérêt de l'escompte pour un an. L'escompteur en demandant 21 fr., prend donc l'intérêt de l'intérêt, ce qui n'est pas licite; c'est en ce sens seulement que l'escompte diffère de l'intérêt simple qui se prend sur la somme réellement reçue ou payée, tandis que l'escompte se prend sur la somme que l'on paye et sur celle que l'on retient.

Quoi qu'il en soit, cette seconde méthode est généralement admise dans le commerce, parce qu'elle est plus expéditive et plus commode sous le rapport des calculs, puisqu'il ne faut faire qu'une multiplication, la division par cent s'opérant en retranchant deux chiffres du produit.

La règle la plus ordinaire de l'escompte est de multiplier la somme par le taux de l'escompte, et de diviser le produit par cent, c'est faire la proportion indiquée au deuxième exemple ci-dessus. Cette règle est facile pour trouver l'intérêt d'un an ; mais quand il faut chercher l'escompte d'une somme pour des fractions de l'année, l'opération devient plus difficile, elle complique la proportion, ou il faut, par la méthode ordinaire, prendre des parties aliquotes pour les fractions.

3me EXEMPLE.

On demande l'escompte à 6 p. cent l'an, d'une somme de 1900 fr. payable à un an et huit mois de date ?

On multiplie la somme	1900 fr.	
Par le taux	6	
Escompte d'un an	114 f. 00	en retranchant deux chiffres.
P. 8 m. on prend d'abord p. 6 m.	57 »	la moitié du produit de 1 an (6 mois = $\frac{1}{2}$ de 12 mois).
p. 2 m.	19 »	le tiers du produit de 6 m. (2 mois = $\frac{1}{3}$ de 12 mois).
Total. . .	190 »	Escompte de 1 an 8 mois à déduire de 1,900 fr.

L'escompte présente plus de difficultés encore, si le temps à courir renferme des fractions de mois.

4me EXEMPLE :

Quel est le net produit d'un billet de 4960 fr. payable dans un an, 10 mois et 18 jours, escompte à 6 p. cent par an ?

<pre>
                    Somme   4960 fr.
                  × le taux   6
                                 ─────────
Escompte d'un an   297 f. 60   les 2 derniers chiffres retranchés.
     —   p. 6 mois.   148   80   la moitié du produit d'un an.
     —   p. 3 —   74   40   —   —   de 6 mois.
     —   p. 1 —   24   80   le tiers   —   de 3 —
 p. 18 j. = p. 15 jours.   12   40   la moitié   —   de 1 —
            p. 3 —   2   48   le dixième   —   de 1 —
                                 ─────────
                                 560 f. 48
le net prod. à payer sera   4399   52   puisque ajouté à l'escompte il donne
le montant du billet   4960 f. »
</pre>

Tous ces produits partiels demandent une grande attention et beaucoup de temps; on se sert dans le commerce d'une règle plus expéditive *pour les taux par mois.*

Soit 6 p. cent ou ¼ par mois (*le mois est toujours compté à 30 jours*).

RÈGLE GÉNÉRALE.

Pour trouver l'escompte d'une somme à quelque taux que ce soit par mois et pendant un nombre quelconque de jours, il faut multiplier la somme par le nombre de jours, le produit par le taux, retrancher les trois derniers chiffres, et prendre le tiers.

5me EXEMPLE :

Quel est l'intérêt de 700 fr. à ¼ p. cent par mois pour 180 jours ?

(C'est demander l'escompte de 700 fr. à 6 p. cent par an, pour 6 mois.)

Le calcul est facile, on peut le faire de tête : 42 fr. pour un an 1/2, pour six mois, soit 21 fr.

<pre>
Appliquons la règle : On multiplie   700 fr.
                          par   180 jours
                                      ──────────
                                      126000
           Puis par le taux   ½
                                      ──────────
                                       63000
On retranche trois chiffres   63 fr. en prenant le tiers,
Somme exacte de l'intérêt   21 fr.
</pre>

6me EXEMPLE :

Prenons la somme de 4960 fr. pour un an 10 mois et 18 jours, escompte à ¼ p. cent par an), dont l'escompte trouvé au quatrième exemple est 560 fr. 48 c.

(Il faut se rappeler que dans les calculs du commerce l'année ne se compose que de 360 jours et tous les mois de 30 jours.)

<pre>
   Multiplier la somme.   4960 fr.
par 360 jours   1 an.
 + 300   —   10 mois.
 +   18   —
    ───
    678   ×   678 jours.
                                ──────────
                                39680
                                 3472
                                 2976
                                ──────────
                                3362880
            Par le taux   ½
                                ──────────
                                1681440
Retrancher trois chiffres   1681 fr. 44 c. et prendre le tiers
On a le même résultat   560 fr. 48 c.
</pre>

7me EXEMPLE.

Quel est l'escompte de 2290 fr. payable à 3 mois, à ⅓ p. cent par mois ?

```
        La somme      2290
  ✕ le nombre de jours   90
                      ──────
                      206100
        ✕ le taux        ⅓
        Produit       68700
  Diminué de trois chiffres   68,70
    On prend le tiers, escompte exact.   22 fr. 90 c.
```

8me EXEMPLE.

Quel sera le produit net d'une somme de 3600 fr. dont l'échéance est à 7 mois 17 jours, intérêts à ⅓ p. cent par mois ?

```
        La somme      3600
  ✕ le nombre de jours   227
                      ──────
                      25200
                        72
                        72
                      ──────
                      817200
        ✕ par le taux     ⅓
                      ──────
                      204300
  Dimin. de 3 chiffres   204 fr. 30 c.   Le net prod. est donc 3531 f. 90
    Dont le tiers est    68    10     puisque, ajouté à l'esc.   68   10
                                      il reproduit la somme 3600
```

Cette méthode est évidemment plus expéditive encore que la première règle donnée ; il faudra donc s'en servir pour tous les calculs d'escompte dont le taux est fixé par mois, ou peut être ramené par mois.

```
Tels que 4 p. cent par an  =  1/3 p. cent par mois.
         6      —          =  1/2      —
         8      —          =  2/5      —
         9      —          =  3/4      —
        10      —          =  5/6      —
        12      —          =  1        —
```

Pour tous les autres taux, il vaut mieux revenir à la règle ordinaire, c'est-à-dire, multiplier par le taux de l'année et prendre des parties aliquotes du produit ; autrement il faudrait encore faire une division par 12, après avoir pris le tiers du produit, ce qui revient à la règle donnée pour l'intérêt ; parce que retrancher trois chiffres, prendre le ⅓ et diviser par 12, c'est diviser par 3600.

9me EXEMPLE :

Soit l'escompte de 272 fr. pour 36 jours à 5 p. cent l'an.

```
  Il faut multiplier la somme   272
      Par le nombre de jours     36
                              ──────
                              1632
                               816
                              ──────
                              9792
  Multiplier par le taux         5 pour cent par an.
                              48,960 diminuer de 3 chiffres.
      Diviser par le ⅓       16,52
             le 1/12          1,36  escompte.
```

Par la règle des parties aliquotes de l'année.

La somme   272
$\times$ 5   le taux par an.

Divisé par 100   13,60   escompte pour un an.

Pour 1 mois à 30 j. $\frac{1}{12}$ 1,13 $\frac{1}{3}$ (1 fr. 36 c. même résultat,
Pour 6 jours   — $\frac{1}{5}$ 22 $\frac{2}{3}$ (mais plus vite obtenu.

Par la règle des parties aliquotes du taux de l'escompte.

La somme   272
Multiplié par le nombre de jours   36

Produit ci-dessus   9792
—   dimin. de 3 ch.   9,792
$\times$ par le taux de 6 p. cent $\frac{1}{2}$

4,896

Le $\frac{1}{3}$ 1,632
$\frac{1}{6}$ à déduire   272   différence du taux à 5 p. cent.

1 f. 36 c.   même résultat.

Ces trois exemples prouvent que l'opération la plus prompte est la multiplication par le taux de l'année et les parties aliquotes, quand on ne peut obtenir une fraction simple pour le taux par mois.

EXERCICES.

Une vente est faite payable à 14 mois, l'intérêt est à $\frac{1}{2}$ p. cent par mois d'avance de payement ; l'acheteur paye 10 mois avant échéance ; quel est l'escompte à déduire sur 870 fr. 50 c., montant de la facture ?

Par la proportion

100 : 870 fr. 50 :: $\frac{1}{2}$: $x \times$ 10 ; $x =$ 4 fr., 352 $\times$ 10 = 43 fr. 52.

Par la règle d'escompte

870 fr. 50 c. $\times$ 300 j. = 261150 — 3 chiffres.

$$= 261,15 \times \tfrac{1}{2} = \frac{130,57}{3} = 43,52.$$

L'escompte à déduire est donc   43,52
Le produit net   826,98

Montant de la facture   870,50

On escompte un billet de 3546 fr. qui est à 37 jours d'échéance à $\frac{1}{4}$ p. cent par mois ; quelle est la somme à recevoir ?

3546 $\times$ 37 = 131202 $\times$ $\frac{1}{4}$ = 32800 — 3 ch. = 32800 : $\frac{1}{3}$ = 10 fr. 93.

Un marchand escompte quatre billets, savoir : 200 fr. à 90 jours ; 471 fr. à 42 jours ; 525 fr. à 24 jours ; 510 fr. à 15 jours ; il veut savoir ce qu'on lui retiendra, l'escompte étant à $\frac{1}{2}$ p. cent par mois ?

Bordereau   200 fr. $\times$ 90 j. = 18000
471   $\times$ 42   = 19782
525   $\times$ 24   = 12600
510   $\times$ 17   = 08670

Produit total   59,052 moins 3 chiffres.
$\times \frac{1}{2}$ 29,50
Le tiers   9,84 solution.

Il eût été plus court de diviser le nombre de jours 59052 par le diviseur 6000 (6 pour cent) en séparant 3 chiffres sur la droite ; puisque le résultat est le même.

59052 — 3 chiffres = 59,052 : 6 = 9 fr. 84 solution.

Un billet de 2850 fr. 45 c. à 40 mois, a produit net une somme de 2280 fr. 36 c. ; quel est le taux annuel de l'escompte ?

Si 2850,45 produisent 2280 fr. 36, la différence entre ces deux sommes, 570,09 est l'escompte de 40 mois.

Si pour 2850,45 on a pris 570,09 d'escompte ; combien prendrait-on pour 100 fr. ?

$$2850,45 : 570,09 :: 100 : x = 20 \text{ fr.}$$

Si pour 40 mois on prend 20 fr. d'escompte, pour 100 fr., que prendra-t-on pour 12 mois ?

$$40 \text{ mois} : 12 \text{ mois} :: 20 \text{ fr.} : x = 6 \text{ fr. pour cent, solution.}$$

Ce dernier raisonnement était inutile, puisque 100 fr. produisant 20 fr. d'escompte pour 40 mois ; il était évident que 20 mois produiraient $\frac{1}{2}$, c'est-à-dire $20 : 40 = \frac{1}{2}$ par mois ou 6 pour cent par an.

RÈGLE DE L'ÉPOQUE MOYENNE.

Cette règle sert à déterminer l'époque moyenne à laquelle répondent plusieurs termes.

Quand on doit plusieurs sommes payables à des termes différents et que l'on convient de ne faire qu'un seul payement, pour avoir l'époque de cet unique paye-ment *il faut multiplier chaque somme par le temps du crédit, faire le total de ces produits et le diviser par le total des sommes.*

1ᵉʳ EXEMPLE :

Je dois 600 fr, à cinq mois, 900 fr. à huit mois et 1000 fr. à quatorze mois; quelle est l'époque moyenne d'un seul payement?

```
    Opération.    600 fr. ×   5 mois  =   3,000
                  900     ×   8   —   =   7,200
                 1000     ×  14   —   =  14,000
Total des sommes  2500    Total des prod.  24,200
```

$$\frac{24200}{2500} = 9 \text{ mois } 20 \text{ jours } \tfrac{2}{5}$$

2ᵐᵉ EXEMPLE :

Une personne a souscrit divers engagements, savoir :

```
188 fr. 50 au 30 janvier.
145     40 —  15 février.
216     80 —  30 mars.
165     15 —  30 mai.
265           30 août.
```

Elle veut annuler tous ces billets et n'en faire qu'un seul qui les comprenne tous; à quelle époque doit-il être payable?

C'est la même opération qu'au premier exemple, à cette différence près qu'ici nous aurons pour multiplicateur un nombre de jours et qu'il faut fixer arbitrai-rement une époque antérieure à toutes les échéances.

Prenons pour l'époque d'où partira le compte des jours : Le premier janvier.

Opération.

```
Du 1ᵉʳ janvier au 30 janvier 30 j. × 188 fr. 50 =   5655
    —          — 15 février  46 — × 145    40 =   6688 4
    —          — 30 mars     89 — × 216    80 =  19295 2
    —          — 30 mai     150 — × 165    15 =  24772 5
    —          — 30 août    242 — × 265       =  64130
         Total des sommes 980 fr. 85 c.  120541 total des j.;
```

$$\frac{120541}{980\,f.\,85} = \frac{12054100}{98085} = 122 \text{ jours } \frac{87730}{98085}$$

Le billet unique de 980 fr. 85 c. sera payable 123 jours après la date du premier janvier, c'est-à-dire le 3 mai, époque moyenne.

La date prise antérieurement peut être celle de l'échéance du premier billet qui, alors se trouvant à l'époque, n'aurait pas de nombre de jours ni par conséquent de produit.

Dans l'exemple qui précède, si l'on retranche le premier produit partiel, on aura le même total des sommes et 91116.6 pour total des jours.

$$\frac{9111660}{98085}$$ donnera pour quotient 92 et une fraction.

Ce qui porterait l'époque moyenne 93 jours après le 30 janvier, et donné par conséquent la même échéance : 3 mai.

DE LA RÈGLE DE SOCIÉTÉ.

Cette règle, qu'on appelle aussi *Règle de compagnie*, a pour objet *de partager entre plusieurs associés, dans un même commerce, le bénéfice ou la perte qui résulte de leur association.*

La part de chaque associé est ordinairement :

1° *Proportionnelle à sa mise quand les temps sont égaux* ;

2° *Proportionnelle au temps quand les mises sont égales.*

D'où il résulte que *pour des mises et des temps différents, les parts sont proportionnelles aux produits des mises par le temps.* C'est donc partager une somme donnée de bénéfices ou de pertes, en parties directement proportionnelles à d'autres sommes ou nombres donnés.

La règle de société est *simple* ou *composée* :

Elle est *simple*, quand la proportion s'établit sur *des mises égales et des temps différents*, ou *des temps égaux et des mises différentes ;*

Elle est *composée* quand la proportion s'établit *sur des temps inégaux et des mises différentes.*

Il est évident que la *règle de société* ne serait plus qu'une simple division, s'il s'agissait de répartir un bénéfice entre des associés ayant des mises égales pour des temps égaux.

Règle de Société, simple.

1ᵉʳ EXEMPLE :

Un bénéfice de 15,000 fr. est à partager entre trois associés dont les mises de fonds datent du même jour et sont, savoir : le premier, 10,000 fr. ; le deuxième, 20,000 fr. et le troisième, 30,000 fr., ensemble 60,000 fr. Quelle est la part de chacun ?

Nous poserons le principe sur la proportion suivante :

La mise de fonds totale : une mise partielle :: le bénéfice total : bénéfice de cette mise.

Par la règle de trois, nous dirons :

Si tel fonds total a donné tel bénéfice total, combien telle mise partielle donnera-t-elle ?

C'est la même proportion dont les moyens ont changé de place.

La solution de ce problème est facile, il suffit de résoudre les trois proportions suivantes :

$$60{,}000 \text{ fr. } \left\{ \begin{array}{c} 10{,}000 \\ 20{,}000 \\ 30{,}000 \end{array} \right\} \text{ :: } 15{,}000 : x.$$

Mais on peut encore abréger les calculs en supprimant les zéros du premier rapport :

$$6 : 1 :: 15{,}000 : x = 2{,}500 \text{ fr. part du } 1^{er} \text{ associé.}$$
$$6 : 2 :: 15{,}000 : x = 5{,}000 \quad — \quad 2^{o} \quad —$$
$$6 : 3 :: 15{,}000 : x = 7{,}500 \quad — \quad 3^{o} \quad —$$

On pouvait se dispenser de faire à ce problème les honneurs de la proportion. Le raisonnement seul conduisait à la solution. En effet, le fonds social étant 60,000 fr., comptés pour l'année entière, il est évident qu'il revient à chaque 1,000 fr. de capital, comme bénéfice, $\frac{1}{60}$ du bénéfice total, soit $\frac{15000}{60} = 250$ fr.; il n'y avait donc plus qu'à multiplier chaque capital par 250 fr. et retrancher trois chiffres décimaux.

$$\text{Soit}\quad \frac{10,000 \times 250}{1,000} = 2,500 \text{ fr. pour le 1}^{\text{er}}\text{ associé.}$$

$$\frac{20,000 \times 250}{1,000} = 5,000 \quad - \quad 2^{\text{e}} \quad -$$

$$\frac{30,000 \times 250}{1,000} = 7,500 \quad - \quad 3^{\text{e}} \quad -$$

Résultats égaux à ceux obtenus par la proportion. Mais on n'opère pas toujours sur des sommes rondes, et alors il faut faire les opérations comme elles sont indiquées dans l'exercice suivant.

2me EXEMPLE :

Trois personnes se sont réunies pour faire un commerce dont le fonds social 63,140 fr. se compose des sommes suivantes : 15,000 fr., capital de la première; 22,540 fr., capital de la seconde ; 25,600 fr., capital de la troisième ; il a été convenu que la première prélèverait sur les bénéfices, quand il y en aurait, une somme de 2,000 fr. comme indemnité de gérance, et que le bénéfice restant serait réparti chaque année entre les trois associés, dans la proportion de leurs mises. Quelle somme revient à chacun d'eux, le bénéfice de l'année étant 14,000 fr.?

La règle est encore simple, seulement il faut déduire de la somme à partager. . . . . 14,000 fr.
   L'indemnité accordée au gérant. 2,000
Reste sur le bénéfice net à partager. . . . . 12,000 fr.

$$\text{La part du gérant, 1}^{\text{er}}\text{ associé}\quad x = \frac{12,800 \times 15,000}{63,140} = 2,850 \text{ f. } 81 \text{ c.}$$

$$2^{\text{e}} \quad - \quad x = \frac{12,000 \times 22,540}{63,140} = 4,283 \quad 83$$

$$3^{\text{e}} \quad - \quad x = \frac{12,000 \times 25,600}{63,140} = 4,865 \quad 30$$

Total de la somme à partager. 12,000   »
Indemnité accordée au gérant. 2,000   »
      Total des bénéfices. . . . . 14,000 f. »

La règle de société n'est donc qu'une proportion : il faut, pour avoir la part de bénéfices qui revient à chaque associé, *multiplier le bénéfice total par chaque mise partielle, et diviser le produit par la mise totale : le quotient indiquera cette part qu'on cherchera ainsi pour chaque associé.*

Règle de Société, composée.

3me EXEMPLE :

Une personne commence une entreprise avec un fonds de 12500 fr. ; cinq mois plus tard, pour étendre son commerce, elle y intéresse un capitaliste qui met dans l'entreprise 20000 fr. ; six mois après ce premier emprunt, un second capitaliste lui prête 30,000 fr. Cette entreprise rapporte au bout de deux ans un bénéfice de 40,000 fr.

Il est convenu que la personne qui a commencé et géré l'entreprise aura une prime de 5 $\frac{1}{2}$ p. cent sur le bénéfice total, outre la part qui lui revient proportionnellement à sa mise de fonds.

On demande quelle est la part de chacun ?

Cette règle est composée 'parce que le premier rapport sera nécessairement basé sur la mise de fonds et le temps pendant lequel cette mise a profité à l'entreprise.

La prime accordée doit d'abord se déduire du bénéfice total, parce que ce n'est pas 40,000 fr. qu'il faut partager, mais bien . . . .   40,000 f.
moins la prime de $5\frac{3}{7}$ fr., c'est-à-dire   2,300

Il ne reste donc à partager entre les mises de fonds que . .   37,700

Par la règle de trois on raisonnerait ainsi :

Le gérant a placé 12,000 fr. pendant les 2 ans de l'entreprise, c'est-à-dire 24 mois. 12,500 rapporteront en 24 mois ce que $12{,}500 \times 24$ rapporteraient en un mois, ci . . . .   175,000 f.

Le 1ᵉʳ capitaliste 20,000 fr. pendant 24 mois — 5 mois = 19 mois. 20,000 pendant 19 mois = $20{,}000 \times 19$ pendant un mois, ci.   380,000

Le 2ᵉ capitaliste 30,000 fr. pendant 24 mois — 5 — 6 = 24 mois — 11 = 13 mois. 30,000 pendant 13 mois = $30{,}000 \times 13$ pendant un mois, ci   390,000

  945,000 f.

La question revient à partager 37,700 proportionnellement aux trois nombres 175,000, 380,000 et 390,000, ou encore (ce qui simplifiera les calculs) proportionnellement à 175, 380 et 390.

De composée qu'elle était la règle devient simple, les proportions n'ayant plus que deux termes dans chaque rapport.

Pour le gérant la prop. sera $945 : 175 :: 37{,}700 : x =$ 6,981 f. 48 c. $\frac{140}{945}$
Pour le 1ᵉʳ capitaliste $945 : 380 :: 37{,}700 : x =$ 15,159 78 $\frac{790}{945}$
Pour le 2ᵉ capitaliste $945 : 390 :: 37{,}700 : x =$ 15,558 73 $\frac{15}{945}$

Total à partager entre les mises. . .   37,700 f. » c. »
Prime accordée au gérant . . . . .   2,300 » »
Total égal au bénéfice . . . .   40,000 f. » c. »

4ᵐᵉ EXEMPLE :

Quatre commerçants ont fait société pendant trois ans, pour la vente d'une sorte de marchandises: le premier a mis d'abord 50 fr., six mois après 100 fr., puis cinq mois après 200 fr., le second a mis au commencement 400 fr., dix-huit mois après 500 fr. ; le troisième a mis en commençant 600 fr. et sept mois après 300 fr. Enfin le quatrième a laissé 800 fr. pendant tout le temps de l'association : le bénéfice brut est 2,000 fr. ; mais les frais à la charge de la société ont été pendant ces trois années de 1025 fr. Quelle somme revient à chacun ?

La difficulté de cette règle consiste à trouver la somme des capitaux produits de la multiplication par les temps. Il faut donc décomposer chaque mise de fonds ainsi:

Le 1ᵉʳ	50 fr.	× 36 mois	=	1800	
	100	× 30 »	=	3000	9800
	200	× 25 »	=	5000	
Le 2ᵉ	400	× 36 »	=	14400	
	500	× 18 »	=	9000	23400
Le 3ᵉ	600	× 36 »	=	21600	
	300	× 29 »	=	8700	30300
Le 4ᵉ	800	× 36 »	=		28800
Total des mises × par les temps. .					92300

Cela posé, il faut reconnaître que la somme à partager n'est pas 2000 fr., mais bien 975 fr. considérés comme bénéfice net.

Puis nous opérons,

$$\text{La part du } 1^{er} \text{ sera } x = \frac{975 \times 9800}{92300} = 103 \text{ fr. } 52 \text{ c.}$$

$$— \quad 2^e \quad — \quad x = \frac{975 \times 23400}{92300} = 247 \quad 18$$

$$— \quad 3^e \quad — \quad x = \frac{975 \times 30300}{92300} = 320 \quad 07$$

$$— \quad 4^e \quad — \quad x = \frac{975 \times 28800}{92300} = 304 \quad 23$$

Total du bénéfice à partager   975 fr. »

Dans le cas où les capitaux seraient restés dans l'association un nombre de mois et de jours, le total des mises et des temps devrait se calculer sur ce nombre de jours comptés le plus exactement possible.

Cependant si une ou deux mises partielles étaient restées comme capital un nombre de mois plus un nombre de jours, il faudrait représenter ce nombre de jours par une fraction pour ne pas avoir à calculer sur des nombres trop grands.

Quand la règle de société est composée, la part de chaque associé s'obtiendra comme pour la règle simple, à cette différence près que le capital de chaque associé se compose de sa ou ses mises multipliées par le ou les temps et que le capital de l'association est alors représenté par le total de tous les produits.

CHANGES ET ARBITRAGES

Le *change* est en général un échange de valeurs ; mais on donne en particulier le nom de change au commerce de l'argent ; il se divise en *change menu* et *change réel* : le *change menu* consiste à prendre des monnaies défectueuses, étrangères ou hors de cours, contre des espèces ayant cours, moyennant bénéfice ; le *change réel* consiste à vendre l'argent qui est à recevoir dans différentes villes des départements ou de l'étranger, contre des espèces ou des valeurs ayant cours. Les personnes qui font le *change menu* s'appellent *changeurs*, celles qui font le *change réel* s'appellent *banquiers*.

Le commerce se faisait d'abord par échanges, mais il en résultait des transports pénibles, dispendieux et souvent inutiles au moins pour l'une des choses échangées. De là, convention de représenter au moins cette chose par des métaux dont la valeur intrinsèque se trouvait encore augmentée en raison de leur utilité et de la facilité de leur transport.

Ces métaux sont l'or et l'argent ; mais encore les métaux peuvent être plus ou moins purs, il fallai tdonc que chaque intéressé vérifiât le poids et le titre du métal qu'on lui présentait. Ces épreuves devenaient une source de difficultés qui ont disparu devant la garantie de titre et de poids que donne chaque nation à ses pièces de monnaies par une empreinte nationale.

Si les pièces d'or et d'argent frappées dans les pays étrangers avaient toutes le même poids et le même titre qu'en France, les négociations et les opérations de change se feraient sans autres difficultés que celles de la différence des mesures ; mais puisqu'il en est autrement, il faut encore que chaque négociant se rende compte de ces différences de titres et de poids, afin que celui qui reçoit la marchandise puisse savoir ce qu'il doit donner de son métal pour équivaloir à la quantité que l'envoyeur lui demande en monnaie de son pays, et pour savoir aussi ce qu'il pourra demander de sa monnaie même à ses compatriotes, en retour des produits de marchandises qu'il leur cédera.

La connaissance de ces différents rapports constitue les *changes étrangers*.

Il arrive souvent dans le commerce qu'un négociant a des sommes déterminées à faire passer à un négociant d'un autre pays, ce qu'on appelle *remettre* et *faire remise*, ou à en faire venir, ce qu'on appelle *tirer* et *faire traite*. On choisit dans ce cas la monnaie de l'un des pays, comme point fixe, pour y rapporter celle de l'autre. La quantité de celle-ci varie suivant les fluctuations du commerce. Pour les *remises* et les *traites* qui se font entre la France et l'Angleterre, la *livre sterling* d'Angleterre est prise pour terme de comparaison, elle vaut 24 fr. 52 c. Tant que les circonstances du commerce permettent d'établir les échanges sur cette valeur, il y a égalité, et l'on dit que le change est *au pair*; mais l'abondance ou la rareté des espèces, les bruits de paix ou de guerre, font hausser ou baisser ce terme de comparaison.

On voit donc que de deux places qui changent, l'une donne une quantité fixe, c'est ce qu'on appelle *le certain*, l'autre place donne une quantité variable, c'est ce qu'on appelle *l'incertain*.

En conséquence, pour une place qui donne *le certain*, l'échange le plus avantageux sera

Le plus haut dans les remises,
Le plus bas dans les traites,

Et pour une place qui donne l'*incertain*, le change le plus avantageux devra nécessairement être le contraire, c'est-à-dire,

Le plus haut dans les traites,
Le plus bas dans les remises,

Ces opérations faites d'un pays à l'autre, sans intermédiaires, donnent lieu à des *traites* où *remises directes*.

Mais lorsque deux négociants de pays différents ont des sommes à se faire passer et qu'ils n'ont pas la facilité de le faire directement, ils cherchent un troisième pays qui, faisant des affaires avec l'un ou avec l'autre, facilite les opérations. Les opérations faites de cette manière, c'est-à-dire d'un pays à l'autre, par l'intermédiaire d'un troisième pays, donnent lieu à des traites ou remises *indirectes*. Ces traites sont toujours *indirectes*, qu'il y ait un ou plusieurs points intermédiaires.

Une nation qui fait un grand commerce n'est jamais avec les autres nations en mêmes rapports d'intérêts : son change peut varier perpétuellement, devenir favorable à quelques pays, à quelques villes, et onéreux à d'autres. Si, lorsqu'un négociant doit faire des traites ou des remises, le change est devenu onéreux pour lui, son intérêt veut qu'il examine si d'autres villes qui sont en rapports de commerce tant avec les siennes qu'avec celles de son correspondant n'ont point éprouvé, dans leur change, des variations qui puissent corriger ce qu'il y a d'onéreux pour lui ; c'est-à-dire que ce négociant, forcé de faire une perte dans le change direct, doit chercher à faire en même temps un bénéfice qui le couvre de cette perte, par une combinaison *indirecte*. La manière de combiner ces variations pour faire avec avantage une remise ou une traite indirecte par une ou par plusieurs villes intermédiaires est appelée *arbitrage*.

Lorsqu'on examine quels sont, entre les changes de plusieurs villes, ceux qui offrent de l'avantage on se détermine quelquefois à faire passer des fonds dans une d'entre elles pour les en tirer avec bénéfice, par le moyen d'une ou de plusieurs autres. Cette opération se nomme *virement*; elle se fait par des remises et des traites *continues*, c'est-à-dire qui finissent là où elles ont commencé.

Ces opérations se font par les ordres qu'on donne à tel de ses correspondants de tirer telle somme pour notre compte sur tel autre qu'on lui désigne, auquel on donne aussi l'ordre de se rembourser sur un troisième, et ainsi de suite, jusqu'au dernier qui se remplit de ses débours sur nous, etc.

Avant tout, il faut établir la valeur intrinsèque de l'or et de l'argent.

L'or pur à $\frac{1000}{1000}$ vaut, le kilogramme   3444 fr. 44 c.

L'or   à $\frac{900}{1000}$ —   3100   »

Dans un kil. d'or à $\frac{9}{90}$ on taille 155 pièces de 20 fr. qui font 3100 fr.

L'argent pur à $\frac{1000}{1000}$ vaut, le kilogr.   222 fr. 22 c.

L'argent   à $\frac{900}{1000}$ —   200   »

Dans un kilog. d'argent à $\frac{9}{10}$ on taille 40 pièces de 5 fr. qui font 200 fr.

Le franc pèse 5 grammes d'argent à $\frac{9}{10}$

Dans un kil. de cuivre pur on taille 100 pièces de 5 centimes, ce qui porte sa valeur monnayée à 5 fr. le kil.

Le rapport de l'argent à l'or est comme 1 à   15 $\frac{1}{2}$
—   du cuivre à l'argent   —   1 à   40
—   du cuivre à l'or   —   1 à 620

RAPPORT ENTRE LES MONNAIES DE FRANCE
ET CELLES D'ANGLETERRE.

La *guinée* est une pièce en or à $\frac{911}{1000}$ de fin, elle pèse 80,34.

Pour la comparer avec une pièce de 20 fr. il faut voir ce qu'elle pèserait si, avec la même quantité d'or pur, elle était au même titre.

$$900 : 914 :: 8,34 : x = 8 \text{ g. } 47$$

Maintenant cherchons sa valeur.

$$1000 \text{ g. } : 8 \text{ g. } 47 :: 3100 \text{ f. } : x = 26 \text{ f. } 25 \text{ c.}$$ valeur de la *guinée* si elle avait cours en France d'après son titre et son poids.

Le *crown* est une pièce en argent à $\frac{920}{1000}$ de fin, il pèse 30 g.

Comparons-le avec nos pièces de 5 f., et cherchons ce qu'il pèserait si, avec la même quantité d'argent pur, il était au même titre.

$$9000 : 920 :: 30 : x = 30 \text{ g. } 66.$$

Cherchons sa valeur ou la valeur de 30,66.

$$1000 : 30,66 :: 200 \text{ f. } : x = 6 \text{ f. } 13.$$

4. *crown* font *une livre sterling.* = 24 f. 52 c.
La *guinée* vaut $\frac{1}{20}$ de plus, car elle fait 21 *schellings.*
La *livre sterling* ne vaut que   20   —

Si à 24 f. 52 l'on ajoute $\frac{1}{20}$ de 24,52 on aura pour valeur de la *guinée* 25 f. 75 c. au lieu de 26 25 que nous venons de trouver par la proportion.

Cette différence vient des rapports un peu différents qu'il y a entre l'or et l'argent dans les deux pays.

En France l'or : l'argent :: 15 1/2 : 1.
En Angleterre   :: 15 1/5 : 1.
La *livre sterling* répond à 122 g. 66 d'argent.
La *guinée*   vaut   21   *schellings*
Le *crown*   —   5   —
La *livre sterling* —   20   —
Le *schelling*   —   12 *deniers sterling* ou *pences.*

Voyons maintenant ce que vaudrait le franc en monnaie d'Angleterre si on *faisait le départ* (1) de la pièce de 5 f. pour la mettre au même titre que le *crown*.

Elle pèse 920 : 900 :: 25 g. : x = 24 g. 4565 son poids.
Le *crown* vaut en Angleterre 60 d. st. et pèse 30 g.
Donc 30 : 24,4565 :: 60 d. : x = 48 d. st. 913 valeur de 5 f.
Le franc   vaut donc   9   —   78
La pièce de 5 f.   —   4 sch. 0   —   913
La pièce de 20 f. —   16   3   —   65

OPÉRATIONS :

Je reçois facture à 562 l. st. pour marchandises venant d'Angleterre, combien dois-je payer au change de 25 fr. 50 par livre sterling ?

____

(1) Faire le départ, c'est ôter l'excédant de l'alliage.

1 l. st. : 25 f. 50 :: 562 : $x =$ 14,331 f. solution.

J'ai acheté en Angleterre pour 500 l. st. de marchandises, combien dois-je payer au change de 30 deniers pour 3 fr.?

$$1 \text{ l. st.} = 240 \text{ den.}$$
$$30 \text{ den.} = 3 \text{ f.}$$
$$1 \times 30 : 240 \times 3 :: 500 : x = 12,000 \text{ f. solution.}$$

Un négociant de Londres a reçu de Paris une lettre de change de 2812 fr. 50 c., de quelle somme, en livres sterlings, doit-il créditer son correspondant au change de 32 deniers sterling pour 3 fr.?

$$3 \text{ f.} : 32 \text{ d.} :: 2812 \text{ f. } 50 \text{ c.} : x = 30,000 \text{ d.} = 125 \text{ l. st.}$$

Je dois à mon correspondant de Londres 159 livres 15 schellings 8 pences, je trouve un banquier qui m'offre une lettre de change à 29 d. st. pour 3 fr. un autre 29 d. ¼
Lequel dois-je préférer? Pourquoi et combien débourserai-je pour acquitter cette dette?

Je dois préférer le second, parce que le change le plus avantageux pour les remises est le plus haut, et je débourserai

$$1 \text{ l. st.} : 240 \text{ d.}$$
$$29 \text{ d. } \tfrac{1}{2} : \quad 3 :: 159 \text{ l. st. } 15 \text{ s. } 8 \text{ p.} : x.$$

Posons les nombres :
$$29 \tfrac{1}{2} : 240 \times 3 :: 159 \times 20 + 15 \times 12 + 8 : x.$$
Les produits sont $29 \tfrac{1}{2} : 720 :: 38348 : x =$ 3899 f. 79 c.

J'ai vendu pour le compte de Williams de Londres des marchandises qu'il m'avait expédiées en commission pour son compte. Le produit net de la vente se monte à 5690 fr. 60 c. dont je dois lui faire remise. Un banquier m'offre de faire cette remise au change de 25 fr. 45, un autre, au change de 25 fr. 25 c., lequel dois je préférer pour l'avantage de mon commettant et quelle somme lui reviendra-t-il en livres sterlings?

Je dois préférer le second, parce que donnant l'incertain et faisant remise, le change le plus bas est le plus avantageux. Williams recevra :

$$25 \text{ f. } 25 \text{ c.} : 1 \text{ l. st.} :: 5690 \text{ f. } 60 \text{ c.} : x = 225 \text{ l. st. } 7 \text{ sch. } 4 \text{ d.}$$

ou simplement diviser 599060 par 2525 quotient 225 l. st. 7 sch. 4 d. $\frac{88}{101}$ en ayant soin de multiplier le premier reste par 20 pour avoir des schellings, et le second par 12 pour avoir des deniers au quotient; la fraction définitive sera $\frac{2200}{2525}$ dont les deux termes ont pour plus grand diviseur commun 25.

Un négociant de Dunkerque doit 524 livres sterlings 17 schellings 9 deniers à son correspondant à Londres, combien ce négociant doit-il porter sur ses livres qu'il tient en argent de France si le change est à 23 fr. 25 c. pour livre sterling?

$$1 \text{ l. st.} : 23 \text{ f. } 25 \text{ c.} :: 524 \text{ l. st. } 17 \text{ sch. } 9 \text{ d.} : x = 12,203 \text{ f. } 63 \text{ c.}$$

Ces proportions simples peuvent se résoudre par les fractions :

$$x = \frac{524 \text{ l. st. } \dfrac{17\tfrac{3}{4}}{20} \times 23 \text{ f. } 25}{1} = \frac{41991 \times 2325}{20 \times 4 \times 100}$$

La solution serait la même.

Mon correspondant de Londres me donne avis qu'il a vendu pour mon compte et qu'il me revient net 280 livres sterlings 12 schellings.
Je trouve occasion de faire traite de cette somme à 30 d. st. pour 3 fr. ou à 24 fr. 50 pour livres sterlings, quel est le change le plus avantageux?

$$30 \text{ d.} : 240 :: 3 : x = 24 \text{ f.}$$

Dans une traite, le change le plus haut est le plus avantageux pour la place qui donne l'incertain; donc, il vaut mieux tirer à 24 f. 50 qu'à 30 d. st. par 3 f. puisque ce dernier change équivaut à 24 f. par liv. st.

Mais si l'on avait fait la proportion.

$$24 \text{ f. } 50 : 3 \text{ f. } :: 240 \text{ d. } : x = 29\tfrac{12}{49}$$

on verrait que le second change revient à $29\tfrac{12}{49}$ deniers sterlings pour 3 f. plus avantageux que 30 d. puisque le change le plus bas est préférable dans les traites pour la place qui donne le certain.

1re *Opération*. Au change de 30 d. st. pour 3 f. posons la proportion 1 l. st. : 240 d.

$$30 : 3 \text{ f. } :: 280 \text{ l. st. } 12 \text{ sch. } : x = 30 : 720 :: 280 \text{ l. st. } 6 : x.$$

$$\text{Opérons } \frac{720 \times 280,6}{30} = 6734 \text{ f. } 40 \text{ c.}$$

2e *Opération*. Au change de 24 f. 50 c. pour une livre sterling.

$$1 \text{ l. st. } : 24 \text{ f. } 50 \text{ c. } :: 280 \text{ l. st. } 6 : x = \frac{280 \text{ l. st. } 6 \times 24 \, 5}{1} = 6874 \text{ f. } 70 \text{ c.}$$

Différence entre les résultats des deux opérations = 140 f. 30 c.

RAPPORT ENTRE LES MONNAIES DE FRANCE
ET CELLES DES PAYS-BAS ET DE LA BELGIQUE

Le *ruyder* est une monnaie d'or à $\frac{916}{1000}$ de fin; il pèse 9 g. 88.
S'il était au même titre avec la même quantité d'or pur que nos pièces de 20 f. il pèserait

$$900 : 916 :: 9 \, 88 : x = 10 \text{ g. } 056$$

Nous trouverons sa valeur par l'opération suivante :

$$1000 \text{ g. } : 10 \text{ g. } 056 :: 3100 : x = 31 \text{ f. } 17 \text{ c.}$$

La *rixdale* est une pièce d'argent à $\frac{854}{1000}$ de fin ; elle pèse 27 g. 885.
Si avec la même quantité de matière pure, on la supposait au même titre que nos pièces de 5 f. elle pèserait

$$900 : 858 :: 27 \text{ g. } 885 : x = 26 \text{ g. } 58$$

Nous aurons sa valeur par l'opération suivante :

$$1000 \text{ g. } : 26 \text{ g. } 58 :: 200 \text{ f. } : x = 5 \text{ f. } 32 \text{ c.}$$

Dans la Hollande, on compte par *florins* de 20 *stuivers*; le *stuiver* vaut 16 *pennings*.

$$\begin{aligned}
\text{Le } ruyder &= 14 \text{ } florins. \\
\text{La } rixdale &= 2 \quad — \\
10 \text{ } stuivers &= 100 \text{ } deniers.
\end{aligned}$$

On change par *livre de gros* qui vaut 20 *scalins*, le *scalin* = 12 groot ou deniers de gros.

$$\begin{aligned}
\text{La } livre \text{ } de \text{ } gros &= 6 \text{ } florins. \\
\text{Le } florin &= 40 \text{ } deniers \text{ } de \text{ } gros. \\
\text{La livre de gros} &= 12 \text{ f. } 768
\end{aligned}$$

En Belgique, où l'on a adopté notre système monétaire décimal, les marchands tiennent encore leurs livres en *florins*, leur monnaie de compte, le *florin* = 20 sous, le sou = 12 deniers.

Quelle est la valeur du franc en deniers de gros?
Réduisons le titre de la pièce de 5 f. au titre de la *rixdale* et nous aurons

$$858 : 900 :: 25 \text{ g. } : x = 26 \text{ g. } 224 \text{ poids de 5 f. au même titre que la}$$
rixdale.

La *rixdale* pèse 27 g. 885 et vaut 100 *deniers de gros*.

Donc, 27 885 : 26 224 :: 100 : x = 94 *deniers de gros*.

Prenons le $\frac{1}{5}$ ce sera la valeur du franc = 18 d. $\frac{4}{5}$
Le *florin* étant égal à 40 d. *de gros*, on trouvera qu'il vaut 2 f. 128.
Dans les changes qui se font entre la France et la Hollande, l'usage s'est conservé de prendre 3 f. pour le *certain* et plus ou moins de deniers de gros pour l'*incertain* : soit environ 56 d.

Opérations.

J'ai vendu à un négociant d'Amsterdam pour 15824 fr. que dois-je recevoir en florins, au change de 54 $\frac{2}{3}$ d. pour 3 fr.?

3 f. : 15824 f. :: 54 d. $\frac{1}{3}$: x = 288348 d. $\frac{4}{9}$ = 7208 fl. $\frac{32}{45}$

Nous avons reçu facture de marchandises venant de Rotterdam pour la somme de 3143 fl. 8 stuivers 13 pennings; si nous payons au change de 56 deniers de gros pour 3 fr. que faut-il débourser?
Posons l'opération.

1 fl. : 40 d.
56 d. : 3 f. :: 3143 fl. 8 stuiv. 13 p. : x.
Les nombres 56 × 320 : 40 × 3 :: 3143 × 20 + 8 × 16 + 13 : x.
Opérons   17920 : 120 :: 1005901 : x = 6735 f. 94 c.

Un Négociant de Paris veut tirer pour 1364 fr. 61 c. de lettres sur Amsterdam: il demande s'il aura plus d'avantage à le faire directement ou indirectement par Londres, le change de cette ville avec Paris est à 24 fr. pour 1 livre sterling, celui d'Amsterdam avec Londres à 35 sous de gros pour 1 livre sterling, et celui de cette dernière ville avec Paris à 48 den. de gr. pour 3 fr. la commission de Londres étant à $\frac{1}{2}$ pour cent?
Pour répondre à cette question, il faut faire les deux opérations suivantes :

Change direct.

3 f. : 48 d.
40 d. : 1 fl. :: 1364 f. 61 : x.

Posons les nombres

120   : 48   :: 1364 f. 61 : x = 545 fl. 84 c.

Change indirect.

24 fl.   1 l. st.
100 l. st. : 100 $\frac{1}{2}$ l. st.
1 l. st. : 35 sous.
1 sou : 12 den.
40 den. : 1 fl. :: 1364 f. 61 c. : x.

Posons les nombres

24 × 100 × 1 × 1 × 40 : 1 × 100 $\frac{1}{2}$ × 35 × 12 × 1 :: 1364 f. 61 : x.

Supprimant les facteurs communs aux deux premiers termes, j'ai pour nouvelle proportion 1600 : 703 $\frac{1}{2}$ :: 136461 : x = 600 fl.
Donc, la traite directe ferait débourser   545 fl. 84 seulement, tandis que
la traite indirecte   —   600
La voie directe est donc plus avantageuse.
Notre intention n'a jamais été d'ajouter à ce MANUEL un cours complet de changes, notre but est simplement d'exercer les Employés aux proportions géométriques en leur donnant une idée des changes étrangers.

RÈGLE D'ALLIAGE.

L'*alliage* est l'union des métaux par la fusion; mais dans le Commerce on se sert de ce mot pour indiquer indifféremment, ou le produit total de la fusion, ou la partie de ce produit ajoutée par la fusion au métal pur. Par extension, on appelle aussi *alliage*, le mélange de liqueurs ou de marchandises de même espèce, mais de sortes différentes. Nous considérerons donc l'alliage sous tous ces rapports, c'est-à-dire comme le mélange de plusieurs marchandises à prix différents ou de plusieurs métaux à différents titres.

Le *titre* est le degré de pureté des métaux précieux, tels que l'or et l'argent.

Pour l'or, le degré de pureté se comptait, autrefois, par *carats* et *grains de fin*; le plus grand soin apporté à l'*affinage* de l'or ne pouvait empêcher que le plus épuré ne contînt encore $\frac{1}{768}$ de matières étrangères : de là 768 degrés comptés en 24 *carats* de 32 *grains de fin* chacun ($32 \times 24 = 768$). L'or à 24 carats avait donc atteint son plus grand degré de pureté; cependant à 23 carats il ne contenait que $\frac{23}{24}$ d'or pur et $\frac{1}{24}$ d'alliage.

Pour l'argent, le degré de pureté se comptait autrement, parce que son affinage ne pouvait aller que jusqu'à $\frac{1}{288}$ de matières étrangères; de là aussi 288 degrés comptés en 12 *deniers* de 24 *grains de fin* ($24 \times 12 = 288$). L'argent le plus pur était donc à 12 deniers, et s'il n'avait que 11 deniers de fin, il ne contenait que $\frac{11}{12}$ d'argent pur et $\frac{1}{12}$ d'alliage.

Aujourd'hui le degré de fin de l'or et de l'argent se compte au *millième de fin*, c'est-à-dire que la plus grande pureté de ces métaux est exprimée par l'unité qu'on divise par 1000 pour les fractions. Ainsi l'or ou l'argent à $\frac{900}{1000}$ de fin renferme $\frac{1}{10}$ d'alliage et $\frac{9}{10}$ de métal pur.

Cela posé, nous dirons que si les métaux précieux ont un titre, les marchandises ont leur prix, ce qui est équivalent.

La règle d'alliage peut avoir deux buts, savoir :

1° Chercher la valeur moyenne de plusieurs sortes de choses différentes quand on connaît le prix particulier de chaque sorte;

2° Déterminer les quantités de chaque sorte de choses qui doivent composer un mélange ou alliage quand, indépendamment du prix de chaque sorte, on connaît le prix ou la valeur totale du mélange.

La première règle est simple, la seconde est composée.

Règle simple.

Pour trouver le prix d'un mélange *il faut* :

1° *Multiplier le prix de l'unité de chaque sorte par le nombre d'unités et ajouter les produits*;

2° *Faire la somme des nombres d'unités des différentes sortes*;

3° *Diviser la somme des produits par le total des nombres d'unités.*

Quand il s'agira d'alliage de métaux, le titre sera considéré comme leur prix; ce qui est en effet, puisque le titre représente la valeur intrinsèque.

1er EXEMPLE :

On mélange trois sortes de vins, l'une de 95 fr. l'hect., la seconde de 100 fr. l'hect., et la troisième de 122 fr.; mais il y a trois fois autant du premier que de chacun des deux autres; que faut-il vendre l'hectolitre du mélange?

$$\begin{array}{llll}
\textit{Opération.} & 3 \text{ hectol.} & \text{à } 95 \text{ f.} & = 285 \\
& 1 \quad - & \text{à} & 100 \\
& 1 \quad - & \text{à} & 122 \\
\hline
& 5 \quad - & \text{coûtent} & 507
\end{array}$$

$\frac{507}{5} = 101$ f. 40 c., prix de chaque hectolitre du mélange.

2me EXEMPLE :

500 ouvriers ont été employés à un certain ouvrage : 160 étaient payés 2 fr. par jour, 200 1 fr. 75 c., et 140 1 fr. 50 c.; on demande à combien revient chaque journée en moyenne?

$$\begin{array}{llll}
\textit{Opération.} & 160 \text{ ouv.} & \text{à } 2 \text{ f.} & = 320 \\
& 200 \quad - & 1 \ 75 & = 350 \\
& 140 \quad - & 1 \ 50 & = 210 \\
\hline
& 500 \quad - & \text{coûtent} & 880 \text{ f.}
\end{array}$$

Chaque journée en moyenne revient à 1 f. 76 c. $= 880 : 500$.

3me EXEMPLE :

*On veut fondre 23 kilog. d'argent à 825 millièmes, 14 kilog. à 910 millièmes
et 19 kilog. à 845 millièmes; on demande quel sera le titre de l'alliage?*

$$23 \text{ kil. à } 825 \text{ millièmes} = 23 \times 825 \text{ ou } 18975 \text{ mill.}$$
$$14 \quad - \quad 910 \quad - \quad = 14 \times 910 \quad\quad 12740$$
$$19 \quad - \quad 845 \quad - \quad = 19 \times 845 \quad\quad 16055$$

Donc $\overline{56}$ kilogrammes contiennent $\quad\quad \overline{47770}$ millièmes, ou
47 kilog. 770 argent pur.

Le titre du lingot sera exprimé par $\frac{47,770}{56}$ ou 0,853, c'est-à-dire que l'argent
est à 853 *millièmes de fin,* et par conséquent à $\frac{147}{1000}$ d'alliage.

4me EXEMPLE :

Quel titre produira la fonte de trois lingots d'or,

Le 1er *lingot pesant* 0,6195 *kilog. à* 861 *millièmes.*
— 2e   —   0,761 —   823 —
— 3e   —   1,4022 —   958 —

et quelle sera la valeur du kilogramme?

$$\textit{Opération.} \quad 0,6195 \times 861 = 5333895$$
$$0,7610 \times 823 = 6263030$$
$$1,4012 \times 958 = 13433076$$
$$\text{Kilog. } \overline{2,7827} \quad\quad \frac{\overline{25030001}}{27872} = 899 \text{ millièmes,}$$

titre du produit.

$$1 : 3444,44 :: 0,899 : x = 3096 \text{ f. } 55 \text{ c. valeur du kilog.}$$
$$\text{ou } 0,900 : 3100 :: 0,899 : x = 3096 \quad 55 \quad\quad —$$

Règle composée.

Dans les opérations précédentes, les moyens de parvenir à la solution étaient
fixes et généraux, c'est-à-dire qu'on pouvait les appliquer à toutes les questions
de même espèce; mais pour *déterminer les quantités de chaque sorte de choses qui
doivent composer un mélange ou alliage quand le prix de chaque sorte et celui du mélange sont connus,* il faut demander à l'algèbre des principes qui s'appliquent à la
résolution immédiate de ces questions.

Par la *règle de fausse position simple ou double,* on a souvent traité ces questions
en arithmétique, mais sans démonstration rigoureuse et de manière à laisser
beaucoup de vague dans l'esprit. Comme on ne saurait trop exercer l'intelligence,
nous allons traiter quelques questions par le secours du seul raisonnement.

*Un Orfévre a de l'or à 18 et à 22 carats; il voudrait en composer un lingot pesant
1 hectog. à 21 carats, combien devra-t-il en prendre de chaque titre?*

Si l'or était à 20 et 22 carats, on le prendrait par partie égale; l'augmentation
d'un carat à 20 serait compensée par la perte d'un carat à 22; en suivant ce raisonnement, nous dirons que l'or étant à 19 et à 22 carats, la compensation ne pourrait
s'établir qu'en donnant 2 parties à 22 contre 1 à 19.

Établissons le rapport entre 18 et 21 carats = 3 à augmenter.
$$\quad\quad\quad — \quad 22 \text{ et } 21 \quad — \quad = 1 \text{ à diminuer.}$$

Il est donc évident qu'ici il faut prendre $\frac{3}{4}$ de l'or à 22 c. qui augmentera
le titre du lingot.
Et seulement $\frac{1}{4}$ de l'or à 18 c. qui le diminuera.

$$\text{C'est-à-dire} \quad 750 \text{ g.} \times 22 \text{ c.} = 16500$$
$$\text{Et} \quad\quad 250 \times 18 \quad = 4500$$
$$\text{Poids } \overline{1,000} \quad\quad \text{et titre } \overline{21,000} \text{ demandés.}$$

$$\frac{21000}{1000} = 21.$$

Un Orfévre a de l'argent à 895 millièmes et 906 millièmes ; quelle quantité doit-il prendre de chaque sorte pour composer un lingot du titre de 900 millièmes pesant 1 kilog. 210 g.?

Rapport 895 à 900 = 5 mil. d'augmentation.
906 à 900   6   de diminution.
11 parties.

Solution $\frac{6}{11}$ = 0 k. 660 × 895 mil. = 590700
$\frac{5}{11}$ =   550 × 906 mil. = 498300
Poids 1 k. 210   1089000 : 1210 = 900 millièmes : titre.

Un Marchand a de l'or à 15, 17, 18 et 22 carats ; il veut en faire 64 grammes à 20 carats, combien doit-il en prendre de chaque titre?

3 sortes d'or étant au-dessous du titre demandé, je commence par prendre leur titre moyen $15 + 17 + 18 = 50 : 3 = 16 \frac{2}{3}$ titre moyen ; prenons ces trois sortes sous leur titre moyen en ayant soin de les faire entrer dans l'alliage chacune pour $\frac{1}{3}$ de la quantité à prendre sur $16 \frac{2}{3}$

Le rapport de $16 \frac{2}{3}$ à 20 = $3 \frac{1}{3}$
—   22   20 = 2

Donc sur $5 \frac{1}{3}$ parties ou $5 \frac{1}{3} × 3 = 16$
il faudra prendre $\frac{6}{16}$ en parties égales sur l'or à 15, 17 et 18 carats.
Et $\frac{10}{16}$ sur l'or à 22.

C'est-à-dire 0 k. 008 gr. × 15 c. = 120
0 — 008 — × 17   = 136
0 — 008 — × 18   = 144
0 — 040 — × 22   = 880
Poids 0 k. 064 et titre dem. 1280 : 64 = 20.

Un Marchand a acheté deux barriques d'eau-de-vie qui ont donné, chacune, 125 bouteilles ; les deux barriques lui coûtent 500 fr. ; mais l'une lui coûte 125 fr. de plus que l'autre ; on lui demande 180 bouteilles à 3 fr.

Combien doit-il prendre de bouteilles de chaque qualité pour faire un mélange qui lui donne 75 c. de bénéfice par bouteille?

500 f. — 125 f. = 375 f. l'eau-de-vie la plus chère coûte donc

$\frac{375 \text{ f.}}{2}$ + 125 f. = 312 f. 50

L'autre $\frac{375}{2}$ = $\frac{187 \quad 50}{500 \text{ f. »}}$

La bouteille de la 1re revient à $\frac{312,50}{125}$ = 2 fr. 50 c.

—   2° $\frac{187,50}{125}$ = 1 fr. 50 c.

Pour gagner 75 c. par bouteille, il faut raisonner sur 3 f. — 0,75 c. = 2 f. 25 prix de vente.

Rapport 2,50 — 2,25 = 0,25 perte.
1,50 — 2,25 = 0,75 bénéfice.
100

Il faut donc pour compenser prendre sur 100 bouteilles

25 à 1,50   sur 180 $\frac{1}{4}$ = 45 à 1 f. 50 = 67,50
75 à 2,50 $\frac{3}{4}$ = 135 2 50 = 337,50
Produit d'achat 405 »

$$\begin{array}{lr}\text{Prix d'achat} & \text{405 f.} \\ \text{Bénéfice 75 c. sur 180} & \underline{135} \\ \text{Prix de vente} & \overline{540} \end{array}$$ pour 180 bouteilles à 3 f.

Une personne dit avoir placé 10000 fr. à 5 et à 7 pour cent, on lui paye annuellement 580 d'intérêts et elle demande quelle est la somme placée à 5 et celle placée à 7 ?

Une somme de 10,000 fr. qui rapporterait 580 fr. par an serait placée à $\left(\dfrac{580 \times 100}{10000} =\right)$ 5 fr. 80 serait le taux moyen de 10000 placés à 5 et à 7

$$\begin{array}{l}\text{Rapport 5 à 5,80} = 0,80 \text{ en plus.} \\ \phantom{\text{Rapport}} 7 \text{ à 5,80} = 1,20 \text{ en moins.} \\ \phantom{\text{Rapport 7 à 5,80 }=\ } \overline{2,00} \end{array}$$

Il est évident que sur 200 fr., 80 fr. sont placés à 7 et
$$ 120 — 5$$

On pourrait dire sur 200 sur 2,000 sur 20,000   8,000 sont à 7 et
$$ 12,000 — 5$$

Dans la question le ch. est 10000 moitié de 20000, c'est donc 4000 f. pl. à 7
$$ \text{et } 6000 — 5$$

En effet, l'intérêt de 4000 fr. à 7 pour cent $=$ 280 fr.
$$\phantom{\text{En effet, l'intérêt de }} — 6000 5 — = 300$$
Egalité des sommes $\overline{10000,}$ \qquad et d'intérêts $\overline{580}$ fr.

Trois ouvriers font un travail : le premier le ferait seul en 12 jours et en travaillant 10 heures par jour, le second dans 15 jours de 6 heures, et le troisième dans 9 jours de 8 heures,

 1° *Combien ces trois ouvriers travaillant ensemble mettront-ils de jours à faire ce travail?*
 2° *Quelle partie en fera chacun d'eux?*
 3° *Que gagneront-ils chacun, le travail étant payé 108 fr.?*

Réponse pour la 1re question.

Le premier ferait seul le travail en 12 jours $\times$ 10 heures $=$ 120 heures; en une heure, il en fera $\frac{1}{120}$
Le second le ferait en 15 jours $\times$ 6 heures $=$ 90 heures en une heure ; il fera $\frac{1}{90}$
Le troisième le ferait en 9 jours $\times$ 8 heures $=$ 72 heures en une heure ; il fera $\frac{1}{72}$
En travaillant ensemble, ils feraient donc en une heure $\frac{1}{120} + \frac{1}{90} + \frac{1}{72} =$ $\frac{25820}{777600}$ ou $\frac{1}{30}$ du travail, il est évident que tout le travail serait exécuté en trente heures.

Réponse pour la 2e question.

$$\begin{array}{llll}\text{Le premier en une heure fait } \frac{1}{120} \text{ en trente heures, il en fera} & \frac{30}{120} & = & \frac{1}{4} \\ \text{Le second} — \frac{1}{90} — & \frac{30}{90} & = & \frac{1}{3} \\ \text{Le troisième} — \frac{1}{72} — & \frac{30}{72} & = & \frac{5}{12} \end{array}$$

Réponse pour la 3e question.

Pour savoir ce qui revient à chacun d'eux en raison de son travail, il s'agit de partager 108 fr. dans la proportion des fractions $\frac{3}{12}$ $\frac{4}{12}$ et $\frac{5}{12}$ ou mieux encore en trois sommes proportionnelles à 3, 4 et 5. C'est-à-dire 27 fr. au premier, 36 fr. au second, et 45 fr. au troisième.

PROGRESSIONS ARITHMÉTIQUES

OU PROGRESSIONS PAR DIFFÉRENCE.

La *progression arithmétique* est une suite de nombres dont chacun surpasse celui qui le précède ou en est surpassé de la même quantité : dans le premier cas, la progression est *croissante*; dans le second, elle est *décroissante*.

Progressions croissantes.

Les nombres suivants forment une *progression croissante*, parce que chacun d'eux surpasse le nombre qui le précède de la même quantité.

$$\div 1.\ 3.\ 5.\ 7.\ 9.\ 11.\ 13.\ 15.$$

Chaque nombre s'appelle *terme* : le premier et le dernier s'appellent les *extrêmes*; tous les autres termes, les *moyens*. La différence 2, qui existe entre chacun des termes, se nomme *raison de la progression*; les deux points, séparés par une ligne que l'on place en tête veulent dire : *comme*; ils indiquent que la progression est *arithmétique* ou par *différence* et qu'il faut l'énoncer ainsi :

Comme 1 est à 3, 3 est à 5, 5 est à 7, 7 est à 9, etc.

Répétant deux fois chaque terme, à l'exception du premier et du dernier, les *extrêmes*.

Dans une progression croissante, nous remarquerons que

Le 2me terme est formé du 1er *plus* la raison $3 = 1 + 2$
Le 3me   du 2e *plus* la raison $5 = 3 + 2$
                  ou du 1er *plus* 2 fois la raison $5 = 1 + 2 + 2$
La 4me   du 3e *plus* la raison $7 = 5 + 2$
                  ou du 1er *plus* 3 fois la raison $7 = 1 + 2 + 2 + 2$
et ainsi de suite.

Donc : *Un terme quelconque d'une progression arithmétique croissante est composé du premier terme* PLUS *autant de fois la raison qu'il y a de termes avant lui.*

Ce principe a pour conséquence de faire trouver les termes quelconques d'une progression dont on connaît le premier terme et la raison.

En prenant pour exemple la progression ci-dessus $\div 1,\ 3,\ 5.....$

On demande quel est le 8e *terme?*

Le 8e terme doit en avoir 7 avant lui, il est donc formé du premier plus 7 fois la raison.

En effet, $1 + (7 \times 2) = 15, = 8^e$ terme cherché.

Si l'on demandait le 48e terme de la même proportion, en raisonnant comme ci-dessus, on trouverait que ce 48e terme est 95, parce que $1 + (47 \times 2) = 95$.

Le même principe a encore pour conséquence de lier deux nombres donnés par une suite d'autres nombres qu'on voudra, de manière à faire une progression arithmétique :

C'est insérer, entre deux nombres donnés, plusieurs moyens proportionnels arithmétiques.

En effet, on veut avoir 22 termes entre 2 et 71.

Il ne faut que connaître la *raison* qui doit régner dans la progression dont les extrêmes sont 2 et 71.

Or, comme le plus grand nombre (71) doit être composé du premier (2) plus autant de fois la raison qu'il y a de termes avant lui; si de 71 je retranche 2, le reste 69 est le produit de la raison par le nombre de termes qui précèdent 71; ce nombre de termes est 22 plus un (l'extrême 2) c'est dire 23, en divisant 69 par 23, ou pour raison, 3.

Opération $71 - 2 = 69 : (22 + 1) = 3$

Je forme donc, au moyen de cette raison, la progression demandée qui renferme 22 moyens proportionnels entre 2 et 71, extrêmes de cette progression.

$$\div \overset{\substack{1\ 2\ 3\ \ 4\ 5\ \ 6\ \ 7\ \ 8\ \ 9\ \ 10\ 11\ \ 12\ 13\ \ 14\ \ 15\ \ 16\ \ 17\ \ 18\ 19\ \ 20\ 21\ 22}}{2.5.8.11.14.17.20.23\ 26.29.32.35.38.41.44.47.50.53.56.59.62.65.68.71.}$$

Donc : *Pour insérer entre deux nombres donnés tant de moyens qu'on voudra, il faut retrancher le plus petit de ces deux nombres du plus grand, et diviser le reste par le nombre des moyens augmenté de l'unité. Le quotient est la raison qui doit régner dans la progression.*

Entre deux nombres donnés, si voisins qu'ils puissent être l'un de l'autre, on peut toujours insérer tant de moyens qu'on voudra.

En effet, si entre 4 et 11 on veut insérer 8 moyens proportionnels, on opère comme ci-dessus et l'on trouve que la raison est $\frac{7}{9}$ dont on forme la progression suivante :

$$\div 4.\ 4\tfrac{7}{9}.\ 5\tfrac{5}{9}.\ 6\tfrac{3}{9}.\ 7\tfrac{1}{9}.\ 8\tfrac{6}{9}.\ 9\tfrac{4}{9}.\ 10\tfrac{2}{9}.\ 11.$$

Dans une progression arithmétique, la somme de tous les termes est égale à la somme des extrêmes multipliée par la moitié du nombre des termes.

Soit la progression croissante, $\div 1.\ 2.\ 3.\ 4.\ 5.\ 6.$
qu'on la compare et met en rapport avec la même progression décroissante, $\div 6.\ 5.\ 4.\ 3.\ 2.\ 1.$

On remarque alors que la somme de chaque double terme est égale :

En effet, $\begin{aligned} 1 + 6 &= 7 \\ 2 + 5 &= 7 \\ 3 + 4 &= 7 \end{aligned}$ $\begin{aligned} 4 + 3 &= 7 \\ 5 + 2 &= 7 \\ 6 + 1 &= 7 \end{aligned}$

Il est encore évident :

1° Que la somme de ces deux progressions sera $6 \times 7 = 42$.

2° Que la somme de chacune de ces progressions sera $7 \times \frac{6}{2} = 21$, moitié de la somme des deux progressions, d'où le principe qui précède et celui qui suit :

Dans toute progression par différence, la somme de deux termes quelconques pris à égale distance de deux extrêmes, est égale à la somme de ces deux extrêmes.

Lorsque la progression est composée d'un nombre impair de termes, celui du milieu forme avec les deux extrêmes une *équi-différence continue; il est égal à la demi-somme des deux extrêmes.*

Soit la progression ci-dessus augmentée d'un terme.

$$\div 1.\ 2.\ 3.\ 4.\ 5.\ 6.\ 7.$$

Pour avoir la somme, il faut multiplier $1 + 7$ (les extrêmes) $= 8$ par la moitié du nombre termes $\frac{7}{2} = 8 \times \frac{7}{2} = \frac{56}{2} = 28$, somme de tous les termes.

Et le terme médium 4 est égal à la somme des deux extrêmes divisée par $2 = \frac{8}{2} = 4$.

Progressions décroissantes.

Les nombres suivants forment une *progression décroissante*, parce que chacun d'eux est surpassé par le nombre qui le précède de la même quantité.

$$\div 18.\ 16.\ 14.\ 12.\ 10.\ 8.\ 6.\ 4.$$

Elle s'énonce comme la progression croissante, et les nombres portent les mêmes noms.

Dans la progression décroissante, nous remarquerons :

Que le 2ᵉ terme est formé du 1ᵉʳ *moins* la raison $16 = 18 - 2$
Le 3°   —   du 2ᵉ *moins* la raison $14 = 16 - 2$
Ou du 1ᵉʳ *moins* 2 fois la raison $14 = 18 - 2 - 2$

et ainsi de suite.

Donc : *Un terme quelconque d'une progression arithmétique décroissante est composé du premier terme* MOINS *autant de fois la raison qu'il y a de termes avant lui.*

En effet, le huitième terme de la progression décroissante ci-dessus ne peut être que 4, puisque de 18 (1er terme), si je retranche 7 fois (nombre de termes précédant le 8e), la raison 2 = 14, il me restera 4 qui est le huitième terme.

Au lieu du huitième terme déjà connu, j'aurais pu chercher le douzième, mais je trouverais une quantité négative, soit 18 — 24 = 0 — 6.

On peut aussi, d'après ce principe, insérer entre deux termes donnés autant de moyens proportionnels arithmétiques décroissants qu'on voudra.

Supposons qu'on veuille entre 18 et 16 insérer 7 moyens proportionnels, il s'agira de trouver la raison pour la progression croissante. Je retranche 16 de 18, et je divise le reste 2 par le nombre de moyens demandés plus l'unité 7 + 1 = 8.

Donc, $2 : 8 = \frac{2}{8} = \frac{1}{4}$ raison cherchée.

J'établis donc la progression comme suit :

$$\overset{\text{1er moyen}}{} \quad \overset{2^e}{} \quad \overset{3^e}{} \quad \overset{4^e}{} \quad \overset{5^e}{} \quad \overset{6^e}{} \quad \overset{7^e}{}$$
$$\div 18 \quad 17\tfrac{3}{4} \quad 17\tfrac{2}{4} \quad 17\tfrac{1}{4} \quad 17 \quad 16\tfrac{3}{4} \quad 16\tfrac{2}{4} \quad 16\tfrac{1}{4} \quad 16.$$

nouvelle progression qui renferme bien les 7 moyens proportionnels.

On voit que ce dernier principe est celui de la progression croissante; il en est de même pour les autres propriétés des progressions croissantes et leurs conséquences qui s'appliquent également aux progressions décroissantes, telles que

1° *La somme de tous les termes est égale à la somme des extrêmes multipliée par la moitié du nombre des termes.*

2° *La somme de deux termes quelconques pris à égale distance des deux extrêmes est égale à la somme des deux extrêmes.*

Des principes qui précèdent et de leurs propriétés, on a déduit les formules suivantes qui serviront à résoudre les différents problèmes sur les progressions.

Pour abréger, nous représentons :

Le premier terme par	P	*La raison par*	R
Le dernier terme par	D	*La somme par*	S
Le nombre des termes par	N	*Le nombre des termes moins un par*	Y

Progressions arithmétiques.

Croissantes.	Décroissantes.

Pour trouver le premier terme.

$$P = \begin{cases} d - r = y \\ d + r - n \times r \\[4pt] \dfrac{2s}{n} - d \\[10pt] \dfrac{s}{n} - \dfrac{n \times r - r}{2} \end{cases} \qquad P = \begin{cases} d + r \times y \\ d - r + n \times r \\[4pt] \dfrac{2s}{n} - d \\[10pt] \dfrac{s}{n} + \dfrac{n \times r - r}{2} \end{cases}$$

Pour trouver le dernier terme.

$$D = \begin{cases} p + (r \times y) \\ p + (r \times n - r) \\[4pt] \dfrac{2s}{n} - p \\[10pt] \dfrac{s}{n} + \dfrac{n \times r - r}{2} \end{cases} \qquad D = \begin{cases} p - (r \times y) \\ p - (r \times n - r) \\[4pt] \dfrac{2s}{n} - p \\[10pt] \dfrac{s}{2} - \dfrac{n \times r - r}{2} \end{cases}$$

Pour trouver le nombre des termes.

$$N = \begin{cases} \dfrac{d - p}{r} + 1 \\[10pt] \dfrac{2s}{p + d} \end{cases} \qquad N = \begin{cases} \dfrac{p - d}{r} + 1 \\[10pt] \dfrac{2s}{p + d} \end{cases}$$

Pour trouver la raison.

$$R = \begin{cases} \dfrac{d - p}{y} \\[2ex] \dfrac{2n \times d - 2s}{\bar{n}^2 - n} \\[2ex] \dfrac{\bar{n}^2 - \bar{p}^2}{2s - p - d} \end{cases} \qquad\qquad R = \begin{cases} \dfrac{p - d}{y} \\[2ex] \dfrac{2n \times p - 2s}{\bar{n}^2 - n} \\[2ex] \dfrac{\bar{p}^2 - \bar{d}^2}{2s - p - d} \end{cases}$$

Pour trouver la somme.

$$S = \begin{cases} (p + d) \times \dfrac{n}{2} \\[2ex] n \times d - \dfrac{r \times \bar{n}^2 - r \times n}{2} \\[2ex] p \times n + \dfrac{r \times \bar{n}^2 - r \times n}{2} \end{cases} \qquad S = \begin{cases} (p + d) \times \dfrac{n}{2} \\[2ex] n \times p - \dfrac{r \times \bar{n}^2 - r \times n}{2} \\[2ex] d \times n + \dfrac{r \times \bar{n}^2 + r \times n}{2} \end{cases}$$

Nous avons encore une remarque à faire sur les progressions par différence : si nous mettons en rapport de termes deux *progressions croissantes*, et si nous cherchons la différence entre chaque terme correspondant nous aurons les trois progressions a, b, c.

$$\begin{aligned} a &\div 4.\ 6.\ 8.\ 10.\ 12.\ 14.\ 16.\quad \text{somme } 70 \\ b &\div 1.\ 4.\ 7.\ 10.\ 13.\ 16.\ 19.\qquad\ -\quad 70 \\ c &\div 3.\ 2.\ 1.\ 0.\ \ .\ \ .\ \ .\ \ . \end{aligned}$$

Si la progression C est décroissante, comme dans cet exemple, elle indiquera que les progressions a et b doivent arriver :

1° A deux termes égaux, et

2° Que ces deux progressions peuvent s'arrêter à égales sommes, c'est-à-dire que les deux derniers termes atteints, la somme des progressions sera la même.

En effet, dans l'exemple donné, on voit que le quatrième terme est 10 aux deux progressions, et qu'au septième terme la somme de chacune d'elles est 70.

Toutes les progressions ne s'arrêtent pas à un aussi petit nombre de termes; mais pour connaître ces termes, il suffira de diviser le premier terme de la progression c par sa raison. Le quotient indiquera le nombre des termes précédant les deux termes égaux; et le même nombre ajouté au rang de ces deux termes égaux donnera le nombre de termes que doivent atteindre ces deux progressions pour que leurs sommes soient égales.

En effet, 3, premier terme, divisé par sa raison 1, donne 3, pour nombre de termes avant les deux termes égaux, et par suite, 7 pour nombre de termes où doivent s'arrêter ces progressions pour que les sommes soient égales.

$$3 + 1 = 4,\ 4 + 3 = 7$$

Supposons des progressions ayant un plus grand nombre de termes

$$\begin{aligned} a &\div 15.\ \ 15\tfrac{1}{2}\ \ 16.\ \ 16\tfrac{1}{2}\ldots\ldots \\ b &\div 10.\ \ 11.\ \ \ 12.\ \ 13\ldots\ldots \\ c &\div\ \ 5.\ \ \ 4\tfrac{1}{2}\ \ \ 4.\ \ \ 3\tfrac{1}{2}\ldots\ldots \end{aligned}$$

Divisant 5 par $\tfrac{1}{2}$ on a 10, donc, les deux progressions auront les onzièmes termes égaux, et au vingt et unième les sommes seront égales.

En effet, le onzième est 20 aux deux progressions et au vingt et unième terme, la somme de chacune des progressions est 420.

2me EXEMPLE :

Soient les progressions

$$a \div 20. \quad 22. \quad 24 \ldots$$
$$b \div 13\tfrac{1}{2} \quad 16. \quad 18\tfrac{1}{2} \ldots$$

Différence $\quad c \div 6\tfrac{1}{2} \quad 6. \quad 5\tfrac{1}{2} \ldots$

$$6\tfrac{1}{2} : \tfrac{1}{2} = \tfrac{13}{2} \times \tfrac{2}{1} = \tfrac{26}{2} = 13$$

Donc les quatorzièmes termes seront égaux, et les sommes seront égales au vingt-septième.

En effet, les quatorzièmes termes sont 46, et la somme des vingt-sept termes est 1242.

Les deux termes égaux ne peuvent se rencontrer que dans une progression dont le nombre des termes est impair.

Il peut donc arriver qu'en divisant le premier terme par la raison, le quotient soit un nombre fractionnaire, comme dans l'exemple suivant :

$$a \div 18. \quad 20. \quad 22. \quad 24. \quad 26. \quad 28.$$
$$b \div 13. \quad 15. \quad 21. \quad 25. \quad 29. \quad 33.$$

$$c \div 5. \quad 3. \quad 1.-1.-3.-5.$$

Divisant 5 par la raison 2, le quotient $2\tfrac{1}{2}$ indique que l'égalité est entre $(2\tfrac{1}{2}+1)$ le troisième et le quatrième terme, et les sommes des deux progressions seront égales au sixième terme, et en effet, la somme de chacune est 138.

Si nous examinons la progression c dont les termes représentent la différence entre les deux termes supérieurs correspondants des progressions a et b, nous reconnaîtrons que la moitié de ces termes ont une valeur positive, et l'autre moitié, une valeur négative; de sorte qu'on obtient 0 pour somme des extrêmes, pour somme des moyens pris à égale distance des extrêmes, et pour somme de tous les termes.

$$\text{En effet,} \quad 5 + -5 = 0$$
$$3 + -3 = 0$$
$$1 + -1 = 0$$
$$5 + 3 + 1 = 9, \text{ comme } -5 + -3 + -1 = -9.$$
$$9 + -9 = 0$$

Ces résultats s'expliquent parce que les sommes des progressions étant égales, il faut absolument que la différence des termes soit 0; parce qu'entre des quantités égales, il ne peut y avoir de différence.

EXERCICES SUR LES PROGRESSIONS ARITHMÉTIQUES

La somme d'une progression croissante de neuf termes est 225, et la différence des extrêmes est 16.

Quelle est cette progression ?

Nous savons que la somme de tous les termes d'une progression est égale à la somme des extrêmes multipliée par la moitié du nombre des termes; nous aurons donc la somme des deux extrêmes en divisant 225 par $\tfrac{9}{2}$ ou $4\tfrac{1}{2}$

$$\frac{225}{4\tfrac{1}{2}} = 50$$

Si 50 est la somme des deux extrêmes et 16 leur différence,

$$\frac{50 - 16}{2} = \text{le premier extrême et } \frac{50 + 16}{2} = \text{le dernier.}$$

En effet, le premier extrême est 17 et le dernier 33.

16 étant la différence entre eux, ce nombre représente la raison multipliée par le nombre des termes moins $1 = 9 - 1 = 8.$

Donc $\frac{16}{8}=$ la raison 2, donc la proportion cherchée est

$$\div 17.\ 19.\ 21.\ 23.\ 25.\ 27.\ 29.\ 31.\ 33.$$

On trouverait la solution en cherchant le premier terme au moyen de la formule $p = \dfrac{s}{n} - \dfrac{n \times r - r}{2}$

Posons les chiffres $\dfrac{225}{9} - \dfrac{9 \times 2 - 2}{2}$

Opérons $25 - 8 = 17$ premier terme cherché, dont on compose la progression ci-dessus.

Une personne doit une somme de 1770 fr. dont elle veut s'acquitter dans l'année, sans intérêts, en douze payèments qui s'augmenteront de 25 fr. par chaque mois.
1° Quelle est la première somme à payer?
2° Quel sera le dernier payement?

C'est demander les deux extrêmes d'une progression croissante qui a

pour somme   1770
     Pour raison   25
     Et nombre de termes   12

La somme des deux extrêmes $= \dfrac{1770}{6} = 295$

Le dernier terme étant composé du premier, plus autant de fois la raison qu'il y a de termes moins 1

Le dernier terme sera $\dfrac{295 + 25 \times 11}{2} = 285$

Et le premier terme $\dfrac{295 - 25 \times 11}{2} = 10$

La première somme à payer sera 10 fr. La dernière 285 fr.
Les mêmes résultats s'obtiendraient au moyen de la formule :

$$\text{Le premier terme} = \frac{s}{n} - \frac{y \times r}{2}$$

$$\text{Posons les nombres } \frac{1770}{12} - \frac{1 \times 25}{2}$$

$$\text{Opérons } 147\tfrac{1}{2} - 137\tfrac{1}{2} = 10$$

Le premier terme 10 étant connu, il est facile de trouver le dernier terme par la formule suivante :

$$d = p + r \times y = d = 10 + (25 \times 11)$$
$$= 10 + 275 = 285 \text{ fr.}$$

On convient de payer 5 fr. le premier mètre d'un travail et d'augmenter le prix de chaque mètre suivant de 1 fr. 25 c., l'ouvrier a reçu 100 fr. pour son dernier mètre; combien a-t-il fait de mètres en tout?
La progression est

$$\div 5.\ 6,25.\ 7,50.\ 8,75.\ 10\ldots\ldots \text{ La raison } 1,25.\ \text{Le dernier terme } 100.$$

On demande donc le nombre de termes?

$$\text{Prenons la formule } n = \frac{d - p}{r} + 1$$

$$\text{Posons les nombres } n = \frac{100 - 5}{1,25} + 1 = \frac{95}{1,25} = 76 + 1 = 77 \text{ mèt.}$$

On veut planter un quinconce de 39 rangs d'arbres. Le premier rang en aura 115, le second 112, en diminuant ainsi de trois par rang jusqu'au dernier.
1° Combien faut-il de plants d'arbres pour ce quinconce?
2° De combien d'arbres se composera le 39° rang?

1re Question.

$$S = p \times n - \frac{2 \times \overline{n}^2 - r \times n}{2} = 115 \times 39 - \frac{3 \times \overline{39}^2 - 3 \times 39}{2}$$

$$= 4485 - \frac{4563 - 117}{2}$$

$$= 4485 - 2223 = 2262 \text{ plants.}$$

2me Question.

$$D = p - (r \times y) = 115 - 3 \times 38$$

$$= 115 - 114 = 1 \text{ seul arbre.}$$

Connaissant la réponse à la deuxième question, c'est-à-dire le dernier terme de la progression arithmétique décroissante étant connu, il eût été plus facile de résoudre la première question ainsi qu'il suit :

$$S = (p + d) \times \frac{n}{2} = 115 + 1 \times \frac{39}{2}$$

$$= 116 \times 19\tfrac{1}{2} = 2262 \text{ même solution.}$$

Pour un ouvrage dont la difficulté augmentait à mesure qu'il avançait, on est convenu de payer 4 fr. le premier mètre et d'augmenter de 2 fr. 75 chacun des mètres en plus; c'est-à-dire de payer 6 fr. 75 le deuxième mètre, 9 fr. 50 le troisième et ainsi de suite. L'ouvrier a fait 80 mètres; que lui revient-il?
La progression sera :

Le nombre des termes est 80, c'est la somme qui répondra à la question.

$\div$ 4 f. 6 f. 75. 9 f. 50 ..... La raison, 2 f. 75 c.

Prenons la formule $\quad s = p \times n + \dfrac{r \times \overline{n}^2 - r \times n}{2}$

Posons les nombres $\quad s = 4 \times 80 + \dfrac{2{,}75 \times (80 \times 80) - 2{,}75 \text{ c.} \times 80}{2}$

Opérons $\quad 320 + \dfrac{176000 - 220}{2} = \dfrac{17380}{2} = 8690$

Résumé $\quad s = 320 \text{ fr.} + 8690 \text{ fr.} = 9010 \text{ fr.}$

On aurait pu chercher le dernier terme par cette formule :

$$d = p + r \times y = 4 + 217{,}25 = 221{,}25$$

Puis la somme par celle-ci :

$$s = (p + d) \times \frac{n}{2} = 4 \text{ f.} + 221 \text{ f. } 25 \text{ c.} = 225 \text{ f. } 25 \text{ c.} \times 40 = 9010 \text{ fr.}$$

Un propriétaire veut planter une file de 100 arbres, et pour qu'ils prennent mieux, il fait mettre dans chaque trou préparé une brouettée de bonne terre; le dépôt de cette terre est à 12 mètres du premier arbre; 18 mètres du deuxième, 24 mètres du troisième, et ainsi de suite; on demande quel chemin fera l'ouvrier employé à ce travail?
Il ne faut pas ici se laisser tromper par cette progression qui paraît toute posée $\div$ 12. 18. 24.....
Remarquez que l'ouvrier fera seulement pour porter la première brouettée 12 m. pour aller et 12 pour revenir; pour la deuxième 18 m. pour aller et 18 m.

pour revenir; le premier terme de la proportion est donc 24 m.; le deuxième, 36 m.; le troisième, 48... et la raison 12.

Soit ÷ 24. 36. 48........ x pour le centième terme.

Nous avons vu que $d = p + r \times y$.

Nous dirons $x = 24 + 12 \times 99 = 1212$ centième et dernier terme.

Au moyen de ce dernier terme, il faut chercher la somme

$$s = (p + d) \times \frac{n}{2}$$

C'est-à-dire, $s = 24 + 1212 = 1236 \times \dfrac{100}{2} = 50$

Donc, $s = 1236 \times 50 = 61800$ m. $= 6$ myriamètres 1800 (environ 15 lieues $\frac{1}{2}$ de 4 kilom.)

On pourrait encore avoir la même solution par cette seule formule :

$$s = p \times n + \frac{r \times \overline{n}^2 - r \times n}{2}$$

C'est-à-dire, $s = 24 \times 100 + \dfrac{12 \times \overline{100}^2 - 12 \times 100}{2}$

Les opérations faites, on a

$$2400 + \frac{118800}{2} = 2400 + 59400 = 61800 \text{ m.}$$

Quelqu'un doit une somme, dont il s'acquitte en payant comptant les $\frac{1}{5}$ de cette somme et en donnant pour solde 20 effets payables de mois en mois : le premier effet est de 500 fr., le second de 600 fr. et ainsi de suite en augmentant de 100 fr. chaque effet jusqu'au vingtième.

1° Quelle est la somme payée comptant ?

2° Quelle était la somme due ?

Il est facile de reconnaître que les $\frac{4}{5}$ ne seront connus que par la somme des vingt effets qui représentent $\frac{4}{5}$ de la somme due et $\frac{1}{4}$ de la somme payée comptant.

Il s'agit donc de savoir quelle est la somme d'une progression croissante de vingt termes dont le premier est 500, le deuxième 600, et dont la raison est 100.

Nous savons que la somme d'une progression est égale à la somme des extrêmes multipliée par la moitié du nombre des termes.

Mais nous ne connaissons que le premier terme 500, il faut donc chercher le dernier.

Nous savons encore que le dernier terme est composé du premier, plus la raison multipliée par le nombre des termes moins 1.

Donc, le dernier terme $= 500 + 100 \times 19 = 2400$

La somme des extrêmes sera donc $500 + 2400 = 2900$

La somme de tous les termes $2900 \times \frac{20}{2} = 2900 \times 10 = 29000$ fr.

Par la formule suivante, nous obtiendrons le même résultat.

$$s = p \times n + \frac{r \times \overline{n}^2 - r \times n}{2}.$$

Posons les chiffres $= 500 \times 20 + \dfrac{100 \times 400 - 100 \times 20}{2}$

Opérons $s = 10000 + 19000 = 29000$ fr.

Puisque 29000 fr. représentent le montant des vingt billets, et par conséquent $\frac{4}{5}$ de la somme totale,

La somme payée comptant est $29000 \times 4 = 116000$ fr.
Et la somme totale $29000 \times 5 = 145000$

Deux personnes partent ensemble de Paris pour aller à un rendez-vous où elles sont arrivées en même temps; on demande combien elles ont fait de lieues et combien elles ont été de jours en route, sachant seulement que toutes deux prennent la poste et que l'une fait 15 lieues le premier jour, 15 $\frac{1}{2}$ le second, en augmentant chaque jour d'une demi-lieue, et que l'autre ne veut faire que 10 lieues le premier jour, 11 le second, et en augmentant chaque jour d'une lieue?

On voit qu'il s'agit ici de deux progressions croissantes, par différence, que nous superposons ainsi :

$$\div\ 15\quad 15\ \tfrac{1}{2}\quad 16\ldots\ldots$$
$$\div\ 10\quad 11\qquad 12\ldots\ldots$$

Différence $5\quad 4\ \tfrac{1}{2}\quad 4\ldots\ldots$ produisant une nouvelle progression décroissante.

En divisant le premier terme 5 par la raison $\frac{1}{2}$ nous aurons

$$5 \times \tfrac{2}{1} = 10$$

Ce ne sera donc qu'après dix jours que la différence 5 aura disparu, que le onzième jour elles font le même nombre de lieues, et que dix jours encore après elles seront arrivées. Donc, elles seront 21 jours à faire la route.

Pour répondre à la seconde question, il s'agit de connaître la somme de l'une ou de l'autre de ces deux progressions qui ont 21 termes et dont le premier terme et la raison seront connus, par la formule

$$s = p \times n + \frac{r \times \overline{n}^2 - r \times n}{2}$$

La première,

$$15 \times 21 + \frac{\tfrac{1}{2} \times \overline{21}^2 - \tfrac{1}{2} \times n}{2} = 315 + \frac{220\tfrac{1}{2} - 10\tfrac{1}{2} = 210}{2} = 315 + 105 = 420$$

La deuxième,

$$10 \times 21 + \frac{1 \times \overline{21}^2 - 1 \times 21}{2} = 210 + \frac{441 - 21}{2} = 210 + 210 = 420$$

On voit que la somme des deux progressions est la même : 420 lieues.

Un marchand a acheté un lot considérable de laine, dont une partie se trouve avariée; il a commencé par vendre la plus mauvaise qualité, et il perdait chaque jour une somme qu'il ne connaît pas, mais il sait que cette perte diminuait chaque jour de 5 francs et qu'ensuite son bénéfice allait augmentant chaque jour de la même somme. La vente a duré 85 jours, et son bénéfice du dernier jour montait à 322 fr.

On demande :

1° combien il a perdu le premier jour?
2°   — il a gagné en fin de compte?

On remarquera que la perte allant en diminuant et par suite le gain en augmentant, la progression arithmétique sera en même temps décroissante et croissante.

Nous chercherons donc le premier terme, qui répondra à la première question.
La raison est 5, le nombre de termes 85, et le dernier terme 322.

$$p = d - r \times y = 322 - 5 \times 84 = 322 - 420 = -98 \text{ fr.} \quad \text{quantité}$$
négative, considérée comme perte du premier jour.

Nous trouverons ensuite la somme des termes, qui répondra à la deuxième question.

$$s = p + d \times \frac{n}{2} = -98 + 322 \times \tfrac{85}{2} = 224 \times 42\tfrac{1}{2} = 9520 \text{ fr.} \quad \text{Est ce}$$
qu'il a gagné en fin de compte.

PROGRESSIONS GÉOMÉTRIQUES

OU PROGRESSIONS PAR QUOTIENT.

La *progression géométrique* est une suite de termes dont chacun contient celui qui le précède, ou y est contenu le même nombre de fois.

Dans le premier cas, la progression est *croissante*; dans le second, elle est *décroissante*.

Progressions croissantes.

Les nombres suivants forment une progression géométrique croissante, parce que chaque terme contient celui qui le précède, le même nombre de fois :

$$\div\div \; 2 : 4 : 8 : 16 : 32 : 64$$

La raison de cette progression est 2; elle indique que chaque terme contient deux fois le terme précédent, ou bien que le nombre 2 est le quotient de chaque terme divisé par celui qui le précède :

$$\text{En effet,} \quad 4 : 2 = 2$$
$$8 : 4 = 2$$
$$16 : 8 = 2$$

Les quatre points séparés par un trait placés avant la progression et les deux points placés entre chaque terme indiquent qu'elle est géométrique et qu'on doit l'énoncer.

Comme 2 est à 4, 4 est à 8, 8 est à 16, etc. : le premier et le dernier terme sont aussi appelés les *extrêmes*; les autres termes, les *moyens*.

Nous remarquerons que le second terme d'une progression géométrique est composé du premier terme multiplié par la raison; le troisième terme du deuxième multiplié par la raison, ou du premier terme multiplié par le carré de la raison, le quatrième terme du troisième multiplié par la raison, ou du deuxième multiplié par le carré de la raison ou du premier multiplié par le cube de la raison.

$$\text{En effet, soit le 1}^{\text{er}} \text{ terme} \quad 2$$
$$\text{le 2}^{\text{e}} \quad - \quad 4 = 2 \times 2$$
$$\text{le 3}^{\text{e}} \quad - \quad 8 = 4 \times 2$$
$$= 2 \times \overline{2}^{2}$$
$$\text{le 4}^{\text{e}} \quad - \quad 16 = 8 \times 2$$
$$= 4 \times \overline{2}^{2}$$
$$= 2 \times \overline{2}^{3}$$

Donc : *Un terme quelconque d'une progression géométrique croissante est composé du premier terme multiplié par la raison élevée à la puissance marquée par le nombre des termes qui précèdent ce terme quelconque.*

Ce principe a pour conséquence de faire trouver le terme quelconque d'une progression géométrique dont on connaît le premier terme et la raison.

Admettons qu'on veuille connaître le sixième terme de la progression

$$\div\div \; 4 : 8 : 16\ldots$$

Puisqu'il est précédé de cinq termes, on le trouvera en multipliant le premier terme 2 par la raison 2, élevée à la cinquième puissance. C'est

$$2 \times \overline{2}^{5} = 2 \times 32 = 64, \text{ qui est en effet le sixième terme.}$$

Le même principe sert encore *à insérer, entre deux nombres donnés, plusieurs moyens proportionnels géométriques*; c'est ainsi qu'on appelle *plusieurs nombres formant avec les deux nombres donnés une progression par quotient.*

Soit qu'on veuille insérer quatre moyens proportionnels géométriques entre 3 et 96.

C'est demander une progression géométrique composée de six termes dont les extrêmes seuls sont connus.

Il faut donc chercher la raison de cette progression, parce qu'en multipliant le premier terme par cette raison, nous aurons le deuxième terme, et ce deuxième terme par la raison, pour avoir le troisième, et ainsi de suite.

Mais si nous ne connaissons pas cette raison, nous savons que

$$d = p \times \overline{r^y}$$

c'est-à-dire que le dernier terme est égal au premier, multiplié par la raison élevée à la puissance indiquée par le nombre de termes qui précèdent ce dernier.

Nous aurons donc

$$96 = 3 \times \overline{r}^5, \text{ et par conséquent,}$$

$$r = \sqrt[y]{\dfrac{\overline{d}}{p}}$$

C'est-à-dire, que

$$\text{la raison} = \sqrt[5]{\dfrac{\overline{96}}{3}} = \sqrt[5]{\overline{32}} = 2$$

2 étant la raison, nous composons la progression suivante :

1er moyen, 2e, 3e, 4e.

$$\div\!\!\div 3 : 6 : 12 : 24 : 48 : 96$$

qui renferme, entre 3 et 96, quatre moyens proportionnels géométriques qui sont :

6, 12, 24 et 48

Donc, *pour insérer entre deux nombres donnés tant de moyens géométriques qu'on voudra, il faut diviser le plus grand nombre par le plus petit, et extraire du quotient la racine du degré marqué par le nombre des moyens augmentés de l'unité;* cette racine sera la raison cherchée.

Nous remarquerons encore que, *dans une progression géométrique, le produit de deux termes quelconques, pris à égale distance des deux extrêmes, est égal au produit de ces deux extrêmes.*

Quand la progression est composée d'un nombre impair de termes, la moitié du carré de celui du milieu est égale à la moitié du produit des deux extrêmes.

En effet : soit, la progression suivante :

$$\div\!\!\div 1 : 2 : 4 : 8$$

Il est évident que	$1 \times 8 = 2 \times 4 = 8$
Le produit des deux extrêmes est	$1 \times 8 = 8$
Comme le produit des moyens	$2 \times 4 = 8$

Le produit de ces quatre termes sera 64 (8×8)

Que par conséquent	$64 = 1 \times 2 \times 4 \times 8$
ou encore que	$64 = 8 \times 4 \times 2 \times 1$
Nous en déduirons	$\overline{64}^2 = 1 \times 2 \times 4 \times 8 \times 8 \times 4 \times 2 \times 1 = 4096$

et en intervertissant l'ordre des facteurs, nous aurons aussi :

$$\overline{64}^2 = 1 \times 8 \times 2 \times 4 \times 4 \times 2 \times 8 \times 1 = 4096$$

Nous venons de voir que $1 \times 8 = 2 \times 4\ldots$, que le nombre de ces produits partiels est égal au nombre de termes de la progression proposée; nous en déduirons

$$\text{que } \overline{64}^2 = 1 \times \overline{8}^4.$$

Et par conséquent que

$$64 = \sqrt[2]{\overline{8}}$$

En effet, $\overline{8}^4 = 4096$, dont la racine carrée est 64, ce qui démontre que

Le produit de tous les termes d'une progression par quotient est égal à la racine carrée de la puissance du produit des extrêmes dont l'exposant est marqué par le nombre de termes de la progression.

Opérons sur une progression de 6 termes.

$$\div 1 : 2 : 4 : 8 : 16 : 32$$

Nous dirons que le produit de tous ces termes est égal à la racine carrée de $1 \times 32 = \overline{32}^6$.

$\overline{32}^6 = 1.073.741.824$, dont la racine carrée est 32768

Donc, $1 \times 2 \times 4 \times 8 \times 16 \times 32 = 32768$

Si nous examinons encore la progression

$\div 1 : 2 : 4 : 8 : 16 : 32$, dont la raison est 2 ; nous tirerons es équations suivantes :

$$
\begin{aligned}
1 \times 2 &= 2 \\
2 \times 2 &= 4 \\
4 \times 2 &= 8 \\
8 \times 2 &= 16 \\
16 \times 2 &= 32
\end{aligned}
$$

Chaque terme contient donc celui qui le précède autant de fois que la raison contient d'unités.

Nous pourrions former de ces égalités, l'équation suivante :

$$2 + 4 + 8 + 16 + 32 = 1 \times 2 + 2 \times 2 + 4 \times 2 + 8 \times 2 + 16 \times 2$$

Et puisque 2 multiplie chaque terme du *deuxième membre*, on peut, sans changer l'égalité, ne le poser qu'une seule fois multiplicateur de tous ces termes : nous aurons alors l'équation

$$2 + 3 + 4 + 8 + 16 + 32 = (1 + 2 + 4 + 8 + 16) \times 2$$

Nous voyons que le *premier membre* renferme la somme de tous les termes, excepté le premier, et que le *second membre* contient la somme de tous les termes, excepté le *dernier,* multiplié par la raison.

Nous obtiendrons par cette équation

$$s - p = (s - d) \times r \text{ ou } s - p = s \times r - d \times r$$
$$\text{ou } s - s \times r = p - d \times r \text{ ou } s \times r - s = d \times r - p$$
$$\text{ou } (r - 1) \times s = d \times r - p.$$

Et enfin

$$s = \frac{d \times r - p}{r - 1}$$

Donc, *la somme de tous les termes d'une progression par quotient est égale au produit de la raison par le dernier terme, moins le premier ; le reste divisé par la raison diminuée de l'unité.*

En effet, cherchons la somme de cette progression ;

$$\div 1 : 2 : 4 : 8 : 16 : 32, \text{ dont la raison est } 2$$

Je multiplie $(32 \times 2) - 1 = 63$

Et comme $\dfrac{63}{2 - 1} = 63$

Je dirai que 63 est la somme de tous les termes.

Opérons sur une autre progression qui n'ait pas 1 pour premier terme et 2 pour raison.

$$\div 3 : 12 : 48 : 192 : 768 : 3072$$

Pour trouver la somme des termes de cette progression, je multiplie

$$(3072 \times 4) - 3 = 12285$$

Et je divise

$$12285 \text{ par } (4 - 1)\, 3 = 4095$$

J'ai donc 4095, qui est, en effet, la somme des six termes de la progression.

Progressions décroissantes.

Les nombres suivants forment une *progression géométrique décroissante*, parce que chaque terme contient celui qui le suit le même nombre de fois.

$$\div 16 : 8 : 4 : 2 : 1 : \tfrac{1}{2}$$

Nous voyons que le deuxième terme est composé du premier, divisé par la raison; le troisième du deuxième, divisé par la raison, ou du premier, divisé par le cube de la raison, et ainsi de suite.

$$\text{En effet,} \quad 16 : 2 = 8$$
$$8 : 2 = 4 \text{ ou } 16 : \overline{2}^2$$
$$4 : 2 = 2 \text{ ou } 8 : \overline{2}^2 \text{ ou } 16 : \overline{2}^3$$

Donc, *un terme quelconque d'une progression géométrique décroissante est composé du premier terme* DIVISÉ *par la raison élevée à la puissance marquée par le nombre de termes qui précédent ce terme quelconque.*

Ce principe a pour conséquence de faire trouver le terme quelconque d'une progression géométrique décroissante dont on connaît le premier terme et la raison.

En effet, supposons inconnu le sixième terme de la progression ci-dessus; puisqu'il est précédé de cinq termes, on le trouvera en divisant le premier terme par la raison élevée à la cinquième puissance.

Opérons $16 : \overline{2}^5 = 16 : 32 = \tfrac{1}{2}$. Qui est le sixième terme.

Ce même principe sert encore *à insérer plusieurs moyens proportionnels géométriques entre deux nombres donnés.*

On veut placer trois moyens géométriques entre 2187 et $\tfrac{1}{3}$

C'est demander une progression décroissante composée de cinq termes, dont les deux extrêmes 2187 et $\tfrac{1}{3}$ sont connus.

Il ne s'agit que de trouver la raison de cette progression, puisqu'en divisant le premier terme par cette raison, nous aurons le deuxième; puis le deuxième par la raison, nous aurons le troisième, et ainsi de suite; si nous ne connaissons pas la raison, nous savons que

$$d = p : r^y$$
$$\text{Ou encore que } p = d \times \overline{r}^y$$
$$\text{Et enfin } r = \sqrt[y]{\overline{d}}$$
$$\text{Opérons } r = \sqrt[4]{\frac{2187}{\tfrac{1}{3}}}$$
$$r = \sqrt[4]{6561} = 9$$

Donc, la raison est 9.

En conséquence, les moyens demandés seront

$$\frac{2187}{9} = 243, \text{ 1}^{\text{er}} \text{ moyen}; \quad \frac{243}{9} = 27, \text{ 2}^{\text{e}} \text{ moyen}; \quad \text{et } \frac{27}{9} = 3, \text{ 3}^{\text{e}} \text{ moyen}.$$

D'où la progression

$$\div\ 2187 : 243 : 27 : 3 : \tfrac{1}{3}$$

Nous avons vu que dans les progressions croissantes par quotient, la somme de tous les termes est égale au produit de la raison par le *dernier* terme moins le *premier*; le reste divisé par la raison diminuée de l'unité.

Dans une progression décroissante par quotient, la somme de tous les termes est égale au produit de la raison, par le PREMIER *terme moins le* DERNIER; *le reste divisé par la raison diminuée de l'unité.*

En effet, dans une progression croissante, le 1er terme $<$ que le dernier, et c'est tout le contraire dans une progression décroissante, le premier $>$ que le dernier.

Prenons pour exemple la progression

$$\div\ 64 : 32 : 16 : 8 : 4,\ \text{dont la raison est 2}$$

La raison, multipliée par le premier terme moins le dernier, le reste divisé par la raison moins un, doit être égal à tous les termes ajoutés les uns aux autres.

$$\text{Opérons } (2 \times 64) - 4 = 128 - 4 = \frac{124}{2-1} = 124$$

$$\text{Donc } 64 + 32 + 16 + 8 + 4 = 124$$

Tous les autres principes des progressions croissantes par quotient s'appliquent aux progressions décroissantes. C'est ce que nous allons prouver, en prenant pour exemple la progression ci-dessus :

$$\div\ 64 : 32 : 16 : 8 : 4$$

1° *Le produit de deux termes quelconques pris à égale distance des extrêmes est égal au produit de ces deux extrêmes.*

$$\text{En effet, } 32 \times 8 = 64 \times 4 = 256$$

2° *Si la progression est composée d'un nombre impair de termes, la moitié du carré de celui du milieu est égale à la moitié du produit des extrêmes, et doit être comptée pour ce demi-produit.*

$$\text{En effet, } \overline{16}^2 : 2 = 64 \times 4 : 2 = 128$$

Si donc le terme médium d'une progression par quotient, composée par conséquent d'un nombre impair de termes, nous était demandé, connaissant les extrêmes, nous répondrions : Ce terme est égal à la racine carrée du produit des extrêmes.

$$\text{En effet, } 16 = \sqrt[2]{256}$$

3° *Le produit de tous les termes d'une progression par quotient est égal à la racine carrée de la puissance du produit des extrêmes, dont l'exposant est marqué par le nombre des termes de la progression.*

Voyons d'abord quel est ce produit :

$$64 \times 32 \times 16 \times 8 \times 4 = 1.048.576$$

Le produit des extrêmes étant 256,
Si nous élevons ce nombre à la cinquième puissance, nous aurons pour produit

$$1.099.511.627.776$$

Dont la racine carrée est en effet 1048576.

$$\text{Puisque } 1048576 \times 1048576 = 1.099.511.627.776$$

Des principes donnés, de leurs propriétés et de leurs conséquences, on a déduit les formules suivantes qui serviront à résoudre les différents problèmes relatifs aux progressions par quotient, croissantes et décroissantes :

Pour abréger, nous représentons toujours :

Le premier terme par	**P**	*La raison par*	**R**
Le dernier par	**D**	*La somme par*	**S**
Le nombre de termes	**N**	*Le nombre de termes moins un*	**V**

PROGRESSIONS CROISSANTES.   PROGRESSIONS DÉCROISSANTES.

Premier terme.

$$P = \frac{d}{\overline{r}^y} \qquad\qquad P = d \times r$$

$$P = d \times r + s - s \times r \qquad\qquad P = \frac{d}{r} + s\frac{s}{r}$$

Dernier terme.

$$D = p \times \overline{r}^y \qquad\qquad D = \frac{p}{\overline{r}^y}$$

$$D = \frac{s \times r - s + p}{r} \qquad\qquad D = p \times r + s - s \times r$$

La raison.

$$R = \sqrt[y]{\frac{d}{p}} \qquad\qquad R = \sqrt[y]{\frac{p}{d}}$$

$$R = \frac{s - p}{s - d} \qquad\qquad R = \frac{s - d}{s - p}$$

La somme.

$$S = \frac{d \times r - p}{r - 1} \qquad\qquad S = \frac{p \times r - d}{r - 1}$$

$$S = \frac{p \times \overline{r}^n - p}{r - 1} \qquad\qquad S = \frac{d \times \overline{r}^n - d}{r - 1}$$

EXERCICES.

On propose à un ouvrier qui n'a qu'un capital de 10 fr. de l'employer à un travail qui, indépendamment et en dehors de la journée, lui permettra de quadrupler son capital tous les ans; on demande quel sera ce capital au bout de six ans?

La première année, son capital se sera élevé à 40 fr.; la seconde, à 160.

Il s'agit donc d'une progression croissante par quotient, dont le 1er terme est 10, et dont on veut connaître le septième terme; la raison est 4.

Prenons cette formule, $d = p \times \overline{r}^y$

Posons les chiffres $d = 10 \times \overline{4}^6$

Opérons $d = 10 \times 4096 = 40960$ fr.

On aurait pu poser ainsi la question :

Chercher le sixième terme d'une progression par quotient, dont le premier terme est 40, et la raison 4.

$$d = 40 \times \overline{4}^5$$
$$d = 40 \times 1024 = 40960 \text{ fr. Solution.}$$

Un Père avare, ne pouvant se résoudre à donner à son fils un gouverneur qui lui demandait 3000 fr. par an, préfère s'arranger à lui donner un franc le premier mois, deux francs le second, et ainsi de suite en doublant la somme jusques y compris le douzième; combien le gouverneur a-t-il à recevoir à la fin de l'année?

C'est demander la somme d'une progression croissante par quotient de douze termes, dont le premier est 1 fr., et la raison 2.

$$\text{Prenons la formule } s = \frac{p \times \overline{r}^n - p}{r - 1}$$

$$\text{Prenons les nombres } s = \frac{1 \times \overline{2}^{12} - 1}{2 - 1}$$

$$\text{Opérons } s = \frac{1 \times 4096 - 1}{2 - 1}$$

$$\text{Résultat } s = \frac{4095}{2-1} = 4095 \text{ fr. Solution.}$$

Une personne interrogée sur ce qu'elle possédait en espèces a répondu : Si l'on divise ce que j'ai par 5, puis le quotient encore par 5 et ainsi de suite, on aura 300 pour cinquième quotient; on demande ce qu'elle possède?

Il est évident que 300 fr. est le 6e terme d'une progression géométrique décroissante dont la raison est 5 et dont le premier terme répondra à la question.

Prenons la formule $P = d \times \overline{r}^y$

Posons les nombres $P = 300 \times \overline{5}^5$

Opérons $P = 300 \times 3125 = 937.500$ fr.

Le raisonnement seul pourrait conduire à ce résultat : puisque 300 est le cinquième quotient d'un nombre cinq fois divisé par 5, on pouvait obtenir le cinquième dividende en multipliant

$300 \times 5 =$ 1500. Ce 5e dividende est lui-même le 4e quotient. Donc

$1500 \times 5 =$ 7500   est le troisième quotient.

$7500 \times 5 =$ 37500   le deuxième et

$37500 \times 5 = 187500$ le premier

$187500 \times 5 = 937500$ premier dividende et réponse à la question.

DES LOGARITHMES

Les propriétés des proportions et des progressions conduisent par analogie à la connaissance des *Logarithmes*. Cette admirable découverte, qui rendit célèbre son auteur (1), ramène les opérations les plus longues et les plus difficiles aux calculs les plus élémentaires de l'arithmétique; elle n'est pourtant point encore suffisamment naturalisée en France. Un savant mathématicien (2) attribue cette lacune de l'enseignement à notre ancien système métrique, fondé en général sur des

(1) NAPIER, NEPER OU NEPAIR (*Jean*, baron de Markinston), célèbre mathématicien Écossais, né en 1550, mort en 1617, est l'inventeur des *Logarithmes*.
La base des Logarithmes que l'on appelle Népériens en son honneur, est le nombre 2,7182818
Consulter le Ligorithmorum paru à Lyon en 1620.
BRIGGS (*Henry*), célèbre mathématicien anglais né à Warley-Wood en 1556, mort en 1630, perfectionna cette invention; d'accord avec Napier, ils composèrent un autre système auquel ils donnèrent pour base le nombre 10.
Consulter Arithmética Logarithmetica London, 1624.
(2) PRONY (*Gaspard-Clair-Fr.*, baron de), savant ingénieur, physicien et mathématicien, membre de l'Institut, né en 1755 à Chamelet, près Lyon, mort en 1839; fut choisi, en 1793, par la Convention, pour composer de nouvelles Tables logarithmiques suivant le système décimal.

divisions soit duo-décimales, soit rapportées aux multiples et sous-multiples de douze, ce qui offrait quelques difficultés pour l'emploi immédiat des Tables des Logarithmes.

Notre nouveau système métrique a fait disparaître totalement ces difficultés; il se prête même beaucoup mieux au calcul logarithmique que le système métrique anglais, et cependant l'usage des *Logarithmes* ne se popularise que difficilement (1).

Les logarithmes sont des nombres en progression arithmétique qui répondent, terme pour terme, à une pareille suite de nombres en progression géométrique.

On a choisi pour progression géométrique la progression décuple, et pour progression arithmétique la suite naturelle des nombres;

$$\div\ 1 : 10 : 100 : 1000 : 10000 : 100000 : 1000000\ldots\ldots$$
$$\div\ 0\ .\ 1\ .\ 2\ .\ 3\ .\ 4\ .\ 5\ .\ 6\ldots\ldots$$

Chaque terme de la suite inférieure est dit le logarithme du terme correspondant supérieur.

Tout le système des logarithmes est dans cette remarque fondamentale :

Si une progression géométrique est mise en rapport, terme pour terme, avec une progression arithmétique, les termes de la progression arithmétique représentent par leur addition ce que les termes de la progression géométrique donnent par leur multiplication.

Addition.	Multiplication.
En effet, en ajoutant 1	log. de 10
à $+$ 3	— de $\times$ 1000
On a $=$ 4	— de $=$ 10000 $=$ (10 $\times$ 1000).

Mais pour que cette idée pût devenir aussi utile qu'elle l'est, il fallait intercaler entre 1 et 10, entre 10 et 1000, tous les nombres en progression géométrique auxquels répondraient autant de nombres en progression arithmétique. C'est ce qui a été fait successivement, et les tables stéréotypes de Callet (2), quoiqu'elles n'aient que 8 chiffres, suffisent pour toutes les opérations délicates de l'astronomie et de la navigation.

Dans les *logarithmes tabulaires* que nous employons, la base est 10, parce qu'on a pris 1 pour logarithme de 10. Mais dans les premiers systèmes des logarithmes, qui sont les logarithmes naturels ou hyperboliques, la base est 2,718, et le logarithme hyperbolique de 10 est 2,30259, parce que NEPER avait trouvé qu'entre 1 et 10, il fallait 2,30259 moyennes proportionnelles.

Les logarithmes hyperboliques sont aux logarithmes tabulaires comme 2,3 : à 1; il suffit donc de multiplier nos logarithmes par 2,3 pour avoir les logarithmes hyperboliques; on trouve, par exemple, que celui de 3 est égal à 1,09861.

---

(1) Cette fâcheuse remarque est contenue dans la première édition du MANUEL et appuyée par une triste observation.

« Les *Logarithmes* ne sont enseignés que dans les hautes classes de mathématiques, et » seulement aux Élèves qui se destinent à l'astronomie, à la navigation, etc., etc. »

Heureusement nous pouvons dire maintenant que, grâce à la nouvelle direction donnée aux Études, on peut assurer que bientôt l'application plus suivie des *Logarithmes* en vulgarisera l'habitude. A. B.

(2) CALLET (*J.-Fr.*), mathématicien, né à Versailles en 1744, mort à Paris en 1798, publia en 1783, une édition in-8° des *Logarithmes*, que GARDINER (GU), mathématicien anglais, avait fait paraître à Londres en 1742, en un volume in-folio, et qui avait rendu d'éminents services.

L'édition de Callet, bien que considérablement augmentée, étant plus portative, s'épuisa promptement. Mais le célèbre typographe FIRMIN-DIDOT, profitant de l'entourage des illustres LALANDE (1732-1807), LAGRANGE (1736-1817), et LAPLACE (1749-1827), ses contemporains, qu'il pouvait consulter, publia en 1795, l'ouvrage le plus étendu et le plus exact que l'on puisse avoir. A. B.

TABLE DES LOGARITHMES DES NOMBRES NATURELS

DEPUIS 1 JUSQU'A 209

Nombres.	Logarithmes.	Nombres.	Logarithmes.	Nombres.	Logarithmes.	Nombres.	Logarithmes.	Nombres.	Logarithmes.
0	infini nég.	42	1,623249	84	1,924279	126	2,100371	168	2,225309
1	0,000000	43	1,633468	85	1,929419	127	2,103804	169	2,227887
2	0,301030	44	1,643453	86	1,934498	128	2,107210	170	2,230449
3	0.477121	45	1,653213	87	1,939519	129	2,110590	171	2,232996
4	0,602060	46	1,662758	88	1,944483	130	2,113943	172	2,235528
5	0,698970	47	1,672098	89	1,949390	131	2,117271	173	2,238046
6	0,778151	48	1,681241	90	1,954243	132	2,120574	174	2,240549
7	0,845098	49	1,690196	91	1,959041	133	2,123852	175	2,243038
8	0,903090	50	1,698970	92	1,963788	134	2,127105	176	2,245513
9	0,954243	51	1,707570	93	1,968483	135	2,130334	177	2,247973
10	1,000000	52	1,716003	94	1,973128	136	2,133539	178	2,250420
11	1,041393	53	1,724276	95	1,977724	137	2,136721	179	2,252853
12	1,079181	54	1.732394	96	1,982271	138	2,139879	180	2,255273
13	1,113943	55	1,740363	97	1,986772	139	2,143015	181	2,257679
14	1,146128	56	1,748188	98	1,991226	140	2,146128	182	2,260071
15	1,176091	57	1.755875	99	1,995635	141	2,149219	183	2,262451
16	1,204120	58	1,763428	100	2,000000	142	2,152288	184	2,264818
17	1,230449	59	1,770852	101	2,004321	143	2,155336	185	2,267172
18	1,255275	60	1,778151	102	2,008600	144	2,158362	186	2,269513
19	1,278754	61	1,785330	103	2,012837	145	2,161368	187	2,271842
20	1,301030	62	1,792392	104	2,017033	146	2,164353	188	2,274158
21	1,322219	63	1,799341	105	2,021189	147	2,167317	189	2,276462
22	1,342423	64	1,806180	106	2,025306	148	2,170262	190	2,278754
23	1 361728	65	1,812913	107	2,029384	149	2,173186	191	2,281033
24	1,380211	66	1,819544	108	2,033424	150	2,176091	192	2,283301
25	1,397940	67	1,826075	109	2,037426	151	2,178977	193	2,285557
26	1,414973	68	1,832509	110	2,041393	152	2,181844	194	2,287802
27	1,431364	69	1,838849	111	2,045323	153	2,184691	195	2,290035
28	1,447158	70	1,845098	112	2,049218	154	2,187521	196	2,292256
29	1,462398	71	1,851258	113	2,053078	155	2,190332	197	2,294466
30	1,477121	72	1,857332	114	2,056905	156	2,193125	198	2,296665
31	1,491362	73	1,863323	115	2,060698	157	2,195900	199	2,298853
32	1,505160	74	1,869232	116	2,064458	158	2,198657	200	2,301030
33	1,518514	75	1,875061	117	2,068186	159	2,201397	201	2,303196
34	1,531479	76	1,880814	118	2,071882	160	2,204120	202	2,305351
35	1,544068	77	1,886491	119	2,075547	161	2,206826	203	2,307496
36	1,556303	78	1,892095	120	2,079181	162	2,209515	204	2,309630
37	1,568202	79	1,897627	121	2,082785	163	2,212188	205	2,311754
38	1,579784	80	1,903090	122	2,086360	164	2,214844	206	2,313867
39	1,591065	81	1,908485	123	2,089905	165	2,217484	207	2,315970
40	1,602060	82	1,913814	124	2,093422	166	2,220108	208	2,318063
41	1,612784	83	1,919078	125	2,096910	167	2,222716	209	2,320146

Les logarithmes renfermés dans cette table n'ont que six chiffres après la virgule; ils en ont sept dans les tables ordinaires, mais cette différence ne nuit en rien à l'usage que nous en ferons ci-après.

Le premier chiffre à la gauche de chaque logarithme s'appelle la *caractéristique*, parce que c'est par ce chiffre qu'on peut juger dans quelle décade est compris le nombre auquel appartient un logarithme quelconque : par exemple, si un logarithme a pour caractérisiique 3, je sais que le nombre qu'il représente appartient à un mille, parce que le logarithme de 1000 est 3, et que celui de 10,000 est 4; tout nombre depuis 1000 jusqu'à 10,000 ne peut avoir pour logarithme que 3 et une fraction, ce 3 est la caractéristique et les autres chiffres expriment la fraction réduite en décimales.

USAGE DES LOGARITHMES.

Les logarithmes abrégent de beaucoup les multiplications et les divisions qui se reproduisent sans cesse dans toutes les opérations.

Multiplication.

Pour faire une multiplication, *il faut ajouter le logarithme du multiplicande au logarithme du multiplicateur; la somme est le logarithme du produit.*

> En effet, le logarithme de 14 est 1,146128
> Celui de 13 est 1,113943
> Total 2,260071

logarithme du produit 182.

Pour carrer un nombre, il suffira donc de doubler son logarithme; le total est le logarithme de la deuxième puissance de ce nombre.

> En effet, le logarithme de 8 est 0,903090
> Ajouté à lui-même 903090
> 1,806180 logarithme de 64,

carré ou deuxième puissance de 8.

Pour cuber un nombre, il suffira de tripler son logarithme; soit 2 qu'on veut élever à la troisième puissance.

> Le logarithme de 2 est 0,301030
> Que je multiplie par 3 0,903090 logarithme de 8,

troisième puissance ou cube de 2.

Pour élever un nombre à une puissance quelconque, il suffira de multiplier son logarithme par l'*exposant* de la puissance demandée.

> Soit 2 dont le logarithme est 0,301030
> Pour l'élever à la septième puissance, je multiplie par 7
> 2,107210 logarithme

de 128, septième puissance de 2.

Pour extraire la deuxième racine, la troisième, la quatrième, etc., d'un nombre, il suffira, par la même raison, de diviser le logarithme de ce nombre par l'exposant de la puissance.

Effectivement, soit 128 dont on demande la racine 7e.

> Le log. de 128 est 2,107210
> Dont je prends le $\frac{1}{7}$ 1,301030 logarithme de 2,

racine qui est la septième de 128.

Division.

Pour faire une division, *il faut retrancher le logarithme du diviseur du logarithme du dividende ; le reste est le logarithme du quotient.*

En effet, je veux diviser 195 par 13.

$$\begin{array}{lr} \text{Le logarithme de } 195 \text{ est} & 2,290035 \\ \text{— de } 13 \text{ est} & 1,113943 \\ \hline \text{Différence} & 1,176092 \text{ logarithme de } 15, \end{array}$$

quotient de cette division (1).

Pour trouver le 4ᵉ terme d'une proportion, il suffit d'additionner les logarithmes des 2ᵉ et 3ᵉ termes (moyens), et retrancher du total le logarithme du premier terme (extrême seul connu). Le résultat est le logarithme du quatrième terme.

$$\begin{array}{lr} \text{En effet, } 12 : 18 :: 10 : x. & \\ \text{Logarithme de } 18 = \text{est} & 1,255273 \\ \text{— } 10 \quad\text{—} & 1,000000 \\ \hline & 2,255273 \\ \text{— de } 12 \quad\text{—} & 1,079181 \\ \hline \text{Différence} & 1,176002 \\ \text{— de } x = 15. & \end{array}$$

DES NOMBRES DONT LES LOGARITHMES

NE SE TROUVENT PAS DANS LA TABLE.

Les tables ne renferment que les logarithmes des nombres entiers ; ceux des fractions et des nombres entiers joints à des fractions ne s'y trouvent pas ; il en est de même des racines carrées, cubiques, etc., des nombres qui ne sont pas des puissances parfaites du degré de ces racines.

EXEMPLE :

Quel est le logarithme de $8\frac{3}{11}$?

$$\begin{array}{ll} \text{Je cherche celui de} & \frac{91}{11} \\ \text{Soit logarithme de } 91 = & 1,959041 \\ \text{Dont je retranche le log. de } 11 = & 1,041393 \\ \hline \text{Le reste} \quad 0,917648 & \text{est le logarithme de } 8\tfrac{3}{11} \end{array}$$

puisque $\frac{91}{11}$ n'est autre chose que 91 divisé par 11.

Pour avoir le logarithme d'une fraction, il faut retrancher pareillement le logarithme du dénominateur du logarithme du numérateur ; mais comme ce dernier est toujours moins grand que le premier, on retranchera, au contraire, le logarithme du numérateur de celui du dénominateur ; la différence qui indique ce qui manque au numérateur pour être égal au dénominateur est le logarithme de la fraction ; il représentera une quantité négative et sera précédé du signe — qu'on énonce *moins.*

---

(1) Lorsque l'on cherche dans les tables ordinaires un logarithme résultant de quelques opérations sur d'autres logarithmes, si l'on ne trouve de différence que sur le dernier chiffre seulement, on doit regarder cette différence comme nulle, parce que les logarithmes de tous les nombres intermédiaires de la progression décuple ne sont approchés qu'à environ une demi-unité décimale du septième ordre près. Émile LOISEAU.

EXEMPLE :

Quel est le logarithme de la fraction $\frac{11}{91}$?

Je prends logarithme du dénominateur 91   1,959041
Moins logarithme du numérateur . 11   1,041393
Logarithme de $\frac{11}{91}$ est donc —   0,917648

Les nombres précédés du signe — sont des *nombres négatifs*. Ce signe indiquera que les logarithmes des fractions doivent être employés selon une règle tout opposée à celles données pour les logarithmes des nombres entiers, ou des nombres entiers joints à des fractions, c'est-à-dire que *pour multiplier une fraction, il faut retrancher le logarithme de cette fraction, et pour diviser par une fraction, il faut ajouter son logarithme.*

La raison de cette différence est facile à comprendre :

Multiplier par une fraction, c'est multiplier par le numérateur, et diviser le produit par le dénominateur; lorsqu'on opère par logarithmes, il faudrait ajouter le logarithme du numérateur, et retrancher ensuite celui du dénominateur. N'est-ce pas faire la même opération en retranchant seulement l'excès du logarithme du dénominateur sur le logarithme du numérateur? Or, cet excès est précisément le logarithme de la fraction.

Diviser par $\frac{3}{4}$ n'est-ce pas multiplier par $\frac{4}{3}$ (la fraction renversée)? Donc, en opérant par logarithmes, il suffit d'ajouter le logarithme de $\frac{4}{3}$ c'est-à-dire la différence du logarithme de 4 au logarithme de 3, ou le logarithme du dénominateur de la fraction proposée au logarithme du numérateur.

Donnons des exemples toujours pris dans notre Table : soit multiplier 81 par $\frac{2}{9}$

L'opération ordinaire serait $81 \times 2 : 9 = 18$

Par les logarithmes : du log. de 81 qui est   1,908485
Je retranche le log. de $\frac{2}{9}$ qui est —   653213
J'ai aussi 18, dont le log. est   1,255272
Soit diviser 120 par $\frac{3}{4}$

Par l'opération ordinaire, j'aurais $120 \times 4 : 3 = 160$.
Par les logarithmes : au log. de 120   2,079181
J'ajoute le log. de $\frac{3}{4}$ —   0,124929
J'ai pour résultat le log. de 160 qui est   2,214120

Si l'on veut exprimer en décimales une fraction représentée par son logarithme, ou chercher dans les tables la fraction à laquelle répond un logarithme négatif proposé, on retranchera ce logarithme de 1, de 2, de 3 ou de quatre unités selon l'étendue des tables ou le nombre de décimales que l'on désire au résultat; après avoir trouvé le nombre qui répond au logarithme restant, on en séparera sur la droite, par une virgule, autant de chiffres qu'on a supposé d'unités à la soustraction, et ce nombre sera la fraction décimale du logarithme négatif.

Soit le logarithme négatif de l'exemple qui précède — 0,124939

Puisque c'est un logarithme négatif, ce nombre doit répondre à une fraction que je désire avoir avec deux chiffres décimaux.

Je retranche de   2 *unités.*
Le logarithme —   0,124939
Différence   1,875061
Logarithme de   75

Dont je retranche 2 chiffres décimaux = 0,75
Donc, le log. — 0,124939 répond à 0,75 = $\frac{3}{4}$ (*Voyez l'exemple précédent.*)

DES LOGARITHMES DONT LES NOMBRES

NE SE TROUVENT PAS DANS LA TABLE.

Cette recherche n'est pas moins nécessaire que la précédente, parce qu'il arrive rarement pour la division que le quotient soit un nombre entier. Or, par les logarithmes, on ne trouvera dans les Tables le logarithme restant que quand le quotient sera un nombre entier.

Trouvons d'abord à quel nombre répond un logarithme proposé qui excède les limites de la Table.

Il faut retrancher de la caractéristique autant d'unités qu'il sera nécessaire pour qu'on puisse trouver, dans la Table, les premiers chiffres du logarithme ainsi préparé.

Si tous les chiffres restants se trouvent alors dans la Table, le nombre cherché sera celui indiqué par le logarithme, mais en mettant à la suite de ce nombre autant de zéros qu'on aura ôté d'unités à la caractéristique.

Supposons, par exemple, que notre Table s'arrête à 100, et que l'on nous demande à quel nombre répond le logarithme 2,079181; la caractéristique 2 indique que ce nombre est supérieur à 100, qui a pour logarithme 2,000000.

Mais en retranchant une unité de cette caractéristique, on trouve que le logarithme —1,079181 répond au nombre 12; alors on met 0 à la suite de 12 et l'on a 120 (1), qui est le nombre demandé.

Cherchons dans notre petite table de quel nombre 2,079181 est le logarithme, et nous trouvons, en effet, que ce nombre est 120.

Maintenant à quel nombre répond un logarithme proposé qui tombe entre les logarithmes de la Table?

Il faut chercher par une proportion et exprimer la différence qui existe entre les nombres et les logarithmes.

$$\begin{aligned}
&\text{Soit le logarithme } 2,062578. \text{ qui devrait se trouver} \\
&\text{entre le logarithme de } 115 \quad \text{qui est } 2,060698 \\
&\qquad\qquad \text{Et celui de } 116 \quad\; — \quad 2,064458
\end{aligned}$$

$$\begin{aligned}
\text{La différence entre ces deux logarithmes est} \quad & 0,003760 \\
\text{Celui du log. demandé} \quad & 2,062578 \\
\text{Et du log. } 115 \quad & \underline{2,060698} \\
& 0,001880
\end{aligned}$$

On dira : puisque la différence 3760 produit une unité de plus,
Combien   —   1880 produira-t-elle?

$$3760 : 1880 :: 1 : x = 0,5$$

Donc, 2,062578 est le log. de 115 + 0,5
        —   Ou bien 115,5.

Cependant la proportion que nous employons n'est pas rigoureusement exacte, parce qu'elle suppose que les différences des logarithmes sont proportionnelles aux différences des nombres, ce qui n'est pas, surtout pour les petits nombres, et l'on peut en juger ici puisque la différence entre les logarithmes de 115 et 116 est 0,003760, quand la différence entre les logarithmes 9999 et 10000, par exemple, est réduite à 0,000040 !

Il est donc plus exact de chercher, au moyen de grandes tables, le logarithme demandé, qui serait, par exemple, 0,5432725. Comme ce logarithme tombe entre 3 et 4, on cherche ce logarithme avec 3 unités à sa caractéristique.

Soit, log. 3,5432725

---

(1) L'on n'ajoute ici qu'un zéro, parce que l'on n'a retranché qu'une unité de la caractéristique 2.

Il est facile de comprendre que retrancher 1, 2, 3, etc. unités de la caractéristique d'un logarithme, c'est diviser le nombre correspondant par 10, 100, 1000, etc., comme ajouter 1, 2, 3, etc. unités à la caractéristique d'un logarithme, c'est multiplier le nombre correspondant par 10, 100, 1000, etc.   Émile LOISEAU.

et l'on trouve qu'il tombe entre les logarithmes de 3493 et 3494, d'où l'on conclut que le nombre cherché est 3,493 à moins d'un millième près.

Si cette approximation ne suffisait pas, on opérera comme dans l'exemple précédent, par la proportion des différences, et l'on aura cette proportion.

$$1243 : 1 :: 739 : x = 0,594$$

Soit définitivement 3,493594 pour nombre du log. 0,5432725

Il est difficile de juger des avantages que procurent les logarithmes sur une Table aussi limitée que celle que nous avons donnée ; mais pour avoir une idée de la facilité et de la promptitude des calculs, prenons les grandes tables et répondons à une seule question :
Quelle est la racine cubique de 53 à moins d'un millième près ?

$$\text{Le log. de 53 est } 1,724276$$
$$\text{Le tiers } \quad 0,574759$$

Ce dernier cherché dans les tables avec une caractéristique plus forte de trois unités pour avoir des millièmes, soit 3,574759, répond au nombre 3756.

Donc, la racine cherchée est 3,756.

Faites cette opération par la méthode indiquée à l'extraction des racines cubiques, et vous pourrez juger de la facilité des calculs par logarithmes (1).

---

(2) On ne se sert généralement des logarithmes que pour calculer des nombres considérables. Si les exemples qui précèdent se renferment tous dans des nombres inférieurs à 209, c'est que nous ne voulons pas sortir de l'étendue trop limitée de notre Table, les bornes de ce MANUEL ne nous permettant que de donner une idée aussi complète que possible des logarithmes et de leurs propriétés.   A. B.

FIN DE LA SECONDE PARTIE.

[illegible]

[illegible]

[illegible]

[illegible]

[illegible]

[illegible]

[illegible]

[illegible]

ARITHMÉTIQUE

Troisième Partie

MOYENS D'ABRÉGER LES CALCULS

DE LA MULTIPLICATION

CHAPITRE PREMIER

ARITHMÉTIQUE

TROISIÈME PARTIE

MOYENS D'ABRÉGER LES CALCULS

DE LA MULTIPLICATION (1).

De toutes les opérations, la multiplication est bien certainement celle dont on se sert le plus souvent dans l'Octroi, surtout dans les postes de grand travail : soit aux Gares des chemins de fer, soit aux principales Entrées de Paris.

Les Employés placés à ces Stations doivent opérer d'une manière très-prompte et avec la plus grande exactitude.

De là est venue la nécessité de chercher à l'aide du système décimal et même en dehors des règles ordinaires, les moyens d'abréger le calcul des produits partiels, qui demandent beaucoup de temps et qui, à la longue, fatiguent la tête la mieux organisée.

Voici, dans ce but, quelques exemples d'abréviation.

Multiplier par 5 :

Ajoutez un zéro et prenez la moitié.

$$46 \times 5 = \frac{460}{2} = 230 \qquad 2754 \times 5 = \frac{27540}{2} = 13770$$

Multiplier par 10 :

Ajoutez un zéro.

$$87 \times 10 = 870$$
$$1415 \times 10 = 14150$$

La multiplication d'un nombre par 100, 1000, 10000 et toutes les puissances de 10 est aussi facile : *il faut ajouter au nombre à multiplier autant de zéros qu'il s'en trouve dans le multiplicateur.*

Multiplier par 11 :

Il y a deux moyens :

1° Ajoutez le nombre à lui-même en avançant l'un des deux produits d'un chiffre vers la droite.

$$54 \times 11 = \begin{array}{r} 54 \\ 54 \\ \hline 594 \end{array}$$

$$347 \times 11 = \begin{array}{r} 347 \\ 347 \\ \hline 3817 \end{array}$$

---

(1) Les jeunes Employés étant obligés de participer aux rapides opérations des Jaugeurs, nous avons pensé que ce serait leur rendre service que de leur faire connaître des *Moyens abréviatifs de multiplication ;* ils nous ont été donnés par un Elève distingué de l'Ecole polytechnique : Émile Loiseau (qui déjà nous avait secondé pour la deuxième partie de l'Arithmétique); était tellement estimé dans sa carrière administrative, que nous nous sommes empressés d'accepter son œuvre philantropique.   A. B.

2° Si le nombre à multiplier se compose de 2 chiffres, additionnez-les et placez le total au milieu de ces chiffres.

$$17 \times 11 = 1 + 7 = 8 \text{ placé entre 1 et 7} = 187$$

Mais si l'addition de ces deux chiffres donne une dizaine, il faut l'ajouter au chiffre des centaines du produit.

$$37 \times 11 = 3 + 7 = 10 \text{ placés entre 3 et 7} = \underset{\underline{}}{\overset{10}{.\,3.7}}$$

$$407$$

$$
\begin{array}{r}
Preuve: \quad 37 \\
\times 11 \\
\hline
37 \\
37 \\
\hline
407
\end{array}
$$

$$49 \times 11 = 4 + 9 = 13 \text{ placés entre 4 et 9} = 539$$

$$
\begin{array}{r}
Preuve: \quad 49 \\
\times 11 \\
\hline
49 \\
49 \\
\hline
539
\end{array}
$$

Multiplier par 12 ou par 21 :

Ajoutez le double du nombre à lui-même par 12, en avançant ce double d'un chiffre vers la droite; et par 21, reculez ce double d'un chiffre vers la gauche.

$$
\begin{array}{r}
36 \times 12 = \quad 36 \\
72 \\
\hline
432
\end{array}
\qquad
\begin{array}{r}
36 \times 21 = \quad 36 \\
72 \\
\hline
756
\end{array}
$$

Les mêmes produits donnent des résultats différents.

$$
\begin{array}{r}
915 \times 12 = \quad 915 \\
1830 \\
\hline
10980
\end{array}
\qquad
\begin{array}{r}
915 \times 21 = \quad 915 \\
1830 \\
\hline
19215
\end{array}
$$

Multiplier par 13 et par 31 :

Ajoutez le nombre et le double de ce nombre à lui-même : par 13, en avançant d'un chiffre vers la droite ces deux derniers produits; par 31, et les reculant d'un chiffre vers la gauche.

$$
\begin{array}{r}
45 \times 13 = \quad 45 \\
45 \\
90 \\
\hline
585
\end{array}
\qquad
\begin{array}{r}
45 \times 31 = \quad 45 \\
45 \\
90 \\
\hline
1395
\end{array}
$$

$$
\begin{array}{r}
947 \times 13 = \quad 947 \\
947 \\
1894 \\
\hline
12311
\end{array}
\qquad
\begin{array}{r}
947 \times 31 = \quad 947 \\
947 \\
1894 \\
\hline
29357
\end{array}
$$

Multiplier par 14 et par 41 :

Ajoutez deux fois le double du nombre à lui-même : par 14, en avançant ces deux derniers produits d'un chiffre vers la droite; par 41, et reculez les d'un chiffre vers la gauche.

$$28 \times 14 = \begin{array}{r} 28 \\ 56 \\ 56 \\ \hline 392 \end{array} \qquad 28 \times 41 = \begin{array}{r} 28 \\ 56 \\ 56 \\ \hline 1148 \end{array}$$

$$1047 \times 14 = \begin{array}{r} 1047 \\ 2094 \\ 2094 \\ \hline 14658 \end{array} \qquad 1047 \times 41 = \begin{array}{r} 1047 \\ 2094 \\ 2094 \\ \hline 42927 \end{array}$$

Multiplier par 15 :

Ajoutez la moitié du nombre proposé à lui-même, et si cette moitié ne donne pas un chiffre de plus vers la droite, placez-y un zéro.

Multiplier par 51 :

Ajoutez la moitié du nombre proposé à lui-même en reculant de 2 chiffres vers la gauche, et si cette moitié donne un chiffre décimal, ne reculez que d'un seul chiffre.

$$64 \times 15 = \begin{array}{r} 64 \\ 32 \\ \hline 960 \end{array} \qquad 64 \times 51 = \begin{array}{r} 64 \\ 32 \\ \hline 3264 \end{array}$$

$$1049 \times 15 = \begin{array}{r} 1049 \\ 5245 \\ \hline 15735 \end{array} \qquad 1049 \times 51 = \begin{array}{r} 1049 \\ 5245 \\ \hline 53499 \end{array}$$

Multiplier par 16 :

Ajoutez au nombre donné la moitié de lui-même, puis additionnez, en ajoutant encore une fois ce nombre avancé d'un chiffre à droite.

Multiplier par 61 :

Ajoutez au nombre donné la moitié de lui-même, rentrée de deux chiffres à gauche, puis le nombre donné rentré d'un seul chiffre.

$$48 \times 16 = \begin{array}{r} 48 \\ 24. \\ 48 \\ \hline 768 \end{array} \qquad 48 \times 61 = \begin{array}{r} 48 \\ 24.. \\ 48. \\ \hline 2928 \end{array}$$

$$267 \times 16 = \begin{array}{r} 267 \\ 1335 \\ 267 \\ \hline 4272 \end{array} \qquad 267 \times 61 = \begin{array}{r} 267 \\ 1335. \\ 267. \\ \hline 16287 \end{array}$$

Quand on obtient un chiffre décimal en prenant des moitiés, ce chiffre tient une place qui doit être comptée dans celles à rentrer ou à avancer à gauche ou à droite. Dans l'exemple qui précède, $267 + 61$, la moitié 1335, qui devait reculer de 2 chiffres à droite, ne recule que d'un chiffre comme le nombre au-dessous 267; déjà nous avons expliqué pourquoi la moitié de 267 ne peut pas être 1335, mais bien $133 \frac{5}{10}$ par ce fait, cette moitié est donc reculée de deux chiffres vers la gauche, et 267, d'un seul.

Multiplier par 17 :

Faites comme par 16; seulement le troisième produit doit être doublé.

Multiplier par 71 :

Faites comme par 61, doublez seulement le troisième produit.

$$48 \times 17 = \quad \begin{array}{r} 48. \\ 24. \\ 96 \\ \hline 816 \end{array} \qquad 48 \times 71 = \quad \begin{array}{r} 48 \\ 24.. \\ 96. \\ \hline 3408 \end{array}$$

$$267 \times 17 = \quad \begin{array}{r} 267 \\ 1335 \\ 534 \\ \hline 4539 \end{array} \qquad 267 \times 71 = \quad \begin{array}{r} 267 \\ 1335 \\ 534 \\ \hline 18957 \end{array}$$

Multiplier par 18 :

Doublez le nombre donné, ajoutez un zéro et retranchez-en le double déjà obtenu.

Multiplier par 81 :

Ajoutez le nombre à lui-même, mais en reculant de 2 chiffres vers la gauche, et retranchez le double du nombre, reculé d'un seul chiffre.

$$64 \times 18 = \quad \begin{array}{r} 1280 \\ -\ 128 \\ \hline 1152 \end{array} \qquad 64 \times 81 = \quad \begin{array}{r} 64 \\ 64 \\ \hline 6464 \\ -\ 128. \\ \hline 5184 \end{array}$$

$$767 \times 18 = \quad \begin{array}{r} 15340 \\ -\ 1534 \\ \hline 13806 \end{array} \qquad 767 \times 81 = \quad \begin{array}{r} 767 \\ 767 \\ \hline 77467 \\ -\ 1534. \\ \hline 62127 \end{array}$$

Multiplier par 19 :

Doublez le nombre, ajoutez un zéro et retranchez-en le nombre lui-même.

Multiplier par 91 :

Ajoutez le nombre à lui-même, en reculant l'un des deux nombres de 2 chiffres vers la gauche, et retranchez du total le nombre reculé d'un seul chiffre à gauche.

$$24 \times 19 = \quad \begin{array}{r} 480 \\ -\ 24 \\ \hline 456 \end{array} \qquad 24 \times 91 = \quad \begin{array}{r} 24.. \\ +\ 24 \\ \hline 2424 \\ -\ 24 \\ \hline 2184 \end{array}$$

$$453 \times 19 = \quad \begin{array}{r} 9060 \\ -\ 453 \\ \hline 8607 \end{array} \qquad 453 \times 91 = \quad \begin{array}{r} 453.. \\ 453 \\ \hline 45753 \\ -\ 453 \\ \hline 41223 \end{array}$$

Multiplier par 25, par 50, ou par 75 :

Ajoutez deux zéros, et prenez le ¼ la ½ ou les ¾ du produit.

$$248 \times 25 = 24800 \qquad 248 \times 50 = 24800 \qquad 248 \times 75 = 24800$$

le ¼ 6200 produit. la ½ 12400 produit. la ½ $\overline{124..}$
                   le ¼ 62..

                  Produit. $\overline{18600}$

Multiplier par 105 :

Au nombre proposé ajoutez la moitié avancée d'un chiffre à droite, puis au total ajoutez un zéro.

$$28 \times 105 = 28 \qquad 258 \times 105 = 258 \qquad 7050 \times 105 = 7050$$
$$14 \qquad\qquad\qquad 129 \qquad\qquad\qquad 3525$$
$$\text{Produit } \overline{2940} \qquad \text{Produit } \overline{27090} \qquad \text{Produit } \overline{740250}$$

Multplier par 125 :

Au nombre donné ajoutez le $\frac{1}{4}$ puis au total ajoutez deux zéros.

$$64 \times 125 = 64 \qquad 184 \times 125 = 184 \qquad 4928 \times 125 = 4928$$
$$\tfrac{1}{4}\, 16 \qquad\qquad\quad \tfrac{1}{4}\, 46 \qquad\qquad\quad \tfrac{1}{4}\, 1232$$
$$\text{Produit } \overline{8000} \qquad \text{Produit } \overline{23000} \qquad \text{Produit } \overline{616000}$$

Multiplier par 150 :

Au nombre donné ajoutez la moitié, puis au total deux zéros.

$$84 \times 150 = 84 \qquad 166 \times 150 = 166 \qquad 6157 \times 150 = 6157$$
$$\tfrac{1}{2}\, 42 \qquad\qquad\quad \tfrac{1}{2}\, 83 \qquad\qquad\quad \tfrac{1}{2}\, 30785$$
$$\text{Produit } \overline{12600} \qquad \text{Produit } \overline{24900} \qquad \text{Produit } \overline{923550}$$

Vous ajouterez un seul zéro à ce dernier produit, parce que la demie a donné un chiffre décimal.

Multiplier par 175 :

Au nombre donné ajoutez la $\frac{1}{2}$ et le $\frac{1}{4}$ puis au total, deux zéros.

$$24 \times 175 = 24 \qquad 186 \times 175 = 186 \qquad 2689 \times 175 = 2689$$
$$\tfrac{1}{2}\, 12 \qquad\qquad\quad \tfrac{1}{2}\, 93 \qquad\qquad\quad \tfrac{1}{2}\, 13445$$
$$\tfrac{1}{4}\, 6 \qquad\qquad\quad \tfrac{1}{4}\, 465 \qquad\qquad\quad \tfrac{1}{4}\, 67225$$
$$\text{Produit } \overline{4200} \qquad \text{Produit } \overline{32550} \qquad \text{Produit } \overline{470575}$$

Vous n'ajoutez pas de zéro à ce dernier produit, le quart ayant donné deux chiffres décimaux.

Les praticiens de l'Octroi cherchent par tous les moyens possibles à ramener leurs multiplications aux plus petits facteurs :

On sait que *le produit ne change pas quand les facteurs sont l'un multiplié, l'autre divisé par le même nombre*, même en négligeant les zéros, que par habitude on replace au produit.

1er EXEMPLE :

45 à multiplier par 22, on suppose $45 \times 2 = 90$ et $22 : 2 = 11$, l'opération est ramenée à $9. \times 11 = 99 +$ le zéro $= 990$, produit de 45×22.

2me EXEMPLE :

35×88, on suppose $35 \times 8 = 28.$ (on ne pose pas le zéro), puis $88 : 8 = 11$; or, nous avons vu qu'il est facile de multiplier

$$28 \times 11 = 2 + 8 = 10 \text{ entre 2 et 8} = 2\overset{10}{.}8 \qquad \text{(c'est au produit}$$

que l'on ajoute le zéro),   Produit $\overline{3080}$

3me EXEMPLE :

75×64, on suppose $75 \times 8 = 6..$ (en ne posant pas les 2 zéros), mais $64 : 8 = 8$, il ne reste donc que $6 \times 8 = 48.00$ (et en ajoutant les 2 zéros); on pouvait, l'un des facteurs étant 75, opérer ainsi :

$$\text{Moitié de } 64 = 32$$
$$\text{— de } 32 = 16$$
$$\text{Produit } \overline{48.00} \text{ (plus deux zéros)}$$

Pour opérer sûrement par ce moyen, il faut beaucoup d'habitude ; les praticiens ne font aucune attention aux zéros qui gênent dans l'opération et font perdre du temps, c'est au produit qu'ils les devinent ; dans l'opération qui précèdent, par exemple, ils arrivent au produit 48 qui doit être le résultat de 64×75 ; mais 64×10 donnerait un produit de trois chiffres, et 64×100 en donnerait quatre ; donc puisque 64×75 doit avoir 4 chiffres, il faut ajouter 2 zéros à $48 = 4800$; c'est l'expérience qui amène le résultat, et tous ces raisonnements se font en moins d'une seconde.

Lorsque l'Employé aura un peu de pratique, il pourra s'aider des moyens abréviatifs qui viennent d'être donnés et des exemples que renferme le Manuel, pour suivre les Jaugeurs dans leurs opérations ; mais, c'est la pratique et le sang-froid dans l'opération qui peuvent tirer quelque utilité de ces règles, ainsi pour donner une idée des opérations qui se font aux Entrées, nous allons supposer que

On présente 400 planches.

Dimensions : longueur 2,50, épaisseur 0,015, largeur 0,24.

D'après le système d'abstraction des zéros, nous n'opérons que sur les chiffres significatifs :

400 c'est 4.. $\times$ 25 $=$ 100, c'est 1.. (multiplicateur très-commode).

$1 \times \ldots 15 = 15 \times 24$ ou $\dfrac{24}{2} \times (15 \times 2)$, ou 12×30, ou $12 \times$

3. $= 36$ voilà le produit. Mais que représentent ces 36 ? est-ce 36 décistères ou 36 centistères ?

Si l'on n'avait apporté que quatre planches, 36 ne pourrait représenter ni stères, ni décistères, mais bien des centistères, c'est-à-dire des mètres, et le résultat serait 4 mètres (36 se compte comme 40, parce que la fraction au-dessus de 5 est un entier).

Si c'était 40 planches, ce ne pourrait être 400 mètres, mais ce serait plus de $3^m,6$; donc ce serait 36 mètres.

Puisque l'on présente 400 planches, le produit ne peut donner moins que des centaines de mètres, c'est donc 360 mètres ; la pratique fait faire tous ces raisonnements en quelques secondes.

Autre exemple :

Il se présente un tombereau de charbon.

Dimensions : largeur 1,10 ; hauteur 1,20 ; longueur 2,50.

Opérant par le même système, on cherche les nombres que l'on peut multiplier et diviser par la même somme.

Soit : $1,20 = 12$, dont le $\frac{1}{4}$ est 3. Soit $2,50 = 25 \times 4 = 1..$, mais $1 \times 3 = 3$, puis $3 \times 1,10 = 3 \times 11 = 33$, produit.

Mais comme les nombres donnés doivent produire plus de 3 hectolitres 30 litres, c'est évidemment 33 hectolitres de charbon que le tombereau contient.

AUTRES MOYENS

D'ABRÉGER LA MULTIPLICATION (1)

A l'aide des compléments arithmétiques, la multiplication s'opère avec d'autant plus de facilité que les chiffres significatifs sont plus élevés.

On appelle *complément*, la différence d'un nombre avec l'unité suivie d'autant de zéros qu'il y a de chiffres dans ce nombre ; ainsi, le complément de 8 sur 10 est 2, celui de 96 sur 100 est 4, et celui 991 sur 1000 est 9. Donc 2, 4 et 9 sont les *compléments*.

---

(1) Ces abréviations nous ont été indiquées par Bertbevin, auteur d'un excellent Traité d'Arithmétique complémentaire ou Méthode nouvelle par laquelle on exécute toutes les opérations de calculs. In-8°, 1826, imprimerie royale.   A. B.

8, 96 et 991 sont les *nombres complémentés.*
10, 100 et 1000 sont les *complémentateurs.*

Dans ces exemples, le complément est pris en dedans, on l'appelle *complément direct,* parce qu'il manque 2 à 8 pour faire 10, etc.

Mais le *complément* est *inverse* quand il est pris en dehors du *complémentateur* : ainsi, 13 complémenté sur 10, donne pour *complément inverse* 3; 105 sur 100, donne 5, et 1010 sur 1000, donne 10; donc 3, 5 et 10 sont des *compléments inverses.*

Quand l'on complémente sur 10 ou l'une de ses puissances 100, 1000, etc., le *complémentateur* est sous-entendu, mais si l'on complémente sur un autre nombre, on l'indique toujours et il est précédé d'un C pour le *complément direct* et d'un Ɔ (c renversé) pour le *complément inverse.*

Compléments directs.

1er EXEMPLE :

Multiplier 988 *par* 991.

Opération :

$$\begin{array}{cc} c \quad 12 & c \quad 9 \\ 988 & \times \quad 991 \end{array}$$

On complémente sur 1000 puisqu'il y a 3 chiffres et l'on a pour complément du premier nombre 12 que l'on pose dessus, et pour complément du 2e nombre 9 que l'on pose aussi sur le nombre complémenté.

Le produit va s'obtenir en deux parties, et puisqu'il y a 3 zéros dans le *complémentateur* 1000, chacune de ces parties doit avoir au moins trois chiffres.

On multiplie les compléments entre eux, et le produit $12 \times 9 =$ . . . . **108**   1re partie.
on retranche ensuite un des compléments de son *co-facteur*, c'est-à-dire du nombre complémenté qui lui est opposé, et l'on a, soit $988 - 9 = 979$, soit $991 - 12 = 979$ lesquels juxtaposés . . . . **979...**   2e partie.

Produisent de 988×991 979108

La première partie du produit est appelée *produit complémentaire,* la seconde se nomme *partie décadaire.*

Si, le complémentateur étant 1000, le produit complémentaire donnait 4 chiffres; le quatrième chiffre de ce produit viendrait s'ajouter au premier de la partie décadaire; comme si ce produit ne se composait que de 1 ou 2 chiffres, il faudrait ajouter un ou deux zéros pour avoir toujours autant de chiffres à ce produit qu'il y a de zéros dans le complémentateur.

2me EXEMPLE :

Multiplier 855 *par* 990.

Opération :

$$\begin{array}{ll} c \quad 145 \quad c \; 10 & \text{produit compl}^{\text{re}} \quad 145 \times 10 \qquad\qquad 1450 \\ 855 \times 990 & \text{partie décadaire} \quad 855 - 10 \text{ ou } 990 - 145 = \underline{845} \\ & \qquad\qquad \text{Produit cherché} \quad 846450 \end{array}$$

On voit que le quatrième chiffre du produit complémentaire 1 s'ajoute au premier chiffre de la partie décadaire 5.

3me EXEMPLE :

Multiplier 992 *par* 998.

Opération :

$$\begin{array}{ll} c \; 8 \qquad c \; 2 & \text{produit complém}^{\text{re}} \; 8 \times 2 \qquad\qquad 016 \\ 992 \times 998 & \text{partie décadaire} \; 992 - 2 \text{ ou } 998 - 8 = \underline{990} \\ & \qquad\qquad \text{Produit cherché} \quad 990016 \end{array}$$

Ajouter un zéro à gauche du produit complémentaire pour avoir les trois chiffres, puisque le *complémentateur* 1000 a trois zéros, et pour réserver aux unités de la partie décadaire le quatrième rang qu'elles doivent avoir.

4me EXEMPLE :

Multiplier 997 par 998.

Opération :

```
c 3    c 2      produit complémre 3 × 2 =                    006
997 × 998        partie décadaire 997 — 2 ou 998 — 3 = 995
                              Produit cherché  995006
```

Le produit complémentaire n'ayant donné qu'un seul chiffre 6, j'ajoute deux zéros pour faire trois chiffres et réserver à la partie décadaire la place qu'elle doit prendre dans le produit cherché.

5me EXEMPLE :

Multiplier 97 par 93.

Opération :

```
c 3    c 7      produit complémre 3 × 7                       21
97 × 93          partie décadaire  97 — 7 ou 93 — 3 = 90
                              Produit cherché  9021
```

Comme les facteurs du produit n'ont que deux chiffres, on complémente sur 100 qui n'a que deux zéros; c'est pourquoi le produit complémentaire n'a que deux chiffres; s'il n'en avait donné qu'un seul, on aurait ajouté un zéro.

Si l'on s'est bien pénétré des principes donnés et si l'on joint à cela un peu d'habitude des calculs, les chiffres étant pris, le résultat doit s'obtenir avec une promptitude qui étonne.

Avant de passer aux règles qui suivent, qui sont moins simples que celles qui précèdent, nous engageons les Employés à être bien sûr d'eux, afin de posséder et classer méthodiquement ces principes.

Dans les opérations que nous venons de faire, le multiplicande et le multiplicateur sont toujours composés du même nombre de chiffres, parce qu'il faut que tous deux soient complémentés sur la même puissance. Cependant, il est facile de se servir des mêmes principes pour opérer sur des facteurs n'ayant pas le même nombre de chiffres, il ne s'agit que de les y ramener en ajoutant un ou deux zéros au plus petit facteur.

1er EXEMPLE :

Multiplier 998 par 99.

Il faut ici pour complémenter sur 1000, ajouter un zéro à 99, et le retrancher du produit obtenu.

Opération :

```
c 2    c 10     produit complémentaire      020
998 × 990        partie décadaire           988
             Produit obtenu  988020
   Moins un zéro, produit cherché  98802 = 988 × 99
```

2me EXEMPLE :

Multiplier 9985 par 99.

Ajouter deux zéros et complémenter sur 10000.

```
c 15    c 100    produit complémentaire     1500
9985 × 9900       partie décadaire          9885
             Produit obtenu  98851500
   Moins 2 zéros, produit cherché  988515 = 9985 × 99
```

3me EXEMPLE.

Multiplier 98 *par* 987 ;

Ajouter un zéro à 98, et poser

c 10 c 13	produit complémentaire	260
980 $\times$ 987	partie décadaire	967

En juxtaposant, retrancher le zéro, le produit cherché est   96726

Il faut éviter tout chiffre inutile : le poser est un temps perdu.

4me EXEMPLE :

988 $\times$ 97, *dont on demande le produit* :

Opération :

c 12 c 30	produit complémentaire	360
988 $\times$ 97	partie décadaire	958
	Moins le zéro, produit cherché	95836

Compléments inverses.

Lorsque les compléments sont inverses, c'est-à-dire, quand les nombres complémentés sur 10, 100, 1000, etc., sont plus élevés que les *complémentateurs*, la seule différence qu'il y ait dans l'opération, c'est que le complément s'ajoute au cofacteur au lieu de se retrancher.

1er EXEMPLE :

Multiplier 109 *par* 108 :

Complémenter sur 100 en dehors et poser :

ɔ 9 ɔ 8	produit complém^{re} 9 $\times$ 8	72
109 $\times$ 108	partie décadaire 109 $+$ 8 ou 108 $+$ 9 $=$ 117	
	Produit cherché 11722	

Remarquez que le produit complémentaire ne peut avoir que deux chiffres, puisque le complémentateur est 100.

2me EXEMPLE :

1105 $\times$ 1008.

Complémenter sur 1000 en dehors.

ɔ 105 ɔ 8	produit complém^{re} 105 $\times$ 8	840
1105 $\times$ 1008	partie décadaire 1105 $+$ 8 ou 1008 $+$ 105 $=$ 1113	
	Produit cherché 1113840	

On peut aussi, avec le complément inverse, multiplier des quantités qui n'ont pas le même nombre de chiffres : il ne faut que les ramener au même complémentateur en ajoutant un ou plusieurs zéros que l'on retranche toujours du produit cherché.

3me EXEMPLE :

Multiplier 107 *par* 19.

Ajouter un zéro à 19 :

ɔ 7 c 90	produit complémentaire 7 $\times$ 90	630
107 $\times$ 190	partie décadaire 190 $+$ 7	197
	Produit cherché (le zéro retranché)	2033

Nous répéterons ici que le complémentateur 100 n'ayant que deux zéros, le produit complémentaire, la 1re partie, ne doit avoir que deux chiffres, c'est pourquoi on juxtapose 197 de manière à additionner le 6 avec le chiffre 7 du produit décadaire.

4me EXEMPLE :

On demande le produit de 1099 × 105 ?

Ajouter un zéro à 105, ce qui permet de complémenter sur 1000 en dehors.

```
o 99   o   50   produit complém^re   99 × 50                         4950
1099 + 1050   partie décadaire   1099 + 50 ou 1050 + 99 = 1149
                    Produit cherché (le zéro retranché)   115395
```

Juxtaposer la partie décadaire de manière à ne laisser que trois chiffres à la première partie, attendu que l'on complémente sur 1000 qui n'a que trois zéros.

Des Compléments directs et inverses dans la même Opération.

Lorsque l'un des facteurs se complémente en dedans et l'autre en dehors, la partie décadaire sera la somme du complément inverse et de son co-facteur, ou bien la différence entre le complément direct et son co-facteur. Il faudra supposer par la pensée autant de zéros à la suite de la partie décadaire qu'il y en a au complémentateur, et retrancher du nombre ainsi formé le produit des deux compléments.

1er EXEMPLE :

Multiplier 108 *par* 93.

```
o 8   c 7
108 × 93      partie décad.   108 — 7   ou   93 + 8 = 101.00 (2 z. sup.)
              produit compl.   8 × 7                      — 56
                    Différence et produit demandé   10044
```

2me EXEMPLE :

Multiplier 1060 *par* 977.

Compléments en dehors et en dedans sur 1000 ; nous posons :

```
o 60   c 23
1060 × 977    partie décad. 1060 — 23
                     ou     977 + 60 = 1037.000 (3 zéros sup.)
      Produit complémentaire    60 × 23 —    1 380
            Produit demandé   1035.620
```

On peut aussi dans ces opérations ramener deux nombres au même complémentateur en ajoutant au plus petit nombre les zéros qui lui manquent à cet effet, puis on les retranche du produit.

Dans l'exemple qui précède, l'opération eût été la même si l'on avait donné pour facteurs 106 × 977 ; on aurait ajouté 0 à 106, et retranché le zéro du produit, qui n'eût été que 103562.

SOUS-MULTIPLES DES PUISSANCES DE 10

Pris comme Complémentateurs.

Compléments directs.

Pour faciliter les opérations qui deviendraient aussi difficiles que par la méthode ordinaire si l'on ne pouvait complémenter que sur 10 et ses puissances, nous allons donner quelques exemples de multiplications dont les facteurs seront complémentés sur

$$\frac{10}{2} \text{ ou } 5, \quad \frac{100}{2} \text{ ou } 50, \quad \frac{1000}{2} \text{ ou } 500, \text{ etc.}$$

Il faut avant tout remarquer que dans ces opérations, si l'on complémente sur 50 par exemple, on prend ce complémentateur comme moitié de 100, ou 500 comme moitié de 1000, etc.; qu'en conséquence, le produit complémentaire se composera d'autant de chiffres qu'il y a de zéros dans 100, 1000, etc.; la seule différence dans l'opération, c'est que *la partie décadaire ne se composera que de la moitié du résultat ordinaire.*

1er EXEMPLE :

Multiplier 43 par 47.

c 50   7 c 50 3   produit compl. $7 \times 3 - $ (2 ch. c. p. 100)   21

43 $\times$ 47   partie décad. $43 - 3$ ou $47 - 7 = 40, \dfrac{40}{2} = 20$

Produit cherché $\overline{2021}$

2me EXEMPLE :

$488 \times 489.$

c 500 12 c 500 11   produit compl. $12 \times 11 =$ 132

488 $\times$ 489   partie décad. $488 - 11 = \dfrac{477}{2}$ 2385

Produit cherché $\overline{238632}$

Le produit complémentaire n'a que 3 chiffres, attendu que 1000 est complémentateur.

La partie décadaire ne devrait produire que 3 chiffres, et c'est parce que l'on en prend la moitié qu'il y en a 4; comme cette moitié ne peut être plus grande que l'entier, le dernier chiffre 5 se juxtapose de manière à l'additionner avec le produit complémentaire.

3me EXEMPLE :

4998×4896 *complémentés sur 5000.*

c 5000 2 c 5000 104   produit compl. 2×104 0208
4998 $\times$ 4896   partie décad. $4896 - 2$

$$= \frac{4894}{2} = \quad 2447$$

Produit cherché $\overline{24470208}$

Remarquez qu'il y a un zéro ajouté à gauche, au produit complémentaire, parce que l'on complémente sur 5000, sous-multiple de 10000, qui a 4 zéros : il faut donc quatre chiffres.

Compléments inverses.

1er EXEMPLE :

Soit 59×53.

ɔ 50 9 ɔ 50 3   produit compl. 9×3 27
59 $\times$ 53 partie décad. $59 + 3$ ou $53 \ 9 +$

$$= \frac{62}{2} = \quad 31$$

Produit cherché $\overline{3127}$

2me EXEMPLE :

$$524 \times 502.$$

ɔ 500 24 ɔ 500 2	produit compl. 24 × 2 048
524 × 502	partie décad. 524 + 2 ou 502

$$+ 24 = \frac{526}{2} = 263$$

Produit cherché $\overline{263048}$

Compléments direct et inverse.

Nous savons déjà que dans ce cas il faut retrancher le produit complémentaire de la partie décadaire suivie d'autant de zéros qu'il y en a au complémentateur réel.

3me EXEMPLE :

Multiplier 523 par 489.

Je pose :

ɔ 500 23 c 500 11
523   ×   489   partie décad. 523 — 11 ou

$$489 + 23 = \frac{512}{2} = 256.000$$

Produit complémentaire 23 × 11   — 253
Produit cherché $\overline{255.747}$

4me EXEMPLE :

Multiplier 4998 par 5152.

Je pose :

c 5000 2 ɔ 5000 152
4998   ×   5152   partie décad. 5152 — 2 ou

$$4998 + 152 = \frac{5150}{2} = 2575.0000$$

Produit complémentaire 152 × 2 =   — 304
Produit cherché $\overline{2574.9696}$

Telles sont les bases principales de la multiplication abréviative que donne la méthode complémentaire; il ne faut pas la juger sur les exemples qui précèdent, ces opérations se trouvant surchargées d'explications qui sont indispensables ici et que l'on supprime dans l'application, quand on possède bien ses principes. L'important pour opérer promptement, est :

1° De choisir ses complémentateurs;
2° De se fixer par avance sur le complément qu'il sera plus facile d'ajouter ou de retrancher du co-facteur;
3° Enfin et surtout de savoir de combien de chiffres doit se composer le produit complémentaire; cela fait, l'opération est terminée et le résultat est au bout de la plume.

FIN DE L'ARITHMÉTIQUE.

1078.— PARIS. ÉDOUARD BLOT ET FILS AÎNÉ,—IMPRIMEURS, RUE BLEUE, 7.